John Naish
GENUG

JOHN NAISH

GENUG

WIE SIE DER
WELT DES ÜBERFLUSSES
ENTKOMMEN

Übersetzung aus dem Englischen
von Barbara Först

EHRENWIRTH

Ehrenwirth in der Verlagsgruppe Lübbe

Titel der englischen Originalausgabe:
»Enough«

Für die Originalausgabe:
Copyright © 2008 by John Naish
Erschienen bei Hodder & Stoughton, London

Für die deutschsprachige Ausgabe:
Copyright © 2008 by Verlagsgruppe Lübbe GmbH & Co. KG,
Bergisch Gladbach
Textredaktion: Marion Voigt, Zirndorf
Umschlaggestaltung: Ulf Hennig, München
unter Verwendung eines Fotos von getty images/Jeffrey Hamilton
Satz: Dörlemann Satz, Lemförde
Gesetzt aus der Weiss
Druck und Einband: Ebner & Spiegel, Ulm

Alle Rechte, auch die der fotomechanischen
und elektronischen Wiedergabe, vorbehalten.

Printed in Germany
ISBN 978-3-431-03762-3

5 4 3 2 1

Sie finden uns im Internet unter: www.luebbe.de
Bitte beachten Sie auch: www.lesejury.de

In Erinnerung an Mum und Dad

INHALT

	Einführung	9
1	Genug Information	23
2	Genug Essen	61
3	Genug Sachen	89
4	Genug Arbeit	127
5	Genug Auswahl	163
6	Genug Glück	189
7	Genug Wachstum	221
8	Nie genug	249
	Anhang	277

genug deutsch
enough englisch
kylliksi finnisch
suffisant französisch
abbastanza italienisch
satis lateinisch
genoeg niederländisch
nok norwegisch
bastantes portugiesisch
basta spanisch

EINFÜHRUNG

Wer weiß, dass er genug hat, ist reich.
Tao Te King (ca. 260 v.u.Z.)

Stellen Sie sich ein Raumschiff mit Außerirdischen vor, das in einigen Jahrhunderten die verbrannte Hülle der Erde umkreist. Vielleicht würden die Piloten angesichts dieser Zerstörung erschrecken. Wie sehr mussten die ehemaligen Bewohner dieses Planeten einst auf Konsum fixiert gewesen sein! So sehr, dass sie immer mehr herstellten und verbrauchten, bis sie zuletzt ihren eigenen Planeten verwüsteten! »Schön blöd, die Erdlinge«, würden die Aliens sagen und ihre Köpfe schütteln. Und sollten unsere Besucher erfahren, dass wir umso missmutiger, kränker und erschöpfter geworden waren, je länger und verbissener wir nach Besitz strebten, dann würden sie sich ratlos am Kopf kratzen und fragen: »Was haben die sich bloß dabei gedacht?« Und einer der Klügsten würde hinzufügen: »Warum um alles in der Welt haben die Erdbewohner die Evolution verpasst?«

Ein anderes Szenario wäre nicht minder traurig. Nehmen wir an, diese intergalaktischen Besucher wären die Nachkommen von Menschen, die es Sekunden vor der Öko-Katastrophe gerade noch geschafft haben, die Erde zu verlassen. Und nun, Jahrhunderte später, umrunden sie den Planeten in einem Raumschiff, das mit Lichtgeschwindigkeit fliegen kann und jeden denkbaren Komfort bietet. Vielleicht sähe die Unterhaltung unserer Raumfahrer folgendermaßen aus:

»Diese lahme Kiste ist überhaupt nichts im Vergleich zu der neuen Mk 1192a.«

»Und diese Teleporter sind *so was* von gestern.«

»Hörst du auch dieses leise Summen im Armaturenbrett, wenn wir beschleunigen? Das macht mich noch wahnsinnig!«

Wir müssen uns weiterentwickeln, und zwar schnell. Wir müssen ein Gespür dafür bekommen, was *genug* ist. Wir müssen, wenn Sie so wollen, eine Kultur des »Genughabens« entwickeln. Bisher wussten wir vor allem eines: dass uns immer noch irgendetwas zu unserem Glück fehlt. Deshalb versuchen wir mehr zu haben, mehr zu sehen, mehr zu sein und mehr zu tun. Immer noch mehr. Doch dieses Streben trägt seltsame Früchte: Immer mehr Menschen leiden unter Stress, Depressionen und Burn-out-Syndrom, obwohl es uns materiell so gut geht wie nie zuvor, und die Anzeichen häufen sich, dass auch unser Planet leidet.

Mächtige, uralte Instinkte sorgen dafür, dass wir nie genug bekommen. Es ist höchste Zeit, dass wir lernen, sie zu zügeln, und beginnen, die Welt, die uns umgibt, wirklich zu genießen. In den westlichen Gesellschaften haben wir heute alles, was wir brauchen. »Mehr« gibt es nicht. Wir müssen begreifen, dass wir in der »Post-Mehr«-Zeit leben. Das heißt nicht, dass wir die Uhren zurückdrehen oder grundsätzlich weniger besitzen sollen. Wir müssen uns klarmachen, dass wir angekommen sind.

Die Kultur des Genughabens ist der Weg zu einer neuen Zufriedenheit. Es geht um das persönliche Gleichgewicht des Einzelnen, darum, dass jeder von uns seine Balance findet und den Punkt, an dem er genug hat. Gehen wir über diesen kritischen Punkt hinaus, bedeutet jedes Mehr ein Weniger an Lebensqualität.

Klingt simpel, wie? Aber der Weg zum Genughaben ist komplizierter, als man denkt. Schuld hat die Evolution, die uns an diesen Punkt gebracht hat. Die Evolution sorgte dafür, dass wir von den Bäumen herunterkamen und die Erde besiedelten, sie sorgte dafür, dass wir Eiszeiten, Hungersnöte, Seuchen und Naturkatastrophen überlebten und schließlich in diesem Zeitalter des technologischen und materiellen Überflusses ankommen konnten. Doch die alten Instinkte drängen noch immer: »Ich. Will. Mehr. Sofort.« Bis jetzt ist der Plan der Evolution hervorragend aufgegangen: Wir beherrschen den Planeten. Trotzdem könnten wir am Ende auf dem großen weltgeschichtlichen Friedhof landen, in einer Kiste mit der Aufschrift: »Nette Idee, aber ...«

Immerhin haben wir nun das zugrunde liegende Problem erkannt. Während der Recherchen für dieses Buch habe ich die Erfahrung gemacht, dass, wann immer heute Experten aus Psychologie, Wirtschaft oder Politik zusammentreffen, üblicherweise mindestens eine mahnende Stimme darauf hinweist, dass es der Hälfte der Menschen in der westlichen Welt trotz großen Wohlstands nachweisbar schlecht geht und größerer Reichtum uns nicht glücklicher machen kann. Wir seien auf dem besten Weg, an unseren eigenen Auspuffgasen zu ersticken. Als Schuldiger wird die Wirtschaft ausgemacht. Oder die Regierung. Oder »die Gesellschaft« (das gern gebrauchte Synonym für »mein bescheuerter Nachbar, der im Gegensatz zu mir total habgierig ist«). Oder sogar »grundlegende Fehler im System«. Währenddessen sorgt man sich um die Erderwärmung, murrt über die ewigen Überstunden und beschwert sich darüber, dass man nicht wirklich glücklich ist – und konsumiert und produziert und jagt dem Immer-Mehr hinterher, in der Hoffnung, dass sich die Laune irgendwann schon irgendwie bessert.

Solange ich das Problem aber immer einem anderen in die Schuhe schiebe und nicht bei mir selbst nach Lösungen suche, wird sich diese Spirale weiter drehen, bis unser Planet schließlich nur noch Küchenschaben ein nettes Zuhause bietet. Eingebrockt hat uns diese Luxuskrise die Evolution – mit allem, was dazugehört: Heizung, elektrisches Licht, Hightech-Medizin und all die anderen wunderbaren Dinge. Auslöffeln muss sie jetzt jeder Einzelne von uns, wenn wir den Fortbestand unserer Spezies sichern wollen (und mit etwas Glück werden uns Heizung, Licht und all die anderen tollen Sachen erhalten bleiben).

Es wird Zeit, dass wir unsere alten, teilweise prähistorischen Gewohnheiten über Bord werfen – zusammen mit den Dingen, die uns an sie ketten. In meinem Buch werde ich die vielen Fallen aufspüren, in die wir aufgrund überholter Denkmuster hineintappen. Wir verlassen uns auf Instinkte, die auf neue Herausforderungen mit alten Lösungen reagieren: Wir konsumieren auf Teufel komm raus, weil unser Gehirn immer noch darauf programmiert ist, Mangel zu fürchten. Wir sind dafür gemacht, Nahrung und einen sicheren Ort zu suchen, doch nicht dafür, beides stets zur Verfügung zu haben. Wir sind mit »gierigen« Hirnen belastet. Dank bahnbrechender Entdeckungen der Neurobiologie und mithilfe medizinischer Technik kann man diese uralten Impulse heute sichtbar machen und zusehen, wie sie durch unsere Köpfe blitzen.

Zusammen mit neuen Erkenntnissen der Evolutionspsychologie zeigen diese Ergebnisse, dass wir eine Kultur geschaffen haben, die uns dazu treibt, stets den falschen Instinkten zu folgen: Wir reagieren auf Überfluss mit der Sucht nach mehr Dingen. Wir reagieren auf Annehmlichkeiten mit härterer Arbeit. Je mehr freie Zeit wir haben, umso hastiger füllen wir sie. Je gehetzter wir sind, desto mehr essen wir. All dies schafft einen Rückkopplungseffekt, denn unsere überflüssigen Wünsche treiben wiederum die Wirtschaft an, und diese schürt im Gegenzug weitere überflüssige Wünsche. Es ist wie bei Imelda Marcos und ihrem Schuhfetischismus: Das schönste Paar ist immer das, was ich noch nicht besitze ... Nein, verdammt, es ist das *einzige* Paar, das zu haben sich wirklich lohnt!

Robert Trivers, Evolutionsbiologe an der Rutgers University in New Jersey, stellt fest: »Wir sind darauf geeicht, das Maximum zu erreichen. Folglich gibt es keine Stopptaste, die uns signalisiert: ›Entspann dich mal, du hast schon genug.‹« Doch auch wenn sich die Basis unseres heutigen Gehirns im Pleistozän, vor 130 000 bis 200 000 Jahren, entwickelt hat, verdammt uns das nicht dazu, wie Familie Feuerstein durch das 21. Jahrhundert zu toben. Bis jetzt hat unsere Entwicklung stets mit neuen Herausforderungen Schritt gehalten, weil die Hardware unseres Gehirns die mitgelieferten Bits auf clevere Weise neu konfigurieren kann. In unseren Köpfen gibt es die entsprechenden Schaltkreise. Sie befähigen uns, den nächsten wichtigen Schritt zu tun, auch wenn die moderne Gesellschaft sie zunehmend verleugnet. Sie befähigen uns zu schmecken, etwas einzuschätzen und zu wachsen. Wir müssen sie wieder benutzen und aktivieren, wir müssen in unserer Kultur und in unseren Köpfen einen »Genug«-Schalter finden, um die Spirale des Mehr und Immer-Mehr zu durchbrechen.

Tun wir das nicht, dann hängen wir fest wie Nigel Tufnel, der Gitarrist der fiktiven Rockband Spinal Taps: Sein Gitarrenverstärker hatte einen Lautstärkeregler mit elf Stufen statt der üblichen zehn. Kommentar von Nigel: »Wenn du deinen Verstärker erst mal bis zehn aufgedreht hast, was kann danach noch kommen? Doch nur elf.« Wohl kaum. Unser neu entwickelter Sinn für das Genughaben wird uns sagen, wann die optimale Menge eines Gegenstandes oder das optimale Maß eines Zustandes erreicht ist. Er wird uns sagen, dass wir uns damit zufriedengeben sollen und dass wir aufhören sollen, unsere kostbaren, unersetzlichen persönlichen Ressourcen – Zeit, Aufmerksamkeit und Energie – zu erschöpfen.

Der Schlüssel dazu ist Nachhaltigkeit – vor allem Nachhaltigkeit im Handeln des Einzelnen. Nur der größte Volltrottel unter uns kann noch daran zweifeln, dass das Ökosystem der Erde in Gefahr ist. Blöd nur, dass unser Leben so vollgepackt mit Alltagssorgen ist. Es fällt uns schwer, diese Bedrohung stark genug zu empfinden, um mit mehr darauf zu reagieren als mit flachen Phrasen nach dem Motto: »Ja, stimmt, schlimm. Aber was soll man machen?« Später werde ich zeigen, dass die moderne Technologie das Problem noch verschärft. Denn viele Annehmlichkeiten der Überflussgesellschaft haben eine unbeabsichtigte Nebenwirkung: Sie hemmen unseren uralten Drang, die Welt zu verbessern.

Ob mich das alles entmutigt? Nein. Der stetige Strom von Studien über das moderne Leben, das uns immer unglücklicher, reizbarer, ängstlicher und verrückter macht, gibt zu Hoffnung Anlass. Nicht nur die Erde wird immer wärmer, auch in den Köpfen der Menschen scheint es zu brodeln: Stresssymptome und Depressionserkrankungen werden immer häufiger, unsere neuronalen Schaltkreise schmoren. Das ist furchtbar für den Einzelnen, sicher. Aber ist es nicht auch ein Zeichen für einen möglicherweise bevorstehenden kulturellen Wandel? Ein hoffnungsvolles Zeichen. Vielleicht werden wir immer mehr. Immer mehr Menschen, die genug haben und ihr persönliches ökologisches Gleichgewicht im Streben nach Zufriedenheit, geistiger Gesundheit und nachhaltigem Handeln finden. Wir können versuchen, selbst ausgeglichener zu werden, indem wir nur die Dinge auswählen, die wir wirklich begehren, und nicht nach künstlichen Regenbögen greifen – und gleichzeitig ausgleichend auf unseren Planeten wirken: Denn wenn es uns gelänge, unseren Blickwinkel von *Immer-Mehr* zu *Genug* zu verschieben, wäre das auch für unsere Umwelt gut.

Ich versuche seit zwanzig Jahren, nach diesem Konzept zu leben. Am Anfang war es eine persönliche Marotte, das Ergebnis einer in glücklicher Entbehrung verbrachten Kindheit. Meine Mum wurde früh Witwe, sie war während des Zweiten Weltkriegs aufgewachsen, und unsere Einstellung zu Neuerwerbungen roch stark nach Rationierung. »Ist denn ein neuer XY wirklich notwendig?«, lautete das Familien-Mantra. Während meiner ganzen Kindheit und Jugend hatten wir dieselbe dreiteilige Sitzgarnitur, die noch aus der Junggesellenzeit meines verstorbenen Vaters stammte. Sie hielt, weil wir sie – in Vorwegnahme heutiger Öko-Attitüden – immer wieder neu beziehen und reparieren ließen. (Das Sofa habe ich immer noch – und heute ist es ein Designerstück aus den Fifties.)

Während in den letzten zehn Jahren das Geschrei nach immer mehr, mehr und mehr um mich herum stetig lauter geworden ist, ist für mich das Bewusstsein, mich selbst durch eine Art »inneres Bezugsscheinheft« auf das Wesentliche zu beschränken, unverzichtbar geworden. Denn es ist immer aufwändiger geworden zu entscheiden, wie viel für mich »genug« ist, herauszufinden, welche neuen Dinge mein Leben wirklich bereichern und welche mich trotz ihrer schillernden Eigenschaften nur von all den guten Sachen, die es bereits in meinem Leben gibt, ablenken würden.

Schließlich musste ich sogar ein bisschen militant werden. Deshalb besitze ich kein Handy mehr. Eine Zeit lang hatte ich eines, und zuerst fand ich es auch praktisch. Doch nachdem mehr und mehr Kollegen meine Nummer kannten, verwandelte sich der kleine, praktische Gegenstand, der mein Leben eigentlich hatte leichter machen sollen, in einen Schleusenöffner, der massenweise Bitten, Forderungen und Ansprüche auf mich einströmen ließ. Die Situation erinnerte mich an Hemingways *Der alte Mann und das Meer*. Er fährt hinaus, um ein paar Sprotten zu angeln, doch plötzlich hängt ein dicker Fisch an der Angel. Er glaubt, er werde tolle Beute machen, aber der Fisch zieht das kleine Boot weit hinaus aufs Meer. Doch noch immer gibt der Fischer nicht auf. Und am Ende stellt sich heraus, dass der riesige Fisch überhaupt nichts wert ist. Weil ich keine Lust hatte, wie Hemingways geplagter Angler zu enden, kaufte ich mir, als das Handy kaputtging, kein neues mehr.

Ebenso wenig wie ein Handy habe ich einen Fernseher. Und trotzdem gelingt es mir, an einer wichtigen Informations-Schnittstelle zu arbeiten, als Journalist bei einer großen überregionalen Zeitung. »Genug« zu sagen bedeutet nicht, sich alles zu versagen: In unserer kommunikationsgesättigten Welt läuft man kaum Gefahr, wirklich relevante Informationen zu verpassen, nur weil man die Informationsüberflutung stoppt. Das Gegenteil ist der Fall (wie ich in 1. Kapitel darlegen werde). Im trauten Heim empfangen wir über DSL, DVDs und Radio eine Flut an Informationen. Wie viel mehr braucht der Mensch? Und was muss er dafür bezahlen? Wir besitzen so viel, dass wir jedes Mal, wenn wir etwas dazubekommen, etwas anderes aufgeben müssen, um für das Neue Platz zu schaffen, und jedes Mal ist der Tausch weniger lohnend.

Praktiziertes Genughaben kann auch für eine ausgeglichenere Finanzlage sorgen. Wenn man nur so viel verdienen will, dass es für das Nötige reicht, kann man die Arbeit einschränken und sein Leben Kräften jenseits der engen Grenzen von Verdienen und Ausgeben öffnen. So kann der Weg zum »Genug« zu einem »Mehr« führen, zu einer echten Bereicherung. Auch wenn ich damit Gefahr laufe, als »Genug«-Streber zu gelten, kann ich berichten, dass praktiziertes Genughaben mir Zeit und Raum schafft, um mich in Tai Chi zu üben und täglich zu meditieren. Und meine Frau und ich machen zusammen lange Wanderungen und rasten im Regen auf Hügelkuppen, wo wir mitgebrachten Tee trinken. Es konnte klinisch nachgewiesen werden, dass solche und viele andere Aktivitäten unsere Seele und unsere Beziehungen stärken. Außerdem halten sie den Sensenmann fern.

Einfach zu *sein*, statt permanent etwas zu *tun*, unterstützt auch die Kreativität, die so oft im modernen Berufsleben gefordert wird. Der Kopf braucht Freiraum zum Denken. Doch in unserer schnelllebigen Welt meinen wir wertvolle Zeit zu vertun, wenn wir auf einem Bein balancieren oder mit geschlossenen Augen einfach nur dasitzen. Wir müssten doch eigentlich da draußen sein, auf der Jagd nach Erfolg und Reichtum!

Die Lösungen für unsere Probleme sind nicht einfach. Wir sehen uns gerne als Vernunftwesen, die in der Lage sind, ausgewogene Entscheidungen zu treffen. Aber menschliche Handlungen zeugen oft vom Gegenteil. In Umfragen sagen Londoner Autofahrer immer wieder, dass sie sich die Innenstadtmaut, die 2003 in London eingeführt wurde, nicht leisten können. Und sie jammern, dass sie so viel Zeit in all den Staus verlieren. Sicher, ihnen ist klar, dass sie die Luft verschmutzen. Und ja, auch durchaus bewusst, dass sie ein weniger giftiges Transportmittel benutzen sollten. Aber auf das Auto verzichten, zumindest für Fahrten in die Innenstadt? Nein.

Es bereitet uns außerdem große Probleme, unsere persönlichen Genug-Grenzen zu ziehen und wenigstens annähernd einzuhalten. Umfragen zufolge beklagen wir uns ständig, dass wir überarbeitet sind und zu wenig Freizeit haben. Dann wieder geben wir an, dass unsere Wohnungen mit zu viel Zeug vollgestopft seien. Doch am nächsten Tag arbeiten wir noch länger, um noch mehr Dinge zu kaufen, an denen wir anscheinend gar keine wirkliche Freude haben. Daran sind unsere uralten Instinkte schuld: Sie lassen uns glauben, dass neue Besitztümer unsere Chancen erhöhen würden, unsere Gene weiterzugeben. In den Dörfern der Jungsteinzeit hatte dieses Verhalten einen Sinn, in unserer Kultur jedoch ist dieser Trieb zu einer sinnlosen Jagd auf Neues verkommen.

Niemand ist immun dagegen: Ich selbst habe große Teile dieses Buches zu Hause auf einem protzigen, leistungsstarken Laptop geschrieben, den ich mir in einem schwachen Moment angeschafft habe. Dieses Gerät braucht so viel Saft, erzeugt so viel Wärme und ist so eine große Versuchung für Diebe, dass es niemals das Haus verlässt. Ich habe mich verführen lassen. Ein anderer großer Teil des Buches ist dagegen unterwegs entstanden, auf einem billigen, batteriebetriebenen Leichtgewicht, das ich vor acht Jahren gebraucht gekauft habe. Und es funktioniert genauso gut.

Es gibt viele Strategien, wie wir dem Trieb, immer mehr zu haben und mehr zu sein, entkommen können. Als Erstes müssen wir unsere Reaktion auf den Dauerbeschuss ändern. Ich hoffe, dieses Buch wird Ihnen eine Hilfe und Waffe in diesem Bemühen sein, denn es zeigt die vielen Fallen, die uns unser altes Pleistozän-Gehirn stellt, und es erklärt, wie die moderne Welt des Konsums unseren gesunden Menschenverstand austrickst, damit wir genau in diese Fallen tappen.

Das mag ein wenig paranoid klingen, aber wir sind umgeben

von millionenschweren Branchen, die uns mithilfe eines ständig wachsenden Heeres von geheimen und weniger geheimen Verführern suggerieren, dass wir Dinge besitzen wollen und dass wir arbeiten müssen, um mehr von ihnen kaufen zu können. Und wir beschweren uns nicht einmal. Stellen Sie sich vor, Sie würden von Gangsterbanden mit Gewalt gezwungen, Ihr Geld und Ihre Energie für die Jagd nach Dingen aufzuwenden, die Sie nicht brauchen, nicht wollen und an denen Sie keine Freude finden – Sie würden sich ausgenutzt vorkommen.

Das Konzept des Genughabens fordert, den Status infrage zu stellen, der über ständigen Konsum erreicht wird. Es ist wichtig, dass wir andere Dinge in unserer Kultur als erstrebenswert und »cool« verankern: Zeit, Raum und Selbstbestimmung als Statussymbole statt wertlosem Plunder. Es gibt vielversprechende Anzeichen für einen kulturellen Wandel sowohl negativer als auch positiver Art: Negativ ist zu verbuchen, dass die Welt des wachsenden Konsums immer hässlicher wird. Heutzutage können wir unseren Bedürfnissen ungehindert nachgeben und »sind, was wir wollen«, aber das Ergebnis – Menschen, die wie lebende Markenzeichen durch die Gegend laufen, behangen mit Klunkern und Bauchspeck – ist immer weniger hübsch zu nennen.

Auf der Positivseite steht, dass Öko immer trendiger wird (auch wenn es oft nur bedeutet, dass man eine Recyclingtonne hat, kostspielige, aber ökologisch korrekte Dinge kauft oder ein paar Tausender hinlegt, um zu Ethikseminaren zu jetten). Darüber hinaus kann die Praxis des Genughabens sehr unterhaltsam sein und bietet jede Menge Möglichkeiten, Spaß zu haben: Verbannen Sie zum Beispiel absurde Wahlmöglichkeiten aus Ihrem Leben, indem Sie sich absurde Entscheidungskriterien ausdenken (5. Kapitel), oder begehen Sie die Todsünde des 21. Jahrhunderts, und schalten Sie regelmäßig alle Ihre Telefone ab. Huhu, ihr kriegt mich nicht ...

Doch um der Welt ein »Genug!« entgegenzuschleudern, müssen Sie Ihrer eigenen inneren Propaganda misstrauen. Denn Ihr

Gehirn fühlt sich unsterblich, es flüstert Ihnen zu, dass Sie – um mit Walt Whitman zu reden – Welten in sich tragen können, es redet Ihnen ein, Sie könnten alles haben und alles tun. Und diese egoistischen Vorstellungen werden von einer Konsumentenkultur, die hartnäckig endlose Selbstverwirklichung verspricht, immer lauter gedreht. Doch natürlich stimmt das nicht, denn Ihr Gehirn ist nicht unsterblich und Sie können nicht alles haben. Das sind lediglich Überzeugungen, die Ihr Kopf entwickeln musste, damit Ihr Körper trotz ungemütlicher Eiseskälte morgens aus dem Bett kommt. Wir sind Menschen und damit unvollkommen; wir müssen unser Leben in realistischen Maßen leben, damit wir uns selbst erhalten können und einigermaßen zufrieden sind. Es mag uns während unserer Lebensspanne vergönnt sein, einige persönliche Höchstleistungen zu vollbringen, aber viele andere Dinge werden wir niemals sehen, erfahren, besitzen oder tun. Das Konzept des Genughabens fordert uns auf zu akzeptieren, dass die Möhre der endlosen Versprechungen immer knapp vor unserer Nase baumeln wird. Wenn wir diese Tatsache hinnehmen, haben wir den ersten Schritt auf dem Pfad zur Zufriedenheit gemacht.

Nur *Zufriedenheit*? Das klingt, verglichen mit *Glück*, reichlich mager. Doch wann konnten sich große Teile der Menschheit je so zufrieden nennen wie heute? Nun sind wir an diesem Punkt angelangt, doch wir drohen übers Ziel hinauszuschießen auf unserer Jagd nach diesem flüchtigen Wohlgefühl namens Glück. Wie die amerikanische Schriftstellerin Edith Wharton einmal gesagt hat: »Wenn wir nur nicht dauernd versuchen würden, glücklich zu sein, könnte es uns ganz gut gehen.« Unsere Kultur trachtet danach, das Glück zu einem Dauerzustand zu machen, und wenn wir dafür unseren Planeten zu Asche verbrennen müssen. Doch selbst, wenn man nur Zufriedenheit erreichen will, sieht man sich vor Herausforderungen gestellt, die geschicktes Abwägen erfordern. Man braucht die Weisheit des Genughabens dazu – eine Weisheit, von der ich zum ersten Mal in den späten 80er Jahren auf einer Konferenz des Staatlichen Gesundheitsdienstes hörte, als ein kleiner Beamter folgende Worte sprach: »Lassen Sie sich von dem Wunsch nach Perfektion nicht Ihre Wertschätzung dessen verderben, was einfach ›gut‹ ist.«

Das bringt uns zu einem Rätsel, das die Weisen seit Beginn der Zivilisation beschäftigt: Wie viel genau ist *genug* – und kann man es vielleicht ausrechnen? Diese Fragen brachten schon im 18. Jahrhundert den englischen Philosophen Jeremy Bentham durcheinander, den Begründer des Utilitarismus. Benthams Ziel war, dass die größtmögliche Anzahl von Menschen das größtmögliche Glück erfahren sollte. Um herauszufinden, ob die Regierungspolitik den Menschen gefiel, dachte sich Bentham ein System der Glücksmessung aus, den »felicific calculus«. Darüber, wie diese Rechnung funktionieren sollte, schrieb er Hunderte Seiten Anleitungen, gespickt mit in diesem Zusammenhang seltsam anmutenden Begriffen wie »Fruchtbarkeit« oder »nahe Verwandtschaft«. Sein System versagte kläglich. Der Versuch, subjektive Befindlichkeiten wie Glück oder Genughaben zu berechnen, ähnelt der Mühe, ein glitschiges Stück Seife in der Badewanne zu erhaschen. Je wilder man danach grabscht, desto schneller flutscht es davon.

Ich glaube jedoch, dass ich meinen Finger auf die Stelle legen kann, wo für die meisten Menschen der Zustand des Genughabens erreicht ist: Es ist der Punkt, an dem die Kurve der Befriedigung abfällt, die aus mehr Besitz, mehr Sein oder mehr Tun resultiert. Hat man diesen Höhepunkt erst einmal passiert, dann befindet man sich auf einer Abwärtsbahn jämmerlicher Wiederholungen. Ihre primitiven, raffgierigen Instinkte flüstern Ihnen zu, Sie dürften jetzt nicht nachlassen, Sie müssten sich noch mehr anstrengen – trotz der Tatsache, dass der Bonus offensichtlich im Schwinden begriffen ist. Also sollten Sie, wenn Sie den Punkt des Genughabens erreicht haben, innehalten und genießen. Sie müssen die Befreiung wertschätzen lernen, statt immer weiter zu schuften in der Hoffnung, dass der Spaß dann in höherer Dosis wiederkehrt.

Dieses Buch bietet Ihnen kein System, kein fertiges Rezept im Sinne von *Finden Sie Ihr persönliches Genug in sieben Tagen/sechs Monaten/irgendwann.* Meine Recherche hat mich auf eine lange Reise durch die Kunst und die Wissenschaft des Genughabens geführt: Ich habe die instinktiven Mechanismen untersucht, die uns davon abhalten, das Genug wahrzunehmen, und überlegt, was wir tun könnten, um es wieder zu spüren. Ich habe Leute getroffen, denen das bereits gelingt und die auf eine andere Art leben. Ich hoffe, mein Buch wird Ihnen dabei helfen, Ihre eigenen Schlüsse zu ziehen und Ihr eigenes Genug zu erspüren.

Sie könnten zum Asketen werden, wahrscheinlicher ist jedoch, dass Sie ausgeglichener werden und bewusster handeln – und ab und zu einen Endorphinschub haben, wenn Sie auf dem Weg zu Ihrem Lieblingsgeschäft sind. In meinen Lieblingsgeschäften gibt es obskure Ersatzteile für ausgefallene Vintage-Gitarren und für alte, rostige japanische Motorräder. Ob ich davon wohl je genug bekomme? Hmm…, wer weiß. Aber immerhin habe ich genug Zeit, Raum und Energie gewonnen, um an der Beschäftigung mit diesen Spielzeugen wirklich Spaß zu haben. Das ist zwar keine Glücksformel, verhilft aber zu mehr Zufriedenheit. Und deshalb glaube ich, dass ich das Konzept des Genughabens praktiziere. Genügend.

PS: An meinen Steuerberater
Hi, Barry. Im Interesse des globalen und meines ganz persönlichen Umweltschutzes und als Verfechter einer Philosophie des Genughabens habe ich der Versuchung widerstanden, auf der Suche nach Material für dieses Buch um die ganze Welt zu reisen. Alle Orte und Menschen, die ich persönlich aufgesucht habe, lagen nur eine Autostunde von meinem Zuhause entfernt, sämtliche anderen Informationen und Interviews habe ich durch die Wunder der Technik beschafft. Deshalb kann ich keine Reiseabrechnungen vorlegen. Tut mir leid.
J.

1. GENUG INFORMATION

*Ich habe auf geschmackvolle Weise genug,
alles darüber hinaus wäre überflüssig.*
Edward, dem Herzog von Windsor
(der 1936 wegen seiner Heirat mit Wallis Simpson als
König abdankte), zugeschriebene Redensart.

Sollte die Polizei in diesem Augenblick das Haus stürmen, wäre vielleicht eine Erklärung vonnöten. Ich sitze auf einem Schemel in einem Cottage und schaue auf einen englischen Dorfanger hinaus. Ich trage eine Badekappe mit kleinen Löchern, aus der 16 Sonden und ein vielfarbiges Kabelgewirr ragen. Es hat nichts mit Drogen zu tun, und auch Tiere kommen nicht zu Schaden, aber dieses Zimmer steckt voll seltsamer Artefakte, darunter gerahmte Stoffmuster, modernste Modellflugzeuge, altertümliche Schaukästen mit menschlichen Gehirnen sowie ein Schreibtisch, der einst dem Philosophen Lord Bertrand Russell gehörte. Neben dem Tisch befindet sich ein elektronischer Affenkopf, der darauf programmiert ist, laut zu lachen, sobald jemand im Zimmer auch nur ein Kichern von sich gibt. Diese unheimliche Umgebung scheint nicht gerade der passende Ort zu sein, um mit einer Hightech-Methode zu testen, wie man unsere von Daten überfluteten Hirne mit weiterer Information bombardieren kann.

Ich bin zu Gast bei Dr. David Lewis, einem Neurowissenschaftler, der während der letzten zwanzig Jahre Verfahren entwickelt hat, mit deren Hilfe er die Entscheidungsfindungen im menschlichen Gehirn studiert. Dr. Lewis sitzt bequem in seinem schwarzen Ruhesessel mit eingebauter Lampe und Fernsteuerungs-Schaltpult. Er ist technischen Spielereien durchaus nicht abgeneigt. Sein neuestes Projekt nutzt einige der modernsten

Hirnforschungstechniken, um eine immer größer werdende Herausforderung für die Werbewirtschaft zu knacken: Wie kann man den durch ständige Medienberieselung erzeugten Nebel in unseren Hirnen durchdringen und tief in unsere Köpfe hineingreifen, um Botschaften darin zu versenken, die uns zu noch mehr Konsum anspornen?

Lewis und andere seines Fachs werden von führenden Konzernen unseres Planeten bezahlt, um Pionierarbeit auf dem Gebiet des Neuromarketings zu leisten, denn die Menschheit steht vor einem rasch wachsenden Problem: Wir ertrinken allmählich in unserer eigenen Datenflut, und so kann es geschehen, dass sorgfältig ausgetüftelte Werbenachrichten einfach nicht mehr wahrgenommen werden – und jede Menge anderer wichtiger Dinge sowieso. In den 70er Jahren ordnete unser Stadtrat an, dass im städtischen Aquarium keine Delfine mehr gehalten werden sollten: Tierschützer hatten aufbegehrt, weil die Sonarklicks von Flipper und Co. von den Wänden ihrer überfüllten Becken zurückgeworfen würden und die Tiere verrückt machten. »Sie werden blind und taub in einer Welt, die mit ihrem eigenen weißen Rauschen angefüllt ist«, argumentierten die Tierschützer. Jetzt können wir es den Delfinen nachfühlen: Wo immer man hinschaut, wo immer man hinhorcht, überall versucht jemand oder etwas, unsere Aufmerksamkeit zu erzwingen. Unsere Neuronen werden von Werbebotschaften nur so beschossen, wir werden von Anzeigen und Produkt-Placements verfolgt.

Täglich sind wir einem Bombardement von bis zu 3500 Konsumanreizen ausgesetzt, das heißt, während wir wach sind, durchschnittlich alle 15 Sekunden einer. Im Jahr 2004 gaben Firmen weltweit mehr als 275 Mrd. Euro für Werbung aus. In den letzten zehn Jahren ist die Anzahl britischer TV-Werbespots von 3000 auf 8000 hochgeschnellt, und es gibt inzwischen 123 Fernsehsender statt der ursprünglichen vier. Im deutschen Fernsehen wurden im ersten Halbjahr 2006 5300 neue oder modifizierte Werbespots von Markenherstellern gezeigt, was eine Steigerung von 12 Prozent gegenüber dem vergleichbaren Vorjahreszeitraum darstellte.[1] 2006 sind sechs Billionen Business-E-Mails verschickt worden, und täglich überschwemmt uns eine Flut von zehn Millionen Spam-Mails. In den vergangenen 30 Jahren ist mehr Information produziert worden als in den vorangegangenen 5000. Das sollten allmählich genug Daten sein, die wir verdauen müssen. Hinzu kommen jedoch Woche für Woche neue Podcasts, Sendungen, Magazine, Kabelkanäle und Radiosender. Außerdem E-Mails, Websites, SMS, Blogs und Spielfilm-DVDs mit Zusatz-Disks, auf denen man all die ungemein wichtigen Special Features sehen kann, die einem bisher entgangen waren. Selbst die Friseurkette Toni & Guy stattet ihre Salons nach und nach mit WLAN aus: Jetzt kann man sich nicht einmal mehr die Haare schneiden lassen, ohne ans Infoversum angeschlossen zu sein: »Hallo Liebling, bin gerade im Haar-Netz.«

Einige der kreativsten Köpfe der Gesellschaft werden für hoch bezahlte, prestigeträchtige Jobs gewonnen, um der Werbewirtschaft zu helfen, Produkte an den Kunden zu bringen. In früheren Zeiten wären diese Leute vielleicht große Künstler oder Schriftsteller gewesen. Die schiere Menge an geistreicher Information, die sie am laufenden Band produzieren, verwirrt uns in zunehmendem Maße. Fachleute der Zukunfts- und Marktforschungsgesellschaft Henley Centre fürchten, dass wir allmählich für das Geschnatter der Werbung taub werden. Nicht einmal mehr eine von fünf konventionellen Werbebotschaften vermag noch eine nachhaltige Wirkung zu erzeugen. Und diese Informationsflut setzt eine instinktive Reaktion in Gang, die das Problem nur noch verschärft: Wenn wir nämlich von zu viel Information verwirrt werden, fühlen wir uns gezwungen, noch mehr Information zu suchen, um unserer Verwirrung Herr zu werden und sinnvolle Schlüsse ziehen zu können.

Eine vom Henley Centre durchgeführte Umfrage deutet an, dass wir zu einer Gesellschaft von Informationshortern werden – das moderne mediale Pendant zu diesen Verrückten der 70er

Jahre, deren Wohnungen mit Zeitungen vollgestopft waren. Mehr als 70 Prozent der Befragten kreuzten das Kästchen an: »Zu viel Information kann ich niemals haben.« Mehr als die Hälfte gaben jedoch an, dass sie weder die Zeit noch die Energie hätten, die ihnen bereits zur Verfügung stehende Information zu nutzen. Eine Möglichkeit, mit dieser Überbelastung fertig zu werden, besteht darin, noch mehr Quellen einzuschalten – per Multitasking: Die Mehrheit der 20- bis 30-Jährigen schaut fern und ist gleichzeitig online. Aber wie viel Information nehmen sie tatsächlich auf? TV-Werber sorgen sich, dass Aufmerksamkeit und Merkfähigkeit der Zuschauer rapide schwinden: Je mehr Informationen wir aufnehmen, desto weniger begreifen wir.

Einer der Gründe, warum ich Dr. Lewis in seinem Cottage aufgesucht habe, ist, dass er vermutlich der Erste war, der auf dieses Problem hingewiesen hat. Im Jahr 1996 entdeckte er ein neues gesellschaftliches Leiden und gab ihm einen treffenden klinischen Namen: »information fatigue syndrome« (»Informations-Erschöpfungs-Syndrom«). Lewis hatte damals für Reuters eine weltweite Studie mit 1300 Geschäftsleuten durchgeführt, die jeden Tag mit einer Datenmenge arbeiteten, die man heute als vergleichsweise gering ansehen würde. Zwei Drittel der Befragten gaben an, der Stress durch die Informationsüberlastung habe ihre persönlichen Beziehungen geschädigt, zu Schlaflosigkeit und zu Zweifeln an ihrer Entscheidungsfähigkeit geführt. Viele der Leidenden reagierten mit der Jagd nach mehr Information, um ihrem Dilemma zu entkommen. Dr. Lewis schob das Syndrom eindeutig auf die wachsende Informationsflut. Seine neu benannte Krankheit passte so gut in unsere Zeit, dass sie rasch ihren eigenen Mythos schuf. Prompt interviewte der *Daily Telegraph* eine am »IFS-Syndrom« Erkrankte über ihren schmerzlichen, fünf Jahre dauernden Weg zur Gesundung. Und im Jahr darauf berichtete Edward Walsh in der *Sunday Times*, dieses Syndrom sei zum ersten Mal bei alliierten Geheimdienstoffizieren im Zweiten Weltkrieg aufgetreten.

Neueste Studien bestätigen Dr. Lewis' frühere Ergebnisse. Forscher an der London University berichten, die Wirkung zu vieler Mitteilungen könne einen Menschen verrückter machen als Cannabis. Beim Rauchen eines Joints verliere man temporär vier Punkte seines IQ. Schreibt man aber simultan einen Text und checkt seine E-Mails, könne man glatt zehn IQ-Punkte verlieren – was dem Zustand eines umnebelten Hirns nach einer schlaflosen Nacht entspricht. Die Konzentration wird von dem Drang gestört, die Arbeit immer wieder zu unterbrechen und den Mail-Eingang zu überprüfen. Obwohl das Lesen der Mails ja eigentlich unsere Produktivität steigern sollte, bedeutet die ständige Ablenkung im Hintergrund also einen Verlust an Produktivität. In gleicher Weise schädigen wir unser Sozialleben, weil wir besessen sind von Nachrichten, statt unserem anwesenden Mitmenschen die nötige Aufmerksamkeit zu schenken. Der Bericht prägte einen treffenden Namen für diesen Zwang: »Infomanie«. Um sich davon zu überzeugen, wie tief dieser Zwang sitzt, brauchen Sie sich nur in eine voll besetzte Kneipe zu setzen: Schauen Sie zu, wie das antrainierte Verhalten gegenseitiger Höflichkeit in sich zusammenfällt, sobald irgendwo ein Handy klingelt. Wir alle werden zunehmend zu »Infomaniacs«, die zwanghaft nach jedem Informationsschnipsel grabschen, weil wir hoffen, eines Tages das Zauberwort zu erhaschen, das dem Rest unseres Lebens einen Sinn gibt.

Dieses Paradox ist typisch für viele Probleme in dieser Zeit des beispiellosen Überflusses. Die Überlebensstrategien, die wir uns in Jahrtausenden des Mangels und der ständigen Bedrohung durch andere Hominiden angeeignet haben, hindern uns nun daran, die Welt zu genießen. Die Wurzeln der Infomanie liegen tief in unserer Entwicklung verborgen. Die Sucht nach immer mehr Information ist die Quelle unseres potenziell zerstörerischen Drangs nach mehr Nahrung, mehr Arbeit, mehr Besitz, mehr Möglichkeiten und mehr Glück. In der Savanne, wo die Evolution unserer Vorfahren stattfand, musste man ständig aufmerksam sein, wenn man überleben wollte. Man musste aus sämtlichen verfügbaren Informationen die klügsten Schlüsse ziehen. Unbekannte Dinge – neue Gesichter, Formen und Ideen – gab es damals eher weniger, und ihr Auftauchen führte im Gehirn zu einem Widerspruch zwischen Angst und Neugier. Ein Frühmensch hätte schon außergewöhnlich wissbegierig sein müssen, um seine Furcht vor dem Tod zu besiegen und eine möglicherweise lohnende Frage wie »Was passiert, wenn ich diese Echse trete?« auszutesten. Doch die Menschen, die sich hervorwagten und Neues erforschten, waren meist auch diejenigen, die in der Konkurrenz um Futterplätze und Fortpflanzung die größten Chancen hatten. Im Lauf der Generationen entwickelte sich im primitiven Gehirn der Frühmenschen ein Belohnungssystem, das zum Sammeln von Information geradezu ermutigte – und sich im großen Spiel der Evolution als Volltreffer erwies.

Tests zeigen, dass dieser Mechanismus immer noch funktioniert – wann immer wir etwas dazulernen, erhält unser Hirn einen »Opiumkick«. Eine neurowissenschaftliche Studie der University of Southern California aus dem Jahr 2006 belegt: Sobald wir ein neues Konzept begriffen haben, wird mit dem »Klick« des Verstehens eine chemische Reaktion ausgelöst, die unser Gehirn mit einer Flut von natürlichen heroinähnlichen Opioiden belohnt. Laut Irving Biederman, der die Forschungsarbeit leitete, besitzt unser Gehirn eine Ansammlung von Opioidrezeptoren in der Region, die für die Aufnahme neuen Wissens zuständig ist. Er glaubt, dass wir gelernt haben, »high« zu werden, wenn wir etwas Neues über unsere Welt gelernt oder schwere und komplizierte Konzepte begriffen haben, weil dieser Zustand uns einst einen Vorsprung vor unseren Rivalen verschaffte. »Menschen sind so beschaffen, dass sie Informationen verschlingen«, meint er. »Es macht keinen Spaß, ein schwieriges Theorem zu begreifen. Hat man es aber geschafft, fühlt man sich einfach großartig.«

Über lange Zeit schaltete unser Verstand ab, sobald dieses chemisch inspirierte Streben nach neuer Information und neuen Konzepten auftauchte, denn die dringlicheren Bedürfnisse nach Nahrung und Sicherheit setzen sich automatisch über das Belohnungssystem hinweg. Doch wir modernen Menschen haben auf unseren gemütlichen Sofas keine Hungersnöte oder Raubtiere mehr zu fürchten, und so kann sich die Infomanie selbst in den Köpfen der Faulsten und Risikofeindlichsten austoben und ein Massenbedürfnis nach Schreckensnachrichten, banalen Dokus, Promiklatsch und sonstigem Medienmüll hervorrufen. Solange es neu ist, verschafft es uns den Kick. Ständig sind wir auf der Suche nach Quellen für neue Mini-Kicks, denn die Belohnung durch Opioide nimmt ab, sobald eine neue Erfahrung wiederholt wird und folglich nicht mehr neu ist. Biederman beobachtete die Hirnaktivität von Versuchspersonen mit einem Magnetresonanzscanner (*functional magnetic resonance imaging-Scanner*, fMRI) und fand heraus, dass sie beim wiederholten Anschauen eines Bildes immer weniger Stimulation zeigten. Folglich setzt die Medienindustrie auf immer schnellere Bildfolgen, die unsere »Boah, hast du das gesehen!«-Reaktion noch mehr strapazieren, unsere Sucht nach Neuem steigern und unsere Aufmerksamkeitsspannen noch kürzer werden lassen.

Vor diesem Hintergrund von zwanghaften, verwirrten, gelangweilten und übersättigten Infojunkies arbeitet Dr. Lewis zusammen mit einer Firma namens NeuroCo am Konzept des Neuromarketings in Großbritannien. In den USA gibt es bereits 90 entsprechende Beraterfirmen, die von Konzernen wie Procter & Gamble, General Motors, Coca-Cola und Motorola in Anspruch genommen werden. Sie sind hinter unserem letzten Quäntchen Aufmerksamkeit her. Traditionell läuft Werbung nach dem Muster »Sagen Sie uns, was Sie wollen, und wir sagen Ihnen, dass wir es haben« ab. Doch nachdem unsere mehr oder weniger alltäglichen Bedürfnisse befriedigt waren, mussten sich die Werbeleute etwas einfallen lassen, um unser Verlangen auf bestimmte Marken zu lenken. Und nun, angesichts medialer Sättigung, wenden sie sich der Neurowissenschaft zu, um neue Möglichkeiten zu finden, wie unser Unterbewusstsein gekitzelt und angezapft werden kann. Diese neue Strategie verspricht Firmen, die Wirksamkeit ihres Marketings bereits im Gehirn des Verbrauchers sichtbar zu machen und die Region zu markieren, die »Interesse« signalisiert. Es steht zu befürchten, dass sie eines Tages mit einem punktgenauen Bombardement ins Schwarze treffen werden.

Von Neuromarketing versprechen sich Hersteller das Wissen, welche besonderen Stimuli Menschen dazu verleiten, ein bestimmtes Produkt seinen Konkurrenten vorzuziehen. Denn ungeachtet dessen, was unser Verstand uns weismacht, kann die Wahl, die wir treffen, vollkommen beliebig sein. Es scheint tatsächlich, als träfe in den meisten Fällen unser Unterbewusstsein bereits die Entscheidung, während unser Bewusstsein erst darangeht, sie zu rechtfertigen: Gehirnscans haben gezeigt, dass das Unterbewusstsein bei der Entscheidungsfindung bis zu 500 Millisekunden früher dran ist, wenn es darum geht zu reagieren. Ein Beispiel für die verrückte Art, in der unsere primitive Hardware im 21. Jahrhundert »rationale« Entscheidungen trifft, ist in einer Daimler-Chrysler-Studie zu finden: Während Männer Bilder von Sportwagen betrachteten, wurden in ihren Gehirnen die gleichen Belohnungszentren aktiviert wie bei der Einnahme von Drogen oder Alkohol. Kernspin-Untersuchungen der Münchner Ludwig-Maximilians-Universität haben bestätigt, dass bestimmte Hirnareale stärker aufleuchten und positiver reagieren, wenn man den Probanden bekannte Markenprodukte zeigt. Nun arbeiten Wissenschaftlerteams auf der ganzen Welt an der Frage, warum die Werbekampagnen mancher Topmarken funktionieren und andere nicht.

Einen Hinweis liefert eine angesehene Studie von P. Read Montague, Neurowissenschaftler an der Baylor University in Texas. Montague bat seine Versuchspersonen, Pepsi und Coca-

Cola aus neutralen Plastikbechern zu trinken und über ihr Geschmackserlebnis zu berichten. Beim Blindversuch zogen die Zungen Pepsi vor. Auch die Hirne: fMRI-Scans zeigten, dass Pepsi mehr Aktivität in der Hirnregion auslöste, in der Belohnung angezeigt wird. Dann jedoch zeigte man den Probanden ein Bild einer roten oder einer blauen Getränkedose und gab ihnen wiederum ein zufällig ausgewähltes Cola-Getränk. Und wieder beobachtete der Scanner die Reaktionen im Gehirn. Die Markenfarbe von Coca-Cola ließ den Hippocampus und den präfrontalen Kortex aufleuchten, die Farbe von Pepsi hingegen zeigte keine solche Wirkung. Darüber freuten sich die Coke-Werber natürlich riesig, denn es bedeutete, dass das Image von Coca-Cola unabhängig vom Geschmack in unseren Köpfen positive Resonanz auslöst. Der Hippocampus sitzt im Vorderhirn und kontrolliert Emotion und Gedächtnis. Der präfrontale Kortex sitzt ungefähr hinter den Augen und spielt eine wichtige Rolle für unser Verhalten: Er nimmt soziale Zeichen wahr, unterdrückt Impulse, richtet unsere Aufmerksamkeit auf etwas Bestimmtes und verstärkt die bewusste Wahrnehmung von Gefühlen. Man nimmt an, dass die positive Selbstwahrnehmung angeregt ist, wenn diese Hirnareale aufleuchten. Und Peng! Die Marke Coca-Cola ist tief in unser Ego eingewebt.

Alle diese neurowissenschaftlichen Studien zielen darauf ab, unser Gehirn mehr und mehr für die Werbung zu erschließen. In weniger als zehn Jahren, so die eifrigsten Befürworter des Neuromarketings, wird die Technik Marketingstrategien ermöglichen, welche die »Ich-will«-Schaltkreise unseres Gehirns wie einen Milliarden Watt starken Weihnachtsbaum aufleuchten lassen. Dr. Lewis ist nicht so überzeugt: »Ich glaube, wir werden nie die ›Kauf-mich‹-Taste im Gehirn finden, aber vielleicht« – er räuspert sich – »irre ich mich. Doch wir können auf jeden Fall eine Menge Interessantes darüber erfahren, was die Aufmerksamkeit der Menschen erregt und wie sie darauf reagieren.« Lewis benutzt eine Technik namens quantifizierte Elektroenzephalografie – deshalb die Gummikappe mit den Löchern für die Elektroden, die mir sein Assistent übergestreift hat. Die Elektroden stecken in einem EEG-Gerät, das nicht größer ist als ein Autoradio. Dieses liest Anzahl und Art der elektrischen Gehirnströme und gibt in Echtzeit die Reaktion des Gehirns an, wenn dem Probanden beispielsweise verschiedene Pakete mit Waschmitteln gezeigt werden. Das Tolle an diesem Gerät ist, dass man es mit sich herumtragen kann. Man kann einen Hut über die Gummikappe stülpen, das EEG-Maschinchen in die Tasche stecken und in die Einkaufsmeile gehen, während das Gerät die unterbewussten Reaktionen aufzeichnet. »Es liest Ihre Hirnaktivität ab«, sagt Dr. Lewis. »Fortschritt bedeutet bei diesen Geräten, dass die Leistungsfähigkeit der Software exponentiell wächst.«

Und da liegt es auf dem Monitor, aufgeklappt wie ein ausgenommenes Hühnchen: mein Gehirn, fieberhaft damit beschäftigt, der Welt einen Sinn abzuringen. Leider ist es lediglich ein geschlossenes Bündel von Wellenlinien. Mein Innenleben ähnelt einem schlecht eingestellten Videorekorder. Um Lewis wenigstens ein Grundbild von den vielfältigen Strömen meines Hirns zu geben, starre ich mit leerem Blick auf eine mittlere Distanz, während ich mich gleichzeitig auf ein Mantra konzentriere, das ich schon seit mehr als zehn Jahren benutze. Doch die neun spinnennetzfeinen Linien auf dem Bildschirm zeugen von äußerst geringer Aktivität unter der Gummikappe. »Versuchen Sie mal zu blinzeln«, schlägt Dr. Lewis vor. Mehrere Linien kreuzen einander, als ich seiner Bitte nachkomme und ihm meine Aufmerksamkeit zuwende. Zum Glück für meine Selbstachtung kann das Gerät auch anders eingestellt werden, sodass man hübschere Bilder sieht – mein Lieblingsbild ist eine Art psychischer Wetterkarte, die sich über den obersten Abschnitt meines Schädels zieht. Da ballen sich farbige Wolken zusammen und lösen sich wieder auf, während in anderen Teilen meines Gehirns Aktivitäten vonstattengehen. Die Areale im hinteren Teil meines

Kopfes scheinen Überstunden zu machen. »Dieses Gebiet hat mit dem Sehvermögen zu tun«, erklärt Lewis.

Aber was genau sehe ich? Und wie reagiere ich emotional? Zurzeit ist es noch sehr schwer, die enorme Menge an Informationen auszuwerten, die wir durch diese Technik bekommen. Und selbst diese Masse von Gehirnströmen kann uns noch nicht die ganze Geschichte erzählen – denn wer weiß schon, wie sämtliche Areale des Gehirns zusammenarbeiten? Überdies können Menschen auf gleiche Hirnzustände emotional unterschiedlich reagieren. Manche von uns haben zum Beispiel Erfahrungen gemacht, die uns vor bestimmten Farben, Formen und Gerüchen warnen, andere Menschen hingegen lieben sie. Lewis stimmt mir zu: Mit seinen Messungen, sagt er, ähnelt er einem Menschen, der ein Fußballspiel hört, aber nicht sieht, und der versucht, den jeweiligen Spielstand anhand des Gebrülls der Zuschauer zu bestimmen. Aber er ist überzeugt, dass das Gerät ihm immerhin anzeigt, wenn irgendetwas die Aufmerksamkeit seines Trägers erregt hat – und wenn er die so gewonnenen Daten mit den Ergebnissen von Hautwiderstands- und Blutdruckmessungen verknüpft, kann er einschätzen, ob diese Aufmerksamkeit Verlangen oder Abwehr ausgelöst hat. Wenn eine Versuchsperson beim Shopping zusätzlich eine Augenkamera in der Brille trägt, kann er auch genau verfolgen, was sie gerade betrachtet hat, als die Hirnaktivität einsetzte.

Lewis' derzeitige Arbeit besteht hauptsächlich darin, Probanden zu finden, die seine »Neurokappen« unter dem Hut tragen und damit durch ein riesiges Einkaufszentrum spazieren. Dort wird dann gemessen, wie das Konsumentengehirn auf die Anordnung und die Schaufenster der Geschäfte reagiert. Eine der ersten Erkenntnisse war, dass man einen neuen Laden nicht unbedingt genau neben einer Bank eröffnen sollte. Der Kaufwille im Gehirn schaltet sich ab, sobald man an einer Bank vorbeigeht. Vielleicht erinnert ein Geldinstitut die Leute an die finanziellen Folgen der letzten Einkaufstour. In einem anderen Experiment von Dr. Lewis wurden die Gehirne von Kinogängern beim Betrachten eines Films gescannt, der eine Autofahrt durch Paris zeigte. Die Zuschauer wussten jedoch nicht, dass der Film mit digitalen Inserts, mit verschiedenen Kinoplakaten für einen Spielfilm der 21st Century Fox, gespickt war. Danach konnte Dr. Lewis' Team den Marketingmanagern der Verleihfirma eine genaue Aufzeichnung vorlegen, welche Filmposter die Zuschauer am attraktivsten fanden. Lewis hat auch für Automobilhersteller und andere Konzerne Untersuchungen durchgeführt, jedoch möchte niemand namentlich genannt werden, damit die Kunden nicht etwa von solchen Frankenstein-Methoden abgeschreckt werden.

Lewis ist nicht der Einzige, der Apparate baut, die in die Köpfe der Menschen hineinspähen. Professor Peter Robinson aus Cambridge arbeitet an der Entwicklung eines »emotional bewussten« Computers, der mit einer Kamera Gesichter filmt, die Mimik auswertet und aufgrund dieser Informationen auf den emotionalen Zustand der gefilmten Person schließt. Robinsons Maschine kann bereits minimale Muskelbewegungen an 24 Stellen des Gesichts aufspüren und versuchen, sie mit einem der emotionalen Zustände abzugleichen, die nach Robinsons Ansicht für den Kaufanreiz von Bedeutung sind: Traurigkeit, Verwirrung, Aufregung, Überraschung und Ärger. Robinson glaubt, dass es eines Tages möglich sein wird, solche beobachtenden Monitore in Internetcafés, Bars und Wartezimmern zu installieren; Computer wären dann in der Lage, unsere Stimmungen zu »lesen« und darauf mit Werbung zu antworten, die unserer momentanen Gefühlslage entspricht.

Solche Entwicklungen seien erst der Anfang, sagt Dr. Lewis. »Ich vergleiche das gern mit der Geschichte der Fliegerei. Im Augenblick sind wir erst zehn Jahre weiter als die Brüder Wright. Noch fliegen wir in kleinen Doppeldeckern, aber in Zukunft werden wir Überschalljets bauen.« Und wenn wir das Jetzeitalter des Neuromarketings erreicht haben, besitzen wir dann den Heiligen Gral des Verkaufs, eine Werbestrategie, die Kundenfang garantiert? Laut Lewis keineswegs, denn unsere auf Neuheiten gepolten Gehirne ticken anders: »Alles, was funktioniert, wird so lange benutzt, bis es sich abgenutzt hat. Die Käufer werden abschalten, bis die nächste aufregende Neuheit kommt.« Das Wettrüsten wird also niemals aufhören. Unterstützt von Gehirnscans wird es mehr gezielte Reize, mehr List, mehr Effekthascherei und mehr Bombardement auf unsere Sinne geben. Die Verkäufer werden immer wirksamere Tricks entwickeln, um uns davon zu überzeugen, dass wir noch längst nicht genug haben.

Nun ja, ich wünsche Dr. Lewis alles Gute. Seine Art gefällt mir, die Hingabe an sein Werk. Aber ich ziehe einen vollkommen entgegengesetzten Ansatz zur Bekämpfung von Informationsüberlastung vor. Es geht darum, die »Info-Dickleibigkeit« zu bekämpfen, indem man sich selbst eine Schlankheitskur, eine »Datendiät«, verordnet. Dafür gibt es zwingende Gründe. Die Informationsflut sorgt nicht nur für Stress und Verwirrung, sondern verführt uns auch zu irrationalem Verhalten, wie zum Beispiel zur Nichtbeachtung wichtiger Gesundheitsinfos. Die jüngste Umfrage, die von der britischen Regierung in Auftrag gegeben wurde, um Aufschluss über die Gewohnheiten beim Lebensmitteleinkauf zu gewinnen, zeigte folgendes Paradox: Obwohl den Bürgern mehr Informationen über gesunde Ernährung zur Verfügung stehen als je zuvor, ist der Konsum von frischen Nahrungsmitteln zurückgegangen. Zum Teil liegt es daran, dass die Leute vollauf damit beschäftigt sind, Geld zu verdienen und wieder auszugeben, und somit keine Zeit mehr für die einfachen Freuden des Kochens bleibt. Doch Catherine Collins von der British Dietetic Association meint, oft sei gerade Informationsüberlastung der Grund dafür, dass wir zu ungesunden Lebensmitteln greifen: »Wir sind so informiert, dass wir uns darüber keine Gedanken machen wollen.« Ein fantastischer Merksatz für das 21. Jahrhundert! Wir sind so darauf geeicht, Infos zu ergattern, dass wir oft nichts Vernünftiges mehr damit anfangen können. Statt einmal innezuhalten und das Aufgesogene nach Relevanz und Qualität auszusieben, entsorgen wir das tägliche Futter aus schlüpfriger, tiefsinniger, verwirrender und widersprüchlicher Information auf dem mentalen Kehrichthaufen der vage verstandenen Dinge. Und dann versuchen wir, einen Sinn ins Chaos zu bringen, indem wir – noch mehr Infos aufnehmen.

Nirgendwo tritt dies deutlicher zutage als in der Welt des Fernsehens: 24-Stunden-Dauernachrichtensendungen, endlose Spekulationen und Gerüchte, Pseudo-Reportagen ohne wirklichen Inhalt, aber voller Trivialitäten – eine Welt, deren Hohepriester ein Mann im Regenmantel ist, der sagt: »Ich kann bestätigen, dass nichts geschehen ist, seit ich das letzte Mal sagte, dass nichts geschehen ist.« Man kann den ganzen Tag damit zubringen, sinnlose Dokus anzuschauen. Diese fortwährende Jagd nach einer Story verzerrt unsere Wahrnehmung der Welt auf dramatische Weise. Unser Bewusstsein ist ständig in einem Zustand der Übererregtheit, während wir regelmäßige Wiederholungen der Schreckensbilder des Tages sehen. Wie viele Male muss man eine explodierende Autobombe sehen, um zu begreifen, worum es geht? Der Schrecken wird immer wieder gezeigt, aber etwas Neues erfahren wir nicht. Stattdessen kann sich der Eindruck festsetzen, dass die Welt gefährlich und außer Kontrolle geraten ist. Außerdem vergessen wir, was eine aktuelle Nachricht kennzeichnet: etwas, das heute geschehen ist und höchstwahrscheinlich nicht gestern und auch nicht morgen. Stattdessen fühlen wir uns gezwungen, immer mehr Nachrichten zu verfolgen, um ein noch genaueres Bild von dem schrecklichen Ereignis zu bekommen – eines, das uns vielleicht hilft, es zu begreifen.

Dieser Umstand wird noch dadurch verschärft, dass unser primitives Gehirn einen ziemlich schlechten Sinn für Geografie hat. Wenn wir Bilder eines weit entfernten Massakers sehen, signalisiert dieses Hirn nicht automatisch: »Gott sei Dank, das ist ja Tausende von Kilometern entfernt.« Nein, es rückt die Geschichte in unsere Nähe, genauer gesagt in die Laufnähe des jungsteinzeitlichen Menschen. Deshalb fühlen wir uns genötigt, über diese »nahe« Bedrohung in Erfahrung zu bringen, was wir nur können, und schauen auch die nächste Nachrichtensendung. Die ständigen Reize lösen Dauerstress aus. Manche Psychologen sind der Auffassung, die Wirkung sei so stark, dass wir unseren Konsum an Fernsehnachrichten auf eine halbe Stunde täglich beschränken sollten – sonst liefen wir Gefahr, eine angstinduzierte Depression zu entwickeln.

Abgesehen von solchen unmittelbaren Auswirkungen könnte eine derart informationsdurchtränkte Kultur unsere Spezies daran hindern, sich weiterzuentwickeln, denn sie tötet unseren Drang, die Kiste mal auszuschalten und etwas Sinnvolles zu tun. Die Gefahr liegt auch in den zunehmenden Reizen der virtuellen Realität, wo scheinbar kurze Wege locken – beispielsweise zu attraktiven und willigen Gespielinnen. Eigentlich sind unsere Hirne darauf programmiert, Partner in der wirklichen Welt zu finden. Doch nun brauchen wir das bequeme Sofa gar nicht mehr zu verlassen, damit unsere auf Aufregung getrimmten Schaltkreise ihren Kick bekommen. Und unsere instinktiv reagierenden Hirnareale scheren sich keinen Pfifferling darum, dass die Reize auf der Mattscheibe nur aus Pixeln bestehen. Es interessiert sie nicht einmal, dass unser Verstand sehr wohl weiß, dass alles nur ein billiger Fake ist. Unsere Instinkte sind trotzdem angetörnt. Dieser Umstand erklärt, warum immer mehr Menschen lieber Pornofilme gucken als mit echten Partnern eine vielschichtige Beziehung aufzubauen, dass sie lieber Wii Sports spielen, als wirklich Sport zu treiben – und dass sie lieber *Friends* schauen, als sich mit Freunden zu treffen.

»Wir gehen an unserem eigenen Stammhirn zugrunde«, sagt Geoffrey Miller, Evolutionspsychologe an der University of New Mexico. Er ist der Meinung, dass der größte Teil des menschlichen Erfindungsgeistes heutzutage gebraucht wird, um virtuelle Lebenserfahrung zu erzeugen statt wirklicher Dinge wie zum Beispiel Wasserkraftwerke. Er behauptet sogar, dies sei der Grund, warum wir nie Kontakt mit einer technisch überlegenen außerirdischen Zivilisation bekommen haben. Theoretisch ist es ziemlich wahrscheinlich, dass sich auf einem der 100 Milliarden Sterne der Milchstraße eine weitere Zivilisation entwickelt hat. Aber intelligenten Wesen im All, argumentiert Miller, werde es ebenso ergehen wie uns: Sobald sie technologisch so weit sind, dass sie virtuelle Welten erfinden können, fangen sie an, sich an ihnen zu berauschen. Folglich würden die Aliens eher an ihrer Spielkonsole sitzen, als die Kolonisierung unserer Galaxis in Angriff zu nehmen.

Miller sagt jedoch auch, dass die genetische Variation nach Darwin andere Möglichkeiten zulässt: Eine neue Art von Menschen könnte sich von unserer Virtual-Reality-Kultur abwenden, Menschen, denen billige Bildschirmabenteuer nichts bedeuten und die technische Errungenschaften nutzen, um in der wirklichen Welt ein produktives Leben zu führen.»Wer diesen Verlockungen widersteht, entwickelt mehr Selbstkontrolle, Pflichtgefühl und Pragmatismus«, sagt Miller. Er fürchtet jedoch, dass zu diesem Verzicht am ehesten religiöse Hardliner und Fanatiker bereit sind, denen Müßiggang, Freude und liberale Vorstellungen ein Gräuel sind. Ich hingegen hoffe, dass diese neue Art von Menschen warmherzige, humane und lebensbejahende »Genughaber« sein werden.

Welches Szenario auch eintrifft, wir haben einen Punkt erreicht, an dem unser Leben randvoll mit Datenmüll ist. Ich rede hier nicht nur von illegalem Spam, sondern von der zeitraubenden, substanzlosen Information, die wir einander tagtäglich per E-Mail, Handy und SMS zumuten. In meinem Metier, dem Journalismus, erstickt man wie in allen Jobs der Kommunikationsbranche schier an diesem die Seele verstopfenden Unrat (und hilft andererseits kräftig mit, diesen Unrat zu produzieren). Ich habe die letzten 15 Jahre damit verbracht, Fakten und Meinungen in verschiedene Medien zu schaufeln, und muss täglich einen wirbelnden Mahlstrom von Informationen bewältigen. Journalisten sind ein gieriges Völkchen. Sie glauben, dass aus jeder heißen Information noch mehr rauszuholen ist: mehr Hintergrund, mehr Klatsch, mehr Meinungen. Aber Journalisten gehen auch den umgekehrten Weg: Sie redigieren. Dabei streichen sie alles Überflüssige und bearbeiten einen Text so lange, bis er schlank ist wie ein Windhund. Ich mache das ausgesprochen gern, und manchmal summe ich dazu eine Zeile aus einem 70er-Jahre-Song von Mike Batt:»Womble up de rubbish, and put it in de bin.« (Räum den Krempel auf, und schmeiß ihn in die Tonne.) Wenn mir jemand mit irgendwelchen Extras für eine Story kommt, frage ich automatisch: Was bringt das *wirklich*? Angesichts der wild wuchernden Masse an Nachrichten sollten wir diese Frage immer stellen, damit wir entscheiden können: Jetzt ist es genug. Das ist genau die richtige Menge an Infos für mich.

Ich bin kein Maschinenstürmer, im Gegenteil. Mir geht es darum, das Beste aus der verfügbaren Technologie zu machen, statt zuzulassen, dass sie unser Leben bestimmt. Warum sollten wir permanent alle Informationskanäle nutzen? Wir lassen ja auch nicht ständig Licht brennen oder Wasser laufen, nur weil wir einen Strom- und einen Wasseranschluss im Haus haben. Es bringt Vorteile, die Datenmenge zu verkleinern. Wenn Sie weniger innerbetriebliche E-Mails verschicken, können Sie das zwischenmenschliche Verhältnis zu Ihren Kollegen deutlich und nachhaltig verbessern. In Büroetagen gibt es trotz aller kühlen Effizienz immer noch genügend Raum, in dem höhere Primaten sich austauschen können, ohne einander auf die Füße zu treten. Wir haben tatsächlich viel von Affen an uns und sollten diesen Umstand nutzen – moderne Bürokommunikation hin oder her. Statt einem Kollegen eine Mail zu schicken, können Sie auch hinübergehen und persönlich mit ihm sprechen. Bei

Ihnen beiden erhöht sich dadurch der Spiegel der Bindungshormone, denn der freundliche zwischenmenschliche Kontakt regt die Produktion des Neurotransmitters Dopamin an, das für Aufmerksamkeit und freundschaftliche Gefühle zuständig ist. Außerdem steigt der Serotoninspiegel und schützt vor Angst und Sorgen. Wir wissen aus Studien, dass der Geruch eines Menschen Vertrauen wecken kann. Dennoch bleiben wir vor unserem Computer sitzen, mit dem Cursor über dem »Send«-Button – stets darauf bedacht, bloß nicht in das Schreibtischterritorium eines anderen Primaten einzudringen. Ob Sie diese Schranke überwinden können oder nicht, davon hängt ab, was das Verhältnis zu Ihren Kollegen prägt – Vertrauen oder Unbehagen.

Ich kann Ihnen die Datendiät nennen, die bei mir funktioniert (obwohl sie natürlich kein Allheilmittel ist). Zur großen Verblüffung meiner Kollegen, die überzeugt sind, als Journalist müsse man ständig erreichbar sein, besitze ich kein Handy. Ich hatte mal eines, vor acht Jahren. Als es kaputtging, habe ich es erleichtert in die Mülltonne geworfen. Kurz, nachdem ich mir das Ding zugelegt hatte, häuften sich bereits die Anrufe – Journalisten sind sehr geschickt darin, Telefonnummern herauszukriegen. Doch nur selten ging es um etwas Wichtiges, etwas mit einer gewissen Relevanz. Meistens kamen die Anrufe schon früh am Morgen und waren im Grunde belanglos. Sie klangen so (oder so ähnlich): »Wir haben einen Aufmacher über die Wühlmausplage. Können Sie dazu einen 500-Worte-Kommentar über Häuser schädigende Wühlmäuse schreiben?« (Zu jener Zeit war ich freier Korrespondent mit Schwerpunkt Immobilien.) Ich wurde also schnell zum Wühlmausexperten, suchte nach Weisheiten über Nagetierverwüstungen, fasste das Ganze zu einer alarmierenden Meldung über eine neue Bedrohung für Hausbesitzer zusammen und schickte es kurz vor Redaktionsschluss ab. Aber dieser Artikel wurde überhaupt nicht gedruckt. Der Aufmacher füllte die halbe Seite, wälzte meine fruchtbaren Wühlmäuse platt und quetschte sie schließlich in die Ecke mit den Kurzmeldungen. Kein Platz mehr für meine klugen Worte. Aber war das nicht von vornherein klar gewesen? Warum ließ ich mich nur immer wieder mit nutzlosen Aufträgen losschicken? Weil ich plötzlich ständig erreichbar war.

Jetzt bin ich es nicht mehr und bin fast der Einzige. Zweimal pro Woche pendele ich mit dem Zug nach London. Die Ruhe im Abteil wird immer wieder von Fahrgästen unterbrochen, die lästige Anfragen per Handy abwehren, zum Beispiel mit Ausreden: »Das liegt zu Hause/im Büro, und ich komm da jetzt nicht ran«, dem Wegschieben von Verantwortung: »Ich glaub, das fällt in Peter Barclays Ressort. Aber der ist grad in Urlaub«, glatten Lügen: »Ich fahr gerade durch einen Tunnel« (und drückt die »Aus«-Taste) und schamlosen Ausflüchten: »Mein Zug hat furchtbar Verspätung«. Das Ergebnis: erhöhter Blutdruck, und die Räder der Wirtschaft drehen sich um keinen Zentimeter weiter. Familie und Freunde werden oft etwas brüsk abgespeist: »Also, da kann ich jetzt nix machen. Ich sitze im Zug.«

Grundproblem ist: Mobile Telefone können uns zu Opfern der Bequemlichkeit machen. Für einen Redakteur ist es einfach, einen Artikel über Wühlmäuse zu bestellen, wenn er seinen Reporter mit einem Drücken der Kurzwahltaste erreichen kann. Es ist viel zu einfach. Müsste er sich hingegen anstrengen, um den Reporter ausfindig zu machen – was ihn vielleicht drei Prozent der Anstrengung kosten würde, die sein Auftrag dem armen Opfer bereitet –, dann würde er es sich zweimal überlegen. In diesem Zusammenhang sollte ich darauf hinweisen, dass eine weitere Todsünde des Freiberuflers – gleich nach der Unerreichbarkeit – darin besteht, regelmäßig Aufträge abzulehnen. Tut man dies einmal zu oft, wird man überhaupt nicht mehr angerufen. Meine Notlösung besteht darin, aller Welt meine E-Mail-Adresse zu geben und herzlichst auf ihrer Nutzung zu bestehen. Ich liebe E-Mail. Wenn ein Redakteur wirklich etwas von mir will, muss er sich schon die Mühe machen, ein paar Sätzchen zu schreiben. Das kostet ihn ein wenig mehr seiner knapp bemessenen Zeit, als mich anzurufen. Und diese kleine Unbequemlichkeit trennt die Spreu der Anfragen vom Weizen. E-Mails tragen heute fast schon zur Entschleunigung bei – niemand erwartet, dass man so umgehend antwortet wie auf Handyanrufe oder SMS.

Die ausufernde Nutzung fördert unsere Hassliebe zu Handys. Seit ich keines mehr besitze, haben sich die Beleidigungen meiner Freunde über die Jahre von *Langweiler* über *Loser, Spinner* und *Trottel* bis zu »Wieso glaubst du eigentlich, dass du dir das erlauben kannst?« entwickelt. In Umfragen wie dem Lemelson Invention Index des Massachusetts Institute of Technology wird immer wieder festgestellt, dass das Handy unser meistgehasstes modernes Gerät ist. Darin heißt es, dass die Leute Handys nicht mögen, weil »sie sich an sie gekettet fühlen oder sich über andere Menschen ärgern, die sie nicht korrekt benutzen« – doch natürlich ist es völlig okay, wenn wir selbst jemanden anrufen, wann immer uns danach ist. Ich zum Beispiel tue das oft bei meiner Frau, die sich selbst erfolgreich vor der Handymanie schützt: Wenn sie nicht gerade selbst telefoniert oder einen Anruf erwartet, schaltet sie das Ding ab. Das ist für sie absolut in Ordnung. Für mich nicht immer. Denn wenn mir plötzlich etwas einfällt, das ich mit ihr bereden möchte, und ich sie nicht erreiche, bekomme sogar ich den typischen Wutanfall aller Handynutzer und belle ihre Mailbox an: »Warum zum Teufel schleppst du ein Handy mit dir rum, wenn das verdammte Ding ständig aus ist?« Ein schöner Beginn für einen Streit.

Mehr Beweise für Handymissbrauch können Untersuchungen des Prozessorenherstellers Intel beisteuern. Die Ergebnisse belegen, dass Mobiltelefone Menschen zu Unpünktlichkeit und Unzuverlässigkeit verleiten. Einer von fünf Befragten gab zu, dass er sich vorsätzlich verspäte, weil er eine Verabredung in letzter Minute per Handy ändern könne, und zwei Drittel der Befragten sagten, das Handy gewähre ihnen einen »größeren

Spielraum«, wenn sie sich »mit Freunden verabreden« (was bedeutet, sie kommen vorsätzlich zu spät, reden sich aber heraus). Handys werden sogar für seelische Störungen verantwortlich gemacht. Eine Studie der Universität Granada, in der Hunderte junger Menschen im Alter zwischen 18 und 25 Jahren untersucht wurden, gibt an, dass 40 Prozent von ihnen wahrscheinlich vom Handy abhängig sind, denn sie sind »verstört und traurig«, wenn sie Anrufe verpassen, und das Abschalten ihres Telefons »führt zu Besorgnis, Reizbarkeit, Schlafstörungen oder Schlaflosigkeit«, ja sogar zu »Zittern und Verdauungsproblemen«. Und dann ist da noch die Abhängigkeit von persönlichen digitalen Assistenten wie zum Beispiel BlackBerries, die aufgrund ihres vermuteten Suchtpotenzials mitunter »CrackBerries« genannt werden. Aber ist es wirklich Abhängigkeit, oder nicht vielmehr ein Teufelskreis, geschaffen aus sozialem Druck, der von der Jagd auf mehr Information ausgelöst wird?

Das Leben in der westlichen Welt erinnert an das Mantra von Ken Kesey and The Merry Pranksters, die 1964 eine berüchtigte Bustour quer durch die USA machten: »Entweder du sitzt im Bus, oder du stehst draußen.« Trotz ihrer vielen scheinbaren Freiheiten fordert unsere Kultur vom Einzelnen ein hohes Maß an Konformität. Wir dürfen erst dann über »Los« gehen, wenn wir permanent verbunden, wettbewerbs- und anpassungsfähig sind – immer auf der Jagd nach neuen Dingen, einem höheren Status und mehr Glück. Wer dieses Spiel nicht mitmachen will, für den können die Alternativen ziemlich alternativ aussehen: niedriges Einkommen, niedriger Status oder ein Zimmer in einer Wohngemeinschaft.

Mandana Ruane lässt sich davon nicht beeindrucken. Sie ist die Besitzerin des Academy Clubs, eines Etablissements in einer pittoresk heruntergekommenen Häuserzeile im georgianischen Stil in Soho, wo sich Londons Literatur- und Kunstszene trifft. Mandana Ruane hat gute Verbindungen, kennt den neuesten Klatsch, ist Stammgast auf Premieren und Vernissagen. Allein die Vorstellung, ein Handy zu besitzen, findet sie grässlich. Ihrer Meinung nach ist sie in ausreichendem Maß mit der Welt verbunden. »Handys haben etwas Unheimliches an sich«, sagt sie mit ihrer etwas heiseren Stimme. »Sie stehen für diese ›Das wahre Leben findet anderswo statt‹-Attitüde. Der bessere Freund oder Liebhaber ist immer am anderen Ende, dort, wo man selber gerade nicht ist. Es zeugt von Unsicherheit, wenn man glaubt, dass es anderswo immer besser ist als da, wo man gerade ist. Aber wenn man die Gespräche belauscht, merkt man, dass der Mensch am anderen Ende auch nicht interessanter ist.« Sie lacht. »Das Leben macht jetzt und hier Freude. Und die Vorstellung, dass ich jederzeit für jedermann erreichbar sein sollte, 24 Stunden am Tag, finde ich fast nuttig, wegen der damit verbundenen Indiskretion und Willkür. Wenn ich wach bin, wollen schon genug Leute etwas von mir, also bin ich doch froh, dass ich den Radar unterlaufen kann, wann immer es mir möglich ist.« Und – gibt es keine Nachteile? »Natürlich, wenn man sonntags auf einem einsamen Bahnhof steht, und es fahren keine Züge mehr. Aber es gibt immer einen Ausweg. Und dieser eine Nachteil ist die vielen Opfer nicht wert.«

In den USA werden Leute, die sich den Auswüchsen der technologischen Errungenschaften verweigern, »Tech-no's« genannt. Vielleicht sind sie nur die Spitze eines sich bereits abzeichnenden Trends, meint Paul Saffo, Zukunftsforscher im Silicon Valley. Er prophezeit, dass die Fähigkeit, sich von den Marionettenfäden der Kommunikation abzuschneiden, eines Tages als cool gelten wird. »Irgendwann wird es fortschrittlich sein, nicht mehr permanent erreichbar zu sein«, sagt er. »Und es wird Menschen geben, die diese Eigenschaft tragen werden wie ein Markenzeichen.« Saffos Worte werden von den Unternehmensberatern der Work Foundation bestätigt: Hochrangige Manager, sagen sie, arbeiten ohne E-Mail häufig effizienter, denn so sind sie vor den ständigen Anfragen ihrer Untergebenen abgeschirmt. Eines der ersten Versprechen der neuen Bürokommunikation lautete, dass damit die Hierarchien niedergerissen würden. Dem Bericht der Foundation zufolge etablieren Chefs ihrerseits allerdings neue Hierarchien, indem sie es ablehnen, ihre Mails selbst zu checken – und schaffen so zudem die wenig hilfreiche Illusion ständiger Verfügbarkeit. Die Leute erwarten sofort eine Antwort, doch wenn man eine Führungsposition hat, ist das ein Ding der Unmöglichkeit.

Wir alle können es den Alphatieren nachmachen, indem wir unsere eigene Form der Datendiät finden. Man muss ja nicht zwangsweise auf ein Handy verzichten, doch man kann aus den Möglichkeiten der Telekommunikation auswählen und herausfinden, womit man am besten zurechtkommt. Bob Geldof, Charity-Star und Bandmitglied der legendären Boomtown Rats, kann mit meinem bevorzugten Medium nichts anfangen. »Ich habe keine E-Mail-Adresse«, sagt er. »Ist doch nur lästig.« Er ließ erst 2006 in seinem Haus einen DSL-Anschluss legen, weil seine Töchter das Internet für ihre Hausaufgaben brauchten. Geldof bevorzugt Handys, weil er beim Sprechen gern herumläuft. Auch die britische Erziehungsministerin Estelle Morris gibt an, zwei Jahre lang ihr Ministerium geleitet zu haben, ohne eine einzige Mail zu verschicken. Tony Blair war ebenfalls kein Fan von Computern. Und sogar extrem kluge Köpfe können darauf verzichten, sich in einen Mantel aus Telekommunikation zu hüllen. Peter Higgs, Professor für theoretische Physik an der Edinburgh University und berühmt für die Annahme eines hypothetischen Elementarteilchens mit dem Namen Higgs-Boson, gibt zu, dass er weder einen E-Mail-Account noch einen Fernseher hat.

Genau wie er (wenn auch weniger klug) habe ich nie ein Fernsehgerät besessen. Es begann mit schlichter Vergesslichkeit. Als ich von zu Hause auszog, vergaß ich, die Kiste mitzunehmen, vermisste sie aber auch nicht. Ich brauchte mich über keine Schreckensmeldungen mehr aufzuregen und verpasste 1983 sogar die amerikanische Invasion auf Grenada, ohne irgendwelche Spätfolgen zu spüren. Das Leben ging weiter, und ich steckte meine Nase so tief in Bücher und in mein Sozialleben, dass mir Fernsehen überflüssig erschien. Dann ging ich auf Reisen, und als ich nach England zurückkehrte, hauste ich in einer Reihe von billigen möblierten Zimmern. Ein Fernseher wäre nur Ballast gewesen. Ich fand Bücher und Gitarren viel interessanter, ging auf Konzerte und traf mich mit Freunden. Außerdem war ich mir der Gefahr bewusst, als junger Single in der Vorstadt einen stillen, einsamen Tod vor der Mattscheibe zu erleiden. Plötzlich schaust du von Bierdose und TV-tauglichem Imbiss auf und stellst fest, dass deine unbekümmerte Jugend in einem Wirbel von Werbepausen untergegangen ist.

Stattdessen lernte ich eine Seelenverwandte kennen. Kate, meine Frau, hatte schon vor Jahren beschlossen, ihren Fernseher abzuschaffen. Für sie war es ein kalter Entzug. »Ganze Sonntage haben wir auf der Couch gehockt und geglotzt«, sagt sie. »Und im Nu war das Wochenende vorbei. Was für eine Verschwendung von Lebenszeit!« Nun müssen Sie nicht glauben, dass Kate und ich unsere Tapeten selbst züchten oder die Abende damit verbringen, Müsli zu stricken. Keine Glotze zu haben ist lediglich unsere Methode, uns ein geistiges Refugium zu bewahren, einen Rückzugsort vor den Aufmerksamkeitsjägern, die uns überall aufscheuchen, selbst in unserem Zuhause. Seit Kurzem haben wir aus beruflichen Gründen einen DSL-Anschluss, und damit ist dem Infotainment-Express Tür und Tor geöffnet. Was will man mehr?

Wenn wir wissen wollen, was gerade so im Fernsehen läuft, schalten wir das Radio ein oder lesen eine Online-Zeitung: Da geht es oft um nichts anderes. Und so versuchen wir, im Sinne des Genughabens informiert zu sein, statt uns durch zu viel Information deformieren zu lassen. Ist unser Zuhause eine Insel der Glückseligen? Wohl kaum. Überall im Haus liegen Bücher und Zeitschriften herum, die meisten davon nur flüchtig überflogen statt gründlich gelesen. Und wir verpassen Kinofilme und Konzerte, die wir unbedingt hatten sehen wollen. Ich weiß nicht, wo die Zeit bleibt, auch ohne Fernsehen. Immerhin genießen wir es, uns gegenseitig zu bekochen, in Ruhe zu essen und zu plaudern, uns über Kleinigkeiten aufzuregen, zu zanken und all die anderen wunderbaren Dinge zu tun, von denen eine Beziehung lebt. Diese »Info-light«-Haltung führt auch dazu, dass wir den endlosen Anfechtungen des Konsums nicht mehr so stark ausgesetzt sind und all den Sachen, die wir haben könnten, wenn wir reicher, toller und glücklicher wären und öfter shoppen gingen – und Freunde hätten, die reicher, toller und glücklicher wären und so weiter.

Eine Datendiät zu machen bedeutet nicht notwendigerweise, den Fernseher wegzuschmeißen, aber die meisten Leute werden das sowieso bald tun, wenn auch aus anderen Gründen. Die Möglichkeit, mehr und mehr Funktionen in einem Gerät zu bündeln, wird den herkömmlichen Fernseher verdrängen. Stattdessen gibt es dann ein hochauflösendes Allzweck-Endgerät, das terrestrische, Satelliten- und Kabelsignale empfängt, mit dem man Filme und ganze TV-Serien herunterladen, im Internet surfen, E-Mails schreiben, nach Herzenslust simsen, Texte verfassen und das Haushaltsbuch führen kann. Der Bildschirm, der niemals schläft, wird die absolute Herausforderung an die Praxis des Genughabens darstellen. Denn wer nicht ständig versucht, auf dem Laufenden zu sein, muss fürchten, als ungebildet und sozial isoliert zu gelten.

Vor nicht allzu langer Zeit, als es lediglich drei oder vier Fernsehsender gab, sahen die Leute oft das gleiche Programm. Die Auswahl war begrenzt, und man konnte am nächsten Tag beim Einkaufen oder im Büro über die Sendungen plaudern, ohne sich Sorgen machen zu müssen, dass man wieder mal das Neueste verpasst hatte und niemanden beeindrucken konnte. Nun, da sich unsere Unterhaltungsmöglichkeiten sprunghaft vermehrt haben, macht man diese Erfahrung immer seltener. Es könnte der Punkt kommen, an dem das Fernsehen keinerlei gemeinschaftsstiftende Funktion mehr hat – es sei denn, man würde buchstäblich alles sehen, zu jeder Zeit. Es steht zu befürchten, dass viele Leute genau das tun. Unsere infovernebelten Köpfe werden wieder einmal versuchen, das Chaos zu ordnen, indem sie sich das Höchstmaß an Information zumuten. Unsere auf sozialen Wettbewerb gepolten Gehirne werden zu allem und jedem die beste, aktuellste Information suchen, und alles unterhalb der Dauerglotz-Schwelle wird die furchtbare Drohung beinhalten, dass man etwas Wichtiges verpasst.

Die einzig vernünftige Alternative und die einzige Möglichkeit, nicht an diesem Überfluss zu ersticken, besteht darin, eine eigene Taktik des Genughabens zu entwickeln. Viele von uns versuchen dies bereits, indem sie besondere Qualitätsmaßstäbe anlegen, etwa die »Ich schau mir keinen Mist an«-Regel. Aber der Begriff der Qualität entgleitet einem leicht, und die Anziehung erfolgt immer nach unten. Und was ist eigentlich so schlimm daran, ab und zu mal bei einer hirnlosen Talkshow zu entspannen? Wir könnten eine viel pragmatischere Beziehung zu Infotainment haben, indem wir es einfach als das nehmen, was es ist: eine amüsante, süchtig machende, bewusstseinsverändernde und potenziell depressiv machende Droge, die immer billiger und leichter zu bekommen ist. Diese Beschreibung klingt irgendwie vertraut – nämlich nach Alkohol.

Mit Infotainment umzugehen wie mit Alkoholika eröffnet einen gangbaren Weg, denn darin sind wir immerhin geübt. Trotz aller Schlagzeilen über Komasaufen schaffen es doch die meisten von uns, mit Alkohol das Leben erträglicher zu machen, ohne sich gleich die Leber zu ruinieren. Und wir unterwerfen uns zu diesem Zweck selbst auferlegten, ganz persönlichen Regeln: nicht vor Sonnenuntergang, nicht mehr als eine halbe Flasche an Werktagen, nur an Wochenenden, nur zum Essen. Analog dazu können Sie sich Ihre Datendiät-Strategien zur Gewohnheit machen. Finden Sie heraus, welches Informationsmedium am besten zu Ihnen passt, und versuchen Sie, es nicht wahllos zu konsumieren.

Das erfordert natürlich Wachsamkeit. Der negative Einfluss von Informationsüberlastung ist weniger unmittelbar als der von Alkohol, denn man hat keinen Kater zu befürchten, und das täuscht leicht über die heimtückischen Langzeitfolgen hinweg. Darunter fällt vor allem die Vernichtung von Lebenszeit: Zeit, die wir mit vielen sinnvollen Aktivitäten verbringen könnten. Diese Aktivitäten machen uns nicht nur unabhängig vom Diktat der Unterhaltungsindustrie, sondern fördern auch nachweislich und anhaltend unser Wohlbefinden. Treiben Sie Sport, und widmen Sie sich Ihren Hobbys, machen Sie Spaziergänge und Wanderungen bei Wind und Wetter, engagieren Sie sich ehrenamtlich, entwickeln Sie Ihre Spiritualität ... oder sitzen Sie einfach da, und tun Sie gar nichts! Obwohl unser Verstand nach Neuigkeiten lechzt, brauchen wir solche Aktivitäten für ein erfülltes Leben. Erst der Mangel an ihnen bringt uns dazu, traurig auf der Couch zu hocken und anfallartig Schokolade in uns hineinzuschlingen.

Datendiäten sind eine Art Emissionshandel für Ihr seelisches Gleichgewicht, bei dem es um Zeitguthaben geht. Ironischerweise können sich neue Technologien hier durchaus positiv auswirken. Kürzlich steckte der Flyer eines Digitalanbieters in meinem Briefkasten, und getreu der Philosophie des »Hol-dir-Mehr« wurden mir 1500 Filme und TV-Programme angeboten, die ständig verfügbar seien und die ich »auf Knopfdruck und wann immer es mir gefällt« anschauen könne. DSL und Breitband bedeutet eben auch, dass wir nicht länger Sklaven der Programmplaner sind. Aber ob wir gleichzeitig lernen, den Aus-Knopf zu drücken?

Die Erziehung zum mündigen Verbraucher wird gerade für unsere Kinder wichtig, die ja nichts anderes kennen als das Leben in einer medial vernetzten Welt. Ihnen einen vernünftigen Umgang mit dem überbordenden Unterhaltungsangebot beizubringen ähnelt allerdings dem Versuch, einen Goldfisch davon zu überzeugen, dass er das Wasser in seinem Goldfischglas mit

Bedacht nutzt. Doch während die Kinder mehr Infotainment bekommen als je zuvor, wächst auch die Besorgnis über dessen Folgen. Computerspiele und rasante Animationsfilme werden mittlerweile für eine ganze Reihe moderner Übel verantwortlich gemacht, darunter Fettleibigkeit, vorgezogene Pubertät, Autismus, ADHS, klinische Depression und sogar erhöhte Krebsanfälligkeit.

Baroness Susan Greenfield führt den Feldzug gegen die unmäßige Unterhaltung unserer Kinder an. Die Oxford-Professorin und Hirnforscherin hat eine Partei gegründet, die sich mit der Wirkung der Mattscheibenkultur auf die jungen Gemüter befasst. Sie glaubt, dass junge Gehirne so außerordentlich anpassungsfähig sind, dass sie von permanenter virtueller Stimulation geradezu verbogen werden: »Was die menschliche Spezies vor anderen auszeichnet, ist die Lernfähigkeit. Das bedeutet aber auch, dass alles, was in der Umgebung geschieht, einen bleibenden Eindruck im Gehirn hinterlässt«, stellt sie fest, als ich sie in ihrem gläsernen Adlerhorst im obersten Stock der London's Royal Institution treffe, deren Leiterin sie ist. Greenfield und die anderen Aktivisten befürchten, dass eine Generation von jungen Leuten mit viereckigen Augen heranwächst, die im Vergleich zu ihren lesenden Vorgängern erschreckend dumm sind. »Für das Verarbeiten eines Buches muss man sich Zeit nehmen. Plötzlich ertappt man sich dabei, dass man ins Leere starrt und über das Gelesene nachdenkt«, sagt sie. »Geschichten auf dem Bildschirm gönnen uns diese Muße nicht. Und Kinder lieben Dinge, die einen leichten Zugang gestatten und im höchsten Maß stimulierend sind, wie Geschwindigkeit, Lärm und so weiter. Darüber vergessen sie, wie es ist, ein Buch zu lesen.«

Das Ergebnis, so fürchtet die Baroness, ist eine Nation von leichtgläubigen Googlern, die nicht einmal wissen, wie man verantwortungsvoll wählen geht. »Ich mache mir Sorgen, welche Auswirkungen dieser Überkonsum auf ihre Aufmerksamkeit hat und auf die Fähigkeit zur Reflektion, zur Aufnahme von Information und zur Bildung abstrakter Konzepte. Wie lässt sich Demokratie auf einem Bildschirm darstellen?«, fragt sie. »Solche abstrakten Konzepte begreifen Kinder erst spät. Auf dem Bildschirm aber, mithilfe von Suchmaschinen, erscheinen Informationen als grenzenlos verfügbar, und es ist oft schwer zu unterscheiden, ob sie wahr oder falsch sind.« Nicht zu vergessen die große Angst, die Technikskeptiker immer schon umgetrieben hat: dass in der Zukunft die Gehirne der Menschen von Computern kontrolliert werden. Greenfield glaubt, wir stehen an der Schwelle zu einer neuen Ära »invasiver Technologie«. Bald könnten Kinder Hightech-Spiele spielen, in denen eine Verbindung zwischen ihren Gedanken und der Konsole besteht. Das lädt geradezu zum Missbrauch ein, wie er in düsteren Science-Fiction-Storys dargestellt wird. »Es gibt bereits einen sogenannten Play-Attention-Helm, mit dem der Spieler eine Bildschirmfigur per Gedanken lenkt«, warnt sie. »In Zukunft könnten die Hersteller die gleiche Technologie benutzen, um die Gedanken der Spieler zu lenken.«

Doch nicht jeder sorgt sich in dieser Weise. Die Fans der Bildschirmkultur machen geltend, dass die Technik immer schon verteufelt und für die Ausbreitung bislang unbekannter Leiden verantwortlich gemacht wurde. Als die schreckliche Erfindung namens Eisenbahn durch die Lande zu rollen begann, musste sie sogleich als Grund für einen ganzen Katalog von Modekrankheiten herhalten, unter anderem das sogenannte »Eisenbahnrückgrat«. Der Amerikaner Steven Johnson, Autor von *Die neue Intelligenz. Warum wir durch Computerspiele und TV klüger werden*, hält dagegen, dass die Massenkultur immer höhere Anforderungen an unseren Intellekt stellt. Heutige TV-Serien weisen kompliziertere Erzählstränge und postmoderne Mehrdeutigkeit auf, ganz anders als die einfachen Sitcoms der frühen Fernsehära. »Computerspiele sind die besten Lehrmeister für eine fließende Intelligenz«, meint Johnson. »Im Jahr 2005 war das zweitbeliebteste Spiel in den USA Civilization IV, in dem man die menschliche Wirtschafts- und Technologiegeschichte nachspielen kann. 12-Jährige sitzen vor dem Bildschirm und überlegen, ob sie den Weg in eine agrarisch strukturierte kapitalistische Gesellschaft oder in eine Monarchie einschlagen sollen.« Tatsächlich könnten Computer- und Videospiele sogar mitverantwortlich sein für den sogenannten Flynn-Effekt, der in den frühen 80ern von James Flynn, Professor an der Otago University in Neuseeland, entdeckt wurde. Flynn fand heraus, dass die IQ-Rate pro Jahrzehnt weltweit um drei Punkte gestiegen ist. Und dies mag auch daran liegen, dass wir mehr Freizeit zur Verfügung haben und einen wachsenden Teil davon mit anspruchsvollen Spielen verbringen, bei denen es auf schnelle Reaktionen ankommt.

Alles schön und gut, aber wie sollen wir je erfahren, welche Seite nun recht hat? Wahrscheinlich liegt die Wahrheit wieder einmal in der Mitte. Niemand kann die Spätfolgen des virtuellen Lebens auf unsere Kinder exakt voraussagen, da es aus ethischen Gründen nicht vertretbar ist, Babys bis ins Erwachsenenalter unter wissenschaftlichen Bedingungen zu beobachten, um ein genaues Bild von der Sache zu bekommen. Entsprechende Tests werden in der Wirklichkeit zudem von Variablen wie Ernährung, gesellschaftlichem Status, Umwelt, Zuhause und Schule verfälscht.

So bleiben die geplagten Eltern mit ihren Problemen allein – Mütter wie Susan Eckstein, die sich bemüht, den Fernsehkonsum ihrer Kinder zu begrenzen. Ms Eckstein arbeitet in einer Universitätsverwaltung, entspannt gern am Sonntagabend bei einem Spielfilm, versucht aber, unter der Woche die Glotze weitgehend ausgeschaltet zu lassen.»Das liegt zum Teil an meiner Erziehung, in der auf Arbeitsmoral größten Wert gelegt wurde«, erklärt sie. Diese Werte nun an ihre Kinder, die 14-jährige Anna und den 11-jährigen Sebastian, weiterzugeben erfordert Widerstandskraft und Durchhaltevermögen. Das Fernsehproblem wurde ernst, als Sebastian vor drei Jahren aus dem Regelschulbetrieb ausschied und seitdem eine Waldorfschule besucht, die nicht dem allgemeinen Lehrplan folgt, sondern vor allem die Kreativität der Kinder fördern will. An dieser Schule ist man strikt gegen Fernsehkonsum, weil man fürchtet, dass es die Kinder unaufmerksam macht und sie mit heimtückischen Werbebotschaften überhäuft. »Bei manchen Eltern herrscht absolutes Fernsehverbot«, sagt Ms Eckstein. »Ich glaube aber, dass ein ausgewogener Umgang besser ist, deshalb schränken wir die Zeit vor dem Fernseher nur ein.«

Sebastian ist ein aufgeweckter Junge, der trotz seines Faibles für James-Bond-Filme offenbar mit dem Kompromiss zufrieden ist. »Ich weiß ja, dass Fernsehen schlecht für den Kopf ist, aber manche Leute scheinen zu glauben, dass es einen *umbringt*«, sagt er. »Einer meiner Freunde hat in seinem ganzen Leben kaum Fernsehen geguckt. Ein anderer darf nur einmal in der Woche. Ich schaue am Tag auch nur zwei Sendungen. Und sonst? Ähm, da mache ich Schulaufgaben«, sagt er mit gespielter Trauer. Susan Eckstein hofft, dass ihr System irgendwelchen Schäden vorbeugen wird. »Verbietet man Fernsehen generell, macht man es nur verlockender, und die Kinder schauen heimlich bei Freunden. Früher haben wir aber auch mal zu einer List gegriffen. Da war der Fernseher beispielsweise ein Jahr lang angeblich ›kaputt‹, und sie haben ihn nicht vermisst. Selbst jetzt ›funktioniert‹ manchmal das Internet nicht.« Auch andere Mittel werden angewandt: »Wenn man den Zugang zu diesem wunderbaren Elektronikschnickschnack erschwert, kann man manchmal mit Bestechung arbeiten. Sebastian musste mir einen Vertrag unterschreiben, dass er mir jeden Abend ohne Murren zehn Minuten lang vorliest, wenn ich ihm ein Spiel kaufe, das für sein Alter noch nicht geeignet war.«

Wir wissen *genug*

Machen Sie eine Datendiät

Wie viel Information tut Ihnen gut? Alles, was darüber hinausgeht, vernebelt Ihnen das Hirn. Eine Möglichkeit, Ihr Idealmaß zu finden, besteht darin, eine radikale Datendiät zu machen. Keine Sorge, Sie sind in guter Gesellschaft: Sogar Bill Gates verlässt seinen Computer zweimal pro Jahr, um eine Woche lang ungestört nachzudenken.

Als Faustregel gilt: Genießen Sie Nachrichten und Infotainment mit Vorsicht – wie abhängig machende Substanzen, die nur dann konsumiert werden sollten, wenn sie Ihr Leben bereichern können. Hüten Sie sich besonders vor dem Gift der Werbung und des Marketings. Dort werden Sie nur unterhalten, weil die Hersteller um Ihre Aufmerksamkeit buhlen und wollen, dass Sie mit Ihrem Leben unzufrieden sind. Wenn Sie Ihren Nachrichtenkonsum auf das absolute Minimum beschränken, können Sie dem Teufelskreis des Immer-auf-dem-Laufenden-Sein entkommen, in dem es nie genug Neuigkeiten gibt. Wer ständig die Nachrichten verfolgt, bekommt Angst – und braucht noch mehr Nachrichten.

Mit klarem Kopf können Sie entscheiden, welches Medium für Sie hilfreich ist und welches nur ein Hemmnis darstellt. Urlaube bieten hervorragende Gelegenheiten, um völlig abzuschalten: Wie wäre es, wenn Sie stattdessen versuchen, sich selbst zu unterhalten? Eine Auszeit zu nehmen erfordert allerdings strenge Selbstdisziplin. Wir alle sagen unseren Kollegen gern, wir wollten nur »im Notfall« angerufen werden. Aber 60 Prozent der

Arbeitnehmer checken im Urlaub ihre beruflichen Mails. Gibt es wirklich so viele Notfälle?

Teilen Sie sich Ihre Zeit ein

Legen Sie fest, wie viel Zeit Sie pro Tag für Ihren Medienkonsum reservieren, und halten Sie sich daran. Das ist einfacher als früher, weil man durch das Internet weitgehend unabhängig von den Programmplänen der Radio- und Fernsehsender ist. Es gibt also keine Entschuldigung für untätiges Herumsitzen, bis die nächste interessante Sendung kommt. Wenn Sie Sendungen downloaden, sollten Sie Ihr vorher festgelegtes persönliches Maß an Medienkonsum im Auge behalten – und sich ruhig darüber freuen, dass Sie freiwillig etwas verpassen, denn das bedeutet, dass Sie ein Leben haben.

Entdecken Sie wieder Raum für sich

Verbringen Sie die durch Datendiät gewonnene Zeit mit schönen und produktiven Tätigkeiten. Stellen Sie sich vor, Sie wären auf Entzug: Nun müssen Sie sich beschäftigen, bis Sie wieder auf dem Damm sind. Sie können Ihren überfütterten Geist zur Bildung frischer neuronaler Netze anregen, indem Sie kreative Fähigkeiten neu oder wieder erlernen: malen, kochen oder ein Instrument spielen. Und denken Sie daran, dass genau diese persönliche Freizeit so unglaublich kostbar ist, dass Marketingfirmen und multinationale Konzerne pro Jahr Milliarden Euro dafür ausgeben, sie Ihnen wegzunehmen.

Nachrichten gibt es auch in der Nachbarschaft

Der Durst nach Neuigkeiten, der uns rund um die Uhr vor den Nachrichtenkanälen festhält, zeigt unser archaisches Bedürfnis, die Menschen um uns herum genau zu kennen. Dauernachrichtensendungen sind ein bequemer Ersatz für eine Gewohnheit, die uns zunehmend exotisch anmutet: mit unseren Nachbarn zu tratschen. Doch genau dies sollten wir tun, um nicht in unseren vier Wänden vor dem Bildschirm zu versauern. All diese Fernsehkatastrophen nähren nur die Angst vor der Welt da draußen. Folglich haben wir noch weniger Kontakt zu unseren Nachbarn. Sie könnten uns ja gefährlich werden.
Wenn das soziale Netz der Nachbarschaft schwindet, steigt oft die Verbrechensrate vor der Haustür, denn es halten sich weniger Menschen auf der Straße auf, die das nötige Selbstbewusstsein und Verantwortungsgefühl besitzen, um im Fall eines Übergriffs einzuschreiten. Außerdem machen sich weniger Leute für gemeinschaftliche Projekte wie die Einrichtung eines Jugendhauses stark. Wenn man die Gesichter auf der Straße kennt und zu einem Plausch innehält, wächst auch das Gefühl der Sicherheit, die man im eigenen Heim empfindet. Außerdem hört man möglicherweise viel interessantere Geschichten als in den Nachrichten …

E-tikette

Die Möglichkeiten der Massenkommunikation haben uns derart überrollt, dass wir kaum dazu gekommen sind, Regeln für ihre Nutzung aufzustellen. Dauerhafte und lohnende Beziehungen leben von vielfältigem zwischenmenschlichem Kontakt. Wer auf Distanz und Kürze setzt, signalisiert dem anderen Geringschätzung. Deshalb sollten wir eine Hierarchie der Mitteilungsarten einführen: lieber von Angesicht zu Angesicht als per E-Mail; lieber E-Mail als Handy; lieber Anruf statt SMS. Außerdem sollten wir uns davor hüten, zu Kommunikations-Langweilern zu werden. Ist Ihre Mail, Ihre SMS oder Ihr Anruf wirklich notwendig? Solange Sie andere nicht selbst mit Mitteilungen überhäufen, können Sie mit vollem Recht die belanglosen Nachrichten anderer ignorieren. Warum sollten Sie zum Beispiel auf Mails reagieren, bei denen Sie lediglich in Kopie gesetzt wurden? Die Multi-Kopierer unter den E-Mail-Schreibern sind Datenverschmutzer. Wenn der Absender wirklich Ihre Meinung hören will, dann soll er Ihnen eine persönliche Mail schicken. Solche Leute rechnen vermutlich auch gar nicht mit vielen Antworten, denn unbewusst haben sie die alte Tramperregel begriffen: Je mehr Autos vorbeibrausen, desto einfacher ist es für die Fahrer, den Anhalter zu übersehen. Löschen Sie grundsätzlich alle Mails mit rotem Ausrufezeichen ungelesen (das tue ich immer – und ich lebe noch). Wenn der Absender über so wenig soziale Kompetenz verfügt, dass er glaubt, er könne Ihre Aufmerksamkeit allein durch den Einsatz leuchtender Satzzeichen erregen, dann hat er nichts Wichtiges zu sagen.

Reduzieren Sie Unterbrechungen

Man braucht ungefähr vier Minuten, bis man nach einer elektronischen Unterbrechung seinen Gedankengang wieder aufnehmen kann. Wenn Sie pro Tag 30 Mails erhalten, werden Sie also 30-mal unterbrochen, und Ihre Erholungszeit beläuft sich auf 120 Minuten. Stellen Sie Ihr Mailprogramm so ein, dass neue Mails nur alle 90 Minuten empfangen werden. Auf diese Weise werden Sie nicht so oft abgelenkt. Wenn Sie eine sehr wichtige oder dringende Nachricht erwarten, können Sie selbst nachschauen.

Bedenken Sie: Die moderne Kommunikation verschlingt Lebenszeit. Im Alter von 75 Jahren wird jeder von uns mehr als zwölfeinhalb Jahre vor dem Fernseher verbracht haben, dazu ein volles Jahr mit dem Anschauen von Werbeblöcken. Zweifellos könnte man einen Teil dieser Zeit sinnvoller verbringen. Es gibt viele Dinge in unserem informationsübersättigten Leben, über die wir leichten Herzens hinwegsehen können. Zum Beispiel dieser witzige Weblink, den Ihnen gerade ein Unbekannter geschickt hat: Das ist mit Sicherheit eine Virenfalle, ein typisches Beispiel für Junkmail. Und müssen Sie wirklich sämtliche Postwurfsendungen lesen, die gerade auf Ihrer Fußmatte gelandet sind? Werfen Sie sie einfach in die Papiertonne. Wenn Sie wirklich die Million gewonnen haben, wird der Absender sich wieder melden.

Erkennen Sie Frustrationsfallen

Während die Anzahl der Kommunikationsgeräte, TV-Kanäle und -Formate stetig wächst, steht den Produzenten gleichzeitig immer weniger Geld zur Verfügung, weil Zuschaueranteil und Einnahmen aus Werbespots geringer werden. Doch mit zunehmendem Wettbewerb steigt

auch der Hype um »großartige, erstaunliche, noch nie da gewesene« Formate. Wer die Erwartungen des Publikums derart überstrapaziert, erzeugt einen Heißhunger, der sich niemals befriedigen lässt. Und so suchen wir Zuschauer weiter nach dem Nonplusultra an Unterhaltung, das vielleicht gerade auf irgendeinem anderen Sender läuft. Wir müssen das sinnlose Zappen mit der Fernbedienung als das erkennen, was es ist: eine zeitraubende Art, sich frustrieren zu lassen.
Auch unsere körperlichen Grenzen sollten uns davon abhalten, alles mitmachen zu wollen. Die neueste iPod-Generation bietet eine Speicherkapazität von 16 000 Songs. Das entspricht 1300 Alben. Wenn jeder Song durchschnittlich dreieinhalb Minuten dauert, entspricht das 56 000 Minuten – oder 933 Stunden beziehungsweise 38 Tagen Ihres Lebens. Und das ist nur die Zeit, die Sie zum Hören benötigen. Vorher müssen Sie das Zeug auch noch herunterladen.

2. GENUG ESSEN
(EIN SCHLÜSSEL ZU UNSEREM PROBLEM)

*Es sind die ebenso krank, die sich mit allzu viel überladen,
als die bei nichts darben.*

Shakespeare, »Der Kaufmann von Venedig«

Martin Yeomans wirft einen Blick auf die anderen Gäste, dann beugt er sich vor und raunt mir zu: »Hier sind ein paar *furchtbar dicke Leute.*« Das klingt vielleicht etwas direkt – besonders aus dem Mund eines eher zurückhaltenden Akademikers –, aber ehrlich gesagt bin ich überrascht, dass er so überrascht ist. Immerhin ist Yeomans einer der führenden britischen Experten für die Psychologie des Appetits. Und immerhin sitzen wir in einem riesigen All-You-Can-Eat-Restaurant.

Das kam so: Vor einiger Zeit traf ich zufällig im Pub einen alten Kumpel samt neuer Freundin. Es interessierte mich sehr zu erfahren, wie es Andy ging, und ich wollte alles über die neue Freundin wissen, aber die beiden waren nicht sehr gesprächig. Wie sich herausstellte, hatte das rein physische Gründe. Sie waren voll bis zur Halskrause, weil sie sich zwei Stunden lang (die erlaubte Höchstzeit) durch das 11,90 Pfund teure chinesische Büfet im hiesigen Wokmania gefuttert hatten. »Der Nachtisch war schuld, die Eiscrememaschine«, keuchte der schwitzende Andy. »Ich hab acht Mal nachgenommen.« Das musste ich mir ansehen – und verabredete mich mit Martin Yeomans im Wokmania.

All-You-Can-Eat-Büffets sind der letzte Essens-Schrei aus den USA. Ein Thai-Restaurant in meiner Nähe preist seinen Mittagstisch folgendermaßen an: »Essen Sie, so viel Sie können« – nicht so viel, wie Sie mögen oder wollen, sondern so viel, wie Sie *können.* Man braucht gar nicht mit Morgan Spurlock zu fordern: »Super Size Me«, man kann das auch gut allein besorgen. Wie der Comedian Alexei Sayle unlängst schrieb: »Viele Schriftsteller suchen krampfhaft nach einer Metapher, die für ihr Zeitalter typisch ist. Für Saint-Exupéry war es das Flugzeug, für J. G. Ballard ist es die Autobahn M 40, für mich ist es das All-You-Can-Eat-Büffet.« Wokmania hat sich diese Philosophie zu Herzen genommen. Die chinesische Fresstempelkette mit ihren acht Filialen (und ihren indischen und italienischen Pendants Spicemania und Pizzamania) ist das reinste Eldorado für Esser: Gehen Sie durch die Glastüren, beladen Sie Ihren Teller an der Theke mit warmen Gerichten, und fangen Sie an zu spachteln. Dabei können Sie auf einen der vielen Panoramabildschirme starren, die permanent Musikvideos zeigen.

Ich hatte Yeomans überredet, per Bus von der nahe gelegenen Sussex University herzukommen, damit wir uns über die Schäden unterhalten könnten, die die kalorienreiche Kost unseren Hirnen und Mägen zufügt. Meiner Meinung nach gab es keinen besseren Ort für unser Gespräch als das größte Büffet in Brighton. Yeomans wirkt jedoch leicht nervös. »Es ist schwer, darüber zu reden, während ich diesen Mann hinter Ihnen im Blick habe«, sagt er. Ich drehe äußerst auffällig den Kopf, und ein feister Mann mit rotem T-Shirt starrt zurück. Er thront vor einem voll beladenen Teller und gießt sich eine gigantische Cola hinter die Binde. Es ist Dienstagmittag, dennoch ist der Laden voll. Yeomans wundert es kein bisschen, dass das Restaurant so beliebt ist. Nach seiner Theorie sind diese Riesenbüffets für unsere archaischen Instinkte das Paradies auf Erden.

Unser Appetit signalisiert uns ständig, dass zu wenig Nahrung da ist, und historisch gesehen war das auch richtig, sagt Yeomans: »Englische Soldaten im Ersten Weltkrieg waren durchschnittlich nur 1,65 Meter groß. Sie sind mit Unterernährung aufgewachsen. Fünfzig Prozent des Einkommens haben ihre Eltern für die Ernährung ausgeben müssen, und es hat dennoch nicht gereicht.« Yeomans versucht wissenschaftlich nachzuweisen, dass die Nahrungssuche der Grund für die Ausbildung unserer übergroßen, sozialen Gehirne war.»Es ist sehr schwer, Nahrung zu finden, besonders für Hominiden. Unsere Vorfahren mussten also ziemlich clever sein.« Was damals ein cleverer Zug war, könnte uns heute zum Verhängnis werden. Yeomans erläutert, dass Menschen mit wenigen Geschmacksvorlieben auf die Welt kommen. Aber schon bald ändert sich das: Unsere Vorlieben werden durch die uns umgebenden Geschmacksangebote geformt. Heutzutage kann das für Probleme sorgen, denn das ständig verfügbare Angebot verstärkt unseren angeborenen Drang, Nahrung aufzunehmen, sobald wir sie erblicken.»Experimente zeigen, dass Babys ursprünglich nur süße Sachen mögen«, fährt Yeomans fort.»Der Rest ist erlernt. Und wir sind überaus anpassungsfähig. Jedes Mal, wenn wir eine neue Geschmackserfahrung machen, steigert sich unser Appetit. Rasch gewöhnen wir uns auch an einen unangenehmen neuen Geschmack. Nicht einmal Ratten würden das tun. Wenn man etwas zu sich nimmt, das eine positive Reaktion im Gehirn hervorruft, fängt man an, es zu mögen. Deshalb wird ein anfangs widerlicher, bitterer Geschmack wie der von Alkohol letztlich doch angenommen. Wir lernen rasch, dass fettreiches Essen gut ist, weil es energiereich ist. Der einfachste Weg also, das menschliche Gehirn zum essen zu verführen, besteht darin, Lebensmittel mit Energie vollzupacken und ein breites Geschmacksspektrum zu bieten. Und genau das tut die Lebensmittelindustrie, wenn auch anfangs nicht absichtlich – man hat nur entdeckt, was schon immer beliebt war. In unserer modernen Welt sind wir von Dingen umgeben, die permanent Hungerassoziationen auslösen, mit anderen Worten: Die Essensglocke bimmelt unaufhörlich.«

Wir begeben uns an die Vorspeisentheke. Normalerweise esse ich mittags lediglich ein Sandwich. Außerdem bin ich Vegetarier, und hier gibt es hauptsächlich Huhn oder Rind. Dennoch zerrt dieses üppige Angebot an dampfenden, deftig duftenden Häppchen an meinen Geschmacksnerven. Plötzlich habe ich

Hunger. Heißhunger. Meine Hände wollen mehr auf den Teller laden, als ich beabsichtigt habe. Yeomans überlegt laut, während wir an den Gerichten entlangschlendern. »Pommes? Gefüllte Teigtaschen? Nicht gerade original chinesisch, aber alles sehr energiereich und mit billigen Zutaten hergestellt.« Er probiert und nickt beifällig. »Gar nicht mal schlecht. Das hätte ich nicht erwartet. Trotzdem – meine Kinder würde ich nicht mit hierher nehmen. Mit gesundem Essen hat das nichts zu tun.«

Yeomans' Experimente zeigen, dass wir vorgegebene Portionen brauchen, sonst wissen wir nicht, wann wir aufhören sollen. »Unser Appetit hat die Funktion, uns einen Nahrungsmangel zu suggerieren. Unser ganzes Leben lang ahnen wir den drohenden Hunger und essen, um ihn im Voraus zu besiegen«, sagt er. »Wir haben Tests mit Spaghetti-Essern gemacht. Wir haben unseren Probanden immer wieder die Teller fortgenommen und nachgefüllt, sodass sie nicht mehr wussten, wie viel sie bereits gegessen hatten. Im Grunde ähnelte es diesem Büffet. Einmal hat ein Mann bei einer Mahlzeit zwei Kilo Spaghetti verdrückt.«

Da wir ja zum Reden hier sind, essen wir gesittet und beschränken uns auf einen Teller Vorspeisen, einen Teller Hauptgericht ... und das war's, obwohl im Hintergrund ständig die Versuchung lauert, uns bis zur Erstarrung vollzustopfen. Also stellen wir uns zum zweiten und letzten Mal in die Reihe: Ich nehme nur weißen Reis und Gemüse – am Nachmittag habe ich noch ein Interview und muss geistig präsent bleiben. Yeomans nimmt süßsaure Calamares als Hauptgericht. »Ich kann mir schon denken, dass sie wie Gummi schmecken«, sagt er. Der Mann, der vor uns in der Reihe Fleisch auf seinen Teller häuft, ist ein wahrer Koloss. Auf seinem Rücken lese ich das Wort »Security«. Yeomans fängt meinen ungläubigen Blick auf.

»Was ist im Hinblick auf evolutionäre Reproduktion falsch daran, dick zu sein?«, fragt er, als wir wieder am Tisch sitzen. »Fettleibigkeit hält Menschen nicht davon ab, Kinder in die Welt zu setzen. Die Evolution hat bisher nie gegen das Dicksein gearbeitet. In den meisten primitiven Gesellschaften ist der Einzige, der sich Übergewicht leisten kann, der Häuptling oder der König – der reichste und mächtigste Mann der Gruppe.«

Das stimmt. In früheren Zeiten musste man königlichen Gebluts oder wenigstens Papst sein, um sich vorzeitig ins Grab zu essen. König Heinrich I. starb 1135 in der Nähe von Rouen, weil er sich an Neunaugen, seinem Lieblingsgericht, überfressen hatte. Das Neunauge ist ein seltsamer Fisch: ein aalähnlicher Parasit ohne Schuppen, Zähne oder Skelett. Klingt nach einem leichten Happen, aber das Neunauge ist sehr fett und schwer verdaulich und war somit für einen kränkelnden Monarchen wie Heinrich eine gefährliche Völlerei. Wenn das englische Königshaus Anlass zum Feiern hat – zuletzt beim 50-jährigen Krönungsjubiläum der Queen –, schenkt die Stadt Gloucester dem amtierenden Monarchen traditionell eine üppige Neunaugen-Pastete. Das ist ungefähr so feinfühlig, als würde man dem amerikanischen Präsidenten zum Amtsantritt eine Fahrt durch Dallas im Cabriolet anbieten.

Anderthalb Jahrhunderte nach Heinrichs Ableben machte ein Gericht aus echtem Aal Papst Martin IV. den Garaus. Des französischen Pontifex unstillbarer Appetit auf Aale aus dem Bolsener See, in Weißwein mariniert und anschließend gebraten, brachte ihm in Dantes *Göttlicher Komödie* einen Platz im Fegefeuer ein. In jüngerer Zeit tat sich der britische Prinz Albert in der Skagerrakschlacht im Ersten Weltkrieg an so viel Fisch gütlich, dass er fast daran gestorben wäre. Dokumente aus dem Nationalarchiv belegen, dass der spätere George VI. während der berühmten Seeschlacht erkrankte, nachdem er »gepökelten Hering im Übermaß« zu sich genommen hatte. Er schaffte es dennoch, seinen Platz auf dem Geschützturm seines Schiffes einzunehmen und hielt sich wacker bis zum Ende der Schlacht.

Im Lauf des 20. Jahrhunderts wurden die Lebensmittel billiger, und der königliche Sport der Völlerei wurde auch dem einfachen Mann ermöglicht. Eines Tages erlag Elvis Presley, der weiße König des Rock and Roll, diesem Sport. Der Sänger wog damals knapp 160 Kilo und verdrückte als Mitternachtssnack mal eben zwei 42 000-Kalorien-Baguettes mit einem Glas Erdbeermarmelade, einem Glas Erdnussbutter sowie einem Pfund kross gebratenem Speck. Dann folgten bis zu fünf Hamburger und fünf Sandwiches mit Erdnussbutter und Bananenmus – worauf Presley, um mit den Worten des Gerichtsmediziners zu sprechen,»einen tödlichen Anfall auf dem Nachtstuhl« erlitt. Inzwischen sind wir bald alle so weit. Ein Viertel der Erwachsenen in Europa, Australien und den USA ist fettleibig, ein weiteres Drittel übergewichtig. Innerhalb der nächsten 20 Jahre, so lautet die Prognose, wird dies auf die Mehrheit der westlichen Bevölkerung zutreffen. Es gibt bereits mehr fettleibige als unterernährte Menschen auf der Welt. In unserer westlichen Kultur ähneln wir zunehmend jenen vier lebensmüden Männern mittleren Alters aus dem Film *Das große Fressen* (1973), die sich an einem Wochenende in einer Villa treffen und sich exzessiv zu Tode fressen. Wir alle essen so viel, dass die Zahl der Todesfälle durch Diabetes, Bluthochdruck, Herzkrankheiten, Schlaganfälle, Asthma, Osteoarthritis, Störungen der Gallenblase und Krebs epidemieartig ansteigt. Millionen von Menschen sind dazu verdammt, gehandicapt durch ihr Leben zu watscheln, nur weil sie mehr essen, als sie brauchen.

Tod durch Appetit – das erinnert an die strafende Hand einer Gottheit mit Sinn für ausgleichende Gerechtigkeit, wie ihn etwa der Gott des Alten Testaments hatte. Das vierte Buch Mose erzählt, wie er in gerechten biblischen Zorn geriet, weil die Israeliten unaufhörlich quengelten, dass sie Hunger litten. Gottes auserwähltes Volk war soeben aus der ägyptischen Gefangenschaft entlassen worden und in einer Art heiligem Zeugenschutzprogramm in der Wüste nahe dem Berg Sinai untergekommen. Großzügig versorgte Jahwe sein Volk vom Himmel herab mit dem täglichen Brot. Doch bald hatten die Israeliten diese Diät satt. Das Manna schmeckte nach nichts und klebte am Gaumen.

Also fingen sie an, Moses zu bearbeiten. »Wenn Gott Brot schicken kann, dann könnte er doch auch Fleisch schicken«, drängten sie. »Nun frag ihn schon.« Gott hörte die Klagen seines Boten und verfügte: »Der Herr gibt euch Fleisch, und ihr sollt es essen. Ihr sollt nicht einen Tag essen oder zwei, ihr sollt auch nicht fünf Tage essen oder zehn oder zwanzig, sondern einen ganzen Monat lang, bis es euch zu den Ohren wieder rauskommt und euch zum Ekel wird.« Und es fielen Wachteln vom Himmel. Zu Tausenden. Millionen. Der Wunsch der Israeliten nach Fleisch wurde mit so viel herabfallendem Protein erfüllt, dass sie der Völlerei verfielen. Sie bekamen davon eine heimtückische Krankheit, und die Gierigsten unter ihnen starben einen qualvollen Tod.

Hüten Sie sich also vor Ihren Gelüsten. Seit Anbeginn der Zivilisation schwelgten unsere hungrigen Vorfahren in Träumen von einem Leben in stetem Überfluss. Ihre Fantasien kreisten vor allem um den Überfluss an Essen – große, überquellende Behältnisse mit frischen Speisen, die sich wie von Zauberhand nachfüllten. Die griechische Sage kannte das wunderbare Füllhorn, das Horn der Ziege, die Zeus gesäugt hatte; es brach ab und füllte sich mit jedweder Nahrung, die sein Besitzer wünschte. Die Bauern im Mittelalter quälten sich gegenseitig mit proteintriefenden Geschichten über das sagenhafte Schlaraffenland, wo einem die gebratenen Hühnchen ins Maul flogen, gefolgt von Kuchen und anderen Leckereien. In den Flüssen floss Wein, und die Schlaraffen lagen herum und stöhnten: »Was bin ich voll!« Im frühen 20. Jahrhundert klang das ein wenig anders; in ihrer Hymne »Big Rock Candy Mountain« sangen die nordamerikanischen Wanderarbeiter: »There's a lake of stew / And of whiskey too / And you can paddle all around it in a big canoe.«

Doch obwohl in den Tagträumen unserer Vorfahren Bilder des Überflusses gemalt wurden, waren sie clever genug, auch die davon ausgehenden Gefahren vorauszusehen. Das Märchen *Der süße Brei* erzählt von einer hungernden Familie, die von einer alten Frau einen Zaubertopf geschenkt bekommt. Auf ein bestimmtes Wort hin füllt sich der Topf mit Hirsebrei. Soll der Topf mit dem Breikochen aufhören, muss ein anderer Befehl gesprochen werden. Eines Tages lässt die Tochter ihre Mutter mit dem Breitopf allein. Als die Mutter Hunger bekommt, befiehlt sie dem Topf, Brei zu kochen. Sie isst sich satt und merkt dann, dass immer weiter Brei aus dem Topf quillt. Nun möchte sie den Topf stoppen, hat aber das Passwort vergessen. Die alte Frau und die ganze Stadt versinken allmählich in einem zähflüssigen Tsunami, der fast alle Häuser überflutet, bis die Tochter endlich zurückkommt. Kaum hat sie den richtigen Befehl gegeben, hört der Topf auf zu kochen, doch die Stadt ist überschwemmt, und jeder, der hineinwill, muss sich durch den Brei essen. Das ist eine passende Parabel für unsere Zeit: Auch wir müssen lernen, unserem Zaubertopf Einhalt zu gebieten.

Das Problem liegt tief in unserer Natur begründet. Wir wissen, wann wir anfangen, aber nicht, wann wir aufhören müssen, das ist eines unserer Charakteristika als Menschen, auch wenn wir das ungern zugeben. Schon unser Gattungsname zeigt das Ausmaß der Selbsttäuschung. Vor 250 Jahren löste der Schwede Carolus Linnaeus oder Carl von Linné, Physiker und Blumensammler, eine Debatte darüber aus, mit welchem lateinischen Namen sich die Menschen bezeichnen sollten. Linné hatte das Ordnungssystem der Arten, die Taxonomie, erfunden, das wir heute noch benutzen. Im taxonomischen System werden sämtliche Pflanzen, Tiere, Pilze und Bakterien gemäß ihrem Vorkommen und ihren bezeichnenden Charakteristika logisch benannt und in Gruppen eingeteilt. Aber was sollte Linné mit dem Menschen machen? Was könnte unsere hervorstechendste Eigenschaft sein? Hochgelehrte Wissenschaftler meinten, wir sollten uns *homo rationalus* (vernünftiger Mensch) nennen; ein paar Witzbolde waren der Ansicht, dass *homo ludens* (spielender Mensch) besser passe, während eine dritte Gruppe, die mehr das Praktische im Sinn hatte, *homo fabricans* (Werkzeug benutzender

Mensch) vorschlug. Aber Linné entschied sich für *homo sapiens* – »kluger oder denkender Mensch«. Was für ein beeindruckender, reflektiver, fast metrosexueller Name. Kein Wunder, dass wir ihn mit Freuden angenommen haben.

Aber ernsthaft: Unsere Spezies hat sich wohl kaum dadurch weiterentwickelt, dass wir uns jemals den Kopf zerbrochen hätten. Was uns Menschen am besten charakterisiert, ist unsere Befähigung zum Wollen, zum Wünschen und Begehren, unsere Sehnsucht und unser Verlangen. Es verlangt uns danach, zu wissen, was auf der anderen Seite des Hügels liegt. Zuerst wollen wir es sehen, und dann wollen wir es besitzen, zusammen mit allem, was über und unter der Erde ist. Und danach müssen wir unbedingt erkunden, was hinter dem nächsten Hügel liegt. Das ist die Erklärung, warum wir es in weniger als 60 000 Jahren geschafft haben, den größten Teil des Planeten Erde zu kolonisieren. Und deshalb sollten wir uns eigentlich *homo expetens* – »wollender Mensch« – nennen. Der Bereich unseres Gehirns, der für die Triebsteuerung zuständig ist, entwickelte sich im späten Pleistozän, vor 200 000 bis 130 000 Jahren. Unsere Instinkte formten sich durch das Verhalten kleiner Jäger-Sammler-Gruppen, aus denen allmählich frühe Bauernkulturen entstanden. Das Leben war extrem rau. Noch im Jahr 1321, so nimmt man an, starb ein Fünftel der Bevölkerung in Großbritannien an Hunger. Vor 1620 sind 150 Hungersnöte belegt, und Fälle von Kannibalismus gab es noch im Jahr 1563.

Die elementaren Instinkte des Homo expetens sorgten dafür, dass ein paar unserer Vorfahren die Eiszeiten und die vielen mageren Jahre überlebten. In seltenen Zeiten des Überflusses stopften sie sich bis zur Halskrause voll, um für die nächste Hungersnot gerüstet zu sein. Nie konnten sie sich sagen: »Nun reicht es, wir haben genug zu essen.« Hätten sie diesen Punkt erreicht, wären wir wahrscheinlich nicht hier. Aber die Instinkte, die für das Überleben der nächsten Hungersnot wichtig waren, erschweren uns Heutigen den Sprung über die nächste evolutionäre Hürde. Denn wenn man einem gefräßigen Omnivoren die Gelegenheit bietet, sich eine ideale Umgebung zu suchen, wird er fröhlich in die Welt des All-You-Can-Eat aus Zucker und Fett hüpfen und sich dort gütlich tun, bis ihm das Essen zu den Ohren herauskommt. Das ist reinste Pornografie. Um unsere tief verankerten Mampf-Mechanismen abzumildern, sollten wir das Genughaben kultivieren.

Inzwischen wissen wir genug über die Instinkte, die unsere Ernährung steuern, um besonders vorsichtig zu sein. In den 90er Jahren fanden Wissenschaftler heraus, warum Nahrungsaufnahme so ein unwiderstehliches Vergnügen ist: Wenn wir etwas Süßes oder Kalorienreiches zu uns nehmen, belohnt sich unser Gehirn mit heroinartigen Chemikalien, den endogenen Opioiden. Süße Snacks stimulieren also dieselben Lustzentren im Gehirn wie süchtig machende Drogen. Neuere Studien zeigen, dass der bloße Gedanke an cremiges Eis bei einem Gesunden die gleichen Lustzentren anregt wie der Anblick einer Crack-Pfeife bei einem Süchtigen. Außerdem bekommen wir einen Kick, wenn unser Magen voll ist. Nachgewiesen wurde dies in einem Experiment, in dem der Vagusnerv Übergewichtiger auf elektronischem Weg stimuliert wurde. Der Vagus ist sozusagen die Telefonleitung vom Bauch in den Kopf und meldet dem primitiven Stammhirn, wann der Magen voll ist. Als dieser Nerv künstlich stimuliert wurde, konnte man in den Hirnströmen der Probanden messen, dass sie »high« waren wie Junkies.

Wir mögen also Essen. Viel Essen. Und unser Hirn sorgt dafür, dass wir das nicht vergessen – bedanken wir uns bei unseren Vorfahren. Das Geheimnis des Erfolgs in einer Jäger-Sammler-Kultur bestand darin, sämtliche verfügbaren Nahrungsquellen schneller zu finden als der Nachbar. Die Geschicktesten überlebten und vererbten ihre Gene, und deshalb haben wir ein gastrophiles Bewusstsein, das ständig wiederkäut, wo wir gegessen haben, was wir gegessen haben, wie es geschmeckt hat und wie wir es wieder bekommen können. Das Belohnungszentrum schaltet sich ein und drängt uns, die Erfahrung zu wiederholen. All dies macht es so schwer, Diät zu halten. Untersuchungen zeigen, dass ein Mensch vier Monate absolut abstinent sein müsste, bevor er den Heißhunger auf die verbotenen kalorienreichen Sachen verliert. Außerdem steht dem Gewichtsverlust ein physisches Hemmnis entgegen: Sobald wir etwas Fett zugelegt haben, bleibt dieses an Ort und Stelle, denn unser Körper funktioniert nach dem Hamsterbackenprinzip. Im menschlichen Körper gibt es, bezogen auf die Masse, ungefähr zehnmal mehr fettspeichernde Zellen als bei den meisten Tieren (ausgenommen Eisbären). Unsere gegen Hungersnöte gewappneten Körper besitzen wirksame Mechanismen gegen den Verlust, aber nur eine schwache Abwehr gegen die Zunahme an Gewicht. Wenn Sie zehn Prozent Ihres Gewichts abgenommen haben, wähnt Ihr Körper Gefahr im Verzug und verbrennt weniger Kohlenhydrate, indem er den Stoffwechsel verlangsamt und die Körpertemperatur senkt. Dieser Plateau-Effekt stellt sich nach ungefähr acht Wochen Diät ein. Die Gewichtsabnahme stagniert, die Disziplin erschlafft, der Heißhunger bleibt.

Diäten haben auch schlimme Auswirkungen auf den Stoffwechsel. Eine Auswertung von 31 klinischen Langzeitstudien ergab, dass Diäten auf lange Sicht gar nicht funktionieren. Innerhalb von fünf Jahren hatten ungefähr zwei Drittel der Untersuchten ihr altes Gewicht wieder – und mehr. Das Fazit lautete, dass die meisten Probanden besser gar keine Diät gemacht hätten. Ihr Gewicht war vorher und nachher ungefähr das gleiche, doch ihr Körper hatte den sogenannten Jojo-Effekt erlitten. Am schlimmsten wirkt sich dieser Effekt bei Teenagern aus: Wer schon in jungen Jahren mit regelmäßigen Diäten anfängt, ist nach fünf Jahren meistens dicker als Altersgenossen, die niemals eine Diät gemacht haben. Die jungen Hungernden verkneifen sich zwar das Frühstück, stopfen sich dafür jedoch später am Tag voll, weil der primitive Teil des Gehirns es ihnen diktiert. Und so bildet sich ein Lebensmuster heraus. Alle diese Körperreaktionen waren im Pleistozän Teil einer fantastischen Überlebensstrategie, im 21. Jahrhundert jedoch sind sie eine gemeine Falle. Wenn auch nicht die gemeinste von allen. Mutter Natur scheint uns so erschaffen zu haben, dass wir permanent unzufrieden sind. Experimente an der Michigan University, deren Ergebnisse im *Journal of Neuroscience* veröffentlicht wurden, zeigen, dass das Wirbeltiergehirn anfälliger für qualvolle Sehnsucht zu sein scheint als für freudige Emotionen. Unsere Gefühle des Wollens und des Mögens werden von zwei separaten »Lust-Hotspots« – limbischen Zentren – tief in unserem Gehirn bestimmt. Der Hotspot für das Wollen scheint ungefähr 30 Prozent mehr Einfluss auf unser Verhalten zu haben als der für das Mögen. Unsere Hardware scheint uns also dazu zu verdammen, auf ewig im Hamsterrad weiterzustrampeln, egal, ob uns die Rennerei Spaß macht oder nicht. Zudem kann es sein, dass Menschen, deren »Wollen«-Hotspot sehr aktiv ist, sehr viel leichter abhängig werden. Das Problem betrifft uns alle. Wir haben eine Umwelt geschaffen, die permanent auf diesen Hotspot einwirkt, weil sie in verführerischer Weise *mehr* verspricht – besonders ein Mehr an Nahrung.

Hier nun kommt Pawlows Hund ins Spiel. Unser System von Heißhunger und Belohnung funktioniert nicht nur automatisch, es kann auch durch Konditionierung noch gesteigert werden. In seinem berühmten Experiment läutete Pawlow eine Glocke, wenn sein Hund eine Mahlzeit bekam. Nach einer Weile wurde der Speichelfluss des Hundes ohne Nahrungsgabe und nur durch das Gebimmel ausgelöst. So gelang der Durchbruch in der behavioristischen Psychologie (und die Fußmatte war immer feucht). Unsere Hungerinstinkte sind durch die ständige Berieselung mit Werbung ebenfalls auf permanenten Speichelfluss konditioniert worden. Die Gehirne normaler Menschen schütten beim bloßen Anblick all dieser Herrlichkeiten Belohnungsstoffe aus. Dieses visuell stimulierte Vergnügen ist sogar stärker als das Vergnügen der tatsächlichen Nahrungsaufnahme, behauptet Dr. Nora Volkow, Leiterin des US National Institute of Drug Abuse. Deshalb ziehe Junkfood die Menschen so sehr in seinen Bann. »Es ist ein uralter Mechanismus, durch den die Natur sicherstellt, dass wir essen, sobald uns Nahrung zur Verfügung steht. Wir wissen ja nie im Voraus, wann wir zu essen bekommen. Heutzutage natürlich schon, man kommt ja ständig an einem Supermarkt vorbei. Aber die ganze Menschheitsentwicklung hindurch war das anders, und daher mussten wir essen, sobald es Nahrung gab. Leider haben wir nun ein System geschaffen, in dem wir mit Informationen über Nahrung überflutet werden.«

Es ist, als müsste man ständig mit dem berüchtigten Père Gourier zu Tisch gehen, einem wohlhabenden französischen Gutsbesitzer aus dem 18. Jahrhundert. Gourier hatte einen gesegneten Appetit und mordete Menschen zum Spaß, indem er sie wiederholt zu ausgedehnten Gelagen mit kalorienreichen Speisen einlud, bis sie an der Völlerei zugrunde gingen. Der *Diable Gourmand* lud seine Opfer Abend für Abend in die besten Restaurants von Paris ein. Die *maîtres d'hôtel* wussten genau, was Père Gourier im Schilde führte, konnten aber nichts gegen ihn unternehmen. Er brüstete sich sogar mit seinen Erfolgen. Als ein Kellner einmal nach seinem letzten Gast fragte, erwiderte Gourier: »Ich habe ihn heute Morgen begraben. Er taugte nichts. Ich habe ihn in zwei Monaten erledigt.« Gourier schaffte es, in acht Jahren acht Opfer unter die Erde zu bringen. Der Erfolg seiner Taktik zeigt ein weiteres zentrales Problem beim Thema Essen: Wir wissen einfach nicht, wann wir genug haben. Wir müssen uns auf äußere Hinweise verlassen, zum Beispiel darauf, wie viel unsere Tischnachbarn essen. In unserer konsumorientierten Gesellschaft ist es natürlich nur allzu leicht, sich von der Menge mitziehen zu lassen. Selbst ohne in die Fänge eines gemeinen französischen Feinschmeckers zu geraten, neigen wir dazu, bis zu einem Fünftel mehr oder weniger zu essen, je nachdem, wessen Verhalten wir nachahmen – so Professor Brian Wansink, Leiter des Food and Brand Labs an der Cornell University in Ithaca, New York.

Wansink hat unser Nahrungsanpassungsproblem mit einem etwas verwegenen Trick offengelegt: dem Experiment der bodenlosen Suppenschüssel. Er und sein Team entwarfen eine Schüssel, die durch einen Schlauch am Boden heimlich nachgefüllt werden konnte und so, wie der Zauberbreitopf, niemals leer wurde. Mithilfe dieser Schüssel wollte Wansink herausfinden, welche Reize den Menschen dazu bringen, mit dem Essen aufzuhören, ob es der visuelle Auslöser ist oder das Sättigungsgefühl. Während die Probanden, die aus ganz normalen Schüsseln aßen, im Durchschnitt ungefähr einen Viertelliter Suppe zu sich nahmen, schafften die Testpersonen mit den manipulierten Schüsseln mehr als 0,4 Liter. Manche aßen sogar fast einen Liter Suppe und hörten erst auf, als man ihnen mitteilte, dass das 20-minütige Experiment nun beendet sei. Als sie gebeten wurden zu schätzen, wie viele Kalorien sie zu sich genommen hatten, waren die Probanden mit den bodenlosen Schüsseln überzeugt, die gleiche Menge gegessen zu haben wie die Esser mit den normalen Schüsseln – im Schnitt 113 Kalorien weniger, als sie tatsächlich zu sich genommen hatten. Andere Untersuchungen haben gezeigt, dass wir pro Tag mehr als 200 Essensentscheidungen treffen, oft auf Grundlage grober Schätzungen, die sich auf falsch interpretierte Beobachtungen unserer unmittelbaren Umgebung stützen. Größere Teller, größere Löffel, größere Packungen – und gierige Mitesser – alles, alles führt dazu, dass wir noch mehr essen.

Die mörderische Gastfreundschaft des *Diable Gourmand* dauerte an, bis er auf seinen Meister traf. Gast Nummer neun war ein Mann namens Ameline, dem der Ruf vorauseilte, er sei unersättlich – abgesehen davon war er der zweite Gehilfe des Scharfrichters. Zwei Jahre lang fochten die beiden Vielfraße mit Messer, Gabel und Löffel auf den feinsten Tischtüchern von Paris.

Ameline wusste, dass Gourier für seine Morde nicht zur Rechenschaft gezogen werden konnte, und hatte vermutlich beschlossen, ihn mit seinen eigenen Waffen zu schlagen. Er verschwand immer mal wieder für zwei oder drei Tage, musste angeblich »auf Dienstreise gehen«, während er sich in Wahrheit eine Kur mit Rizinusöl und anderen Abführmitteln verabreichte. Nie schien er auch nur ein Pfund zuzulegen. Aus Verzweiflung begann Père Gourier ihn mit den fettesten und schwersten Gerichten der gallischen Küche zu traktieren – und unterlag eines Abends im Cadran Bleu, dem teuersten Restaurant der Stadt. Ameline futterte gerade sein fünfzehntes Sirloin-Steak, als Gourier, der ein Steak im Rückstand war, plötzlich bleich wurde, aufkeuchte und mit dem Gesicht im Teller landete – tot.

Tot, aber nicht vergessen. Unser modernes Leben ist vom Geiste Gouriers durchdrungen: Es reizt unsere archaischen Instinkte, immer mehr zu essen, indem es uns ein teuflisches Menü aus *amuse-bouches* vorsetzt, die als Werbespots, Fertiggerichte, Verpackungen, Junkfood, Kochshows, Süßigkeiten, Snacks, All-You-Can-Eat-Büffets oder – frei nach Gourier – Gourmetküche daherkommen, hinter der sich oft nichts anderes verbirgt als die bekannten Superfette und Superzucker in neuer, schicker Verpackung. Aber noch ist nicht alles verloren. Es gibt Wege, wie wir viele unserer instinktgesteuerten Teufel austreiben können – mit der Philosophie des Genughabens.

Konventionelle Diäten sind in einer Hinsicht wahnsinnig erfolgreich: Als Bücher verkaufen sie sich bestens. Auch wenn keine Diät wirklich funktioniert, boomt der Markt. Moderne Diäten versprechen Lösungen, die in kürzester Zeit wirken sollen. Die extrem strengen Nur-Kohl- und Keine-Kohlenhydrate-Diäten stellen rasche Ergebnisse in Aussicht, damit die Diätwilligen bald wieder zu ihrem »normalen« Leben zurückkehren können – dem sie ihre Pfunde immerhin verdanken! Das fundamentale Problem von Diäten, die auf weniger essen setzen, ist: Sie ermutigen die Leute, sich noch mehr auf das Essen zu fixieren.

So wird die oben beschriebene Reaktion des Körpers lediglich verschärft. Wenn die Kalorienzufuhr deutlich sinkt, wird im Körper Hungeralarm ausgelöst; Botenstoffe geben den Befehl, sich sofort auf das Wesentliche zu konzentrieren: Finde etwas zu essen, koste es, was es wolle. Labortests an der Universität Uppsala zeigten, dass verminderte Nahrungsaufnahme das mesolimbische Dopaminsystem anregt, einen der wichtigsten Schaltkreise für Motivation durch Belohnung. Wieder einmal handelt es sich um ein Hirnareal, das sowohl von Heroin und Kokain als auch von körperlichen Freuden angeregt wird. Es treibt uns auf die Suche nach Sex, nach Drogen und – in Hungerzeiten – nach Würstchen. Statt uns also auf Essen zu fixieren, sollten wir unsere Aufmerksamkeit auf alles Mögliche richten, nur nicht auf Nahrung.

Die Philosophie des Genughabens bietet keine essensfixierte Strategie. Sie macht auch keine Versprechungen à la »Verlieren Sie in Nanosekunden die Hälfte Ihres Gewichts«. Stattdessen müssen Sie sich ein paar Lebensgewohnheiten zu eigen machen, die Ihnen nachweislich helfen, die Flut der Stimuli abzublocken. Wenn man weiß, wie viel »genug« ist, kann man ein Leben lang einen gesunden Appetit haben. Und auf rigide Vorschriften, Kalorienpläne und Lebensmittelverbote pfeifen.

Wally brachte mich auf die Idee, dass die eigenen Gewohnheiten unsere Essweise bestimmen. Wally hatte im Zweiten Weltkrieg zur Besatzung eines »Lancaster«-Bombers gehört und arbeitete in einer schrecklichen alten Fabrik, in der Papierrollen für Registrierkassen hergestellt wurden. Dort lernten wir uns kennen. Es war mein erster Vollzeitjob und wahrscheinlich Wallys letzter. Er war ein dünner, drahtiger Mann, pfiffig und rüstig – und weit über das Rentenalter hinaus. Wally würzte nicht nur unsere langweiligen Tage mit Geschichten über Nachtflüge 6000 Meter über feindlichem Gebiet, sondern beherrschte auch noch einen Partytrick: Man konnte die Uhr nach seinem Magen stellen. Seine Mahlzeiten waren strikt auf bestimmte Zeiten festgelegt, eine alte Gewohnheit aus der Zeit bei der Luftwaffe. »Ich hab nie Hunger, erst eine Viertelstunde, bevor es Essen gibt«, pflegte er zu prahlen.

Auch ich war damals noch dünn und drahtig. Doch als ich mich der dreißig näherte, wurde auf traurige Weise deutlich, dass ich die Veranlagung meines Vaters zum Bauchansatz geerbt hatte (überflüssigerweise ebenfalls die zur kleinen Statur). Und das in der Blüte meiner Männlichkeit! Wie entmutigend. Und wie gefährlich.

Dad war im Alter von 54 Jahren auf einem Bahnsteig zusammengebrochen, er hatte einen heftigen Herzinfarkt erlitten. Nach der Einlieferung in ein nahegelegenes Londoner Krankenhaus konnte nur noch sein Tod festgestellt werden. Dad arbeitete für überregionale Zeitungen. Er pendelte von Brighton nach London. Er hatte Übergewicht. Und er rauchte. Die Warnung war deutlich. Entschlossen, seine Fehler nicht zu wiederholen, bin ich dennoch Journalist geworden und arbeite für überregionale Zeitungen. Und ich pendele von Brighton nach London. Immerhin habe ich das Rauchen aufgegeben.

Doch mein Gewicht bleibt eine Prüfung für mich. Mein Körper wird – bestenfalls – in einer Vorstufe der Mästung verharren, das heißt, er ist bereit, von einem Augenblick zum anderen jede Menge Kilos zuzulegen. Und mein Herz wird das wahrscheinlich nicht mitmachen. Wie viele andere bin auch ich eine lebende Stoffwechsel-Zeitbombe. Aber ich halte mir das Gewicht vom Leib, und zwar nicht mit einer langen, öden Reihe von Jojo-Diäten, sondern durch ein Wally-artiges System eingefleischter Gewohnheiten. Morgens starte ich mit einem leichten Frühstück (in den letzten Jahren waren das eine Banane, Nüsse und eine weitere Frucht im Mixer zerkleinert); Mittagessen gibt es um halb zwei und Abendbrot gegen acht Uhr. Schön vorhersagbar. Mein Magen meldet sich natürlich trotzdem, aber dann sage ich einfach: »Du bist noch nicht dran.« Im Folgenden werden der hier zugrunde liegende Mechanismus sowie neun weitere Strategien erklärt.

Essen Sie *genug*

Lernen Sie wieder zu genießen

Der Genuss ist das Herzstück in der Kunst des Genughabens. Genuss beim Essen eröffnet uns einen sicheren Weg, unsere Kalorienzufuhr zu begrenzen und uns für längere Zeit satt zu fühlen. Das Problem ist nur: Genuss widerspricht der vorherrschenden Ernährungsart in unserer Kultur. Oft spüren wir deutlich, dass wir nicht genug Zeit haben, um unser Essen zu genießen. Stattdessen schlingen wir es hinunter, ohne es wirklich geschmeckt zu haben. Noch vor 20 Jahren verbrachten die Leute pro Tag durchschnittlich 33 Minuten am Tisch im Kreise ihrer Lieben. Heute ist diese Zeitspanne auf 14 Minuten und 27 Sekunden geschrumpft. Wir verschenken Genuss, weil wir beim Arbeiten, am Bahnhof, vor der Glotze, beim Lesen, Simsen oder Telefonieren gedankenlos in uns hineinschaufeln. Laut einer Umfrage aus dem Jahr 2006 widmen weniger als 20 Prozent der Briten ihrem Essen volle Aufmerksamkeit, die meisten schlingen es nebenbei hinunter – ein Phänomen, das auch in anderen europäischen Ländern zu beobachten ist.
Doch in Hetze oder gereizter Stimmung zu essen, tut keinesfalls gut. Unsere natürliche Reaktion auf Stress besteht in Flucht oder Kampf und nicht in wahllosem Vollstopfen. Der Körper pumpt Blut in die Muskeln, damit sie sprungbereit sind, und nicht in den Magen, damit dieser gut verdauen kann. Eine japanische Studie mit 4700 Probanden ergab, dass Schnellesser im Durchschnitt sieben Kilo mehr wiegen als langsame Esser. Die Forscher glauben, dass zu schnelles Essen den Insulin-

spiegel unverhältnismäßig ansteigen lässt und das Diabetesrisiko erhöht. Und wenn man unter dem Eindruck von Sorgen oder Stress isst, besteht die Tendenz, zu viel zu essen – besonders, wenn man gerade eine strenge Diät macht, so die Zeitschrift *Appetite*. Das Gehirn kann in solchen Situationen die Nahrungsaufnahme gar nicht mit Genuss verbinden. Der Körper bekommt keine »Ich habe genug gegessen, vielen Dank«-Botschaft, und bald schon meldet sich wieder Heißhunger auf Snacks. Das zeigt sich besonders bei Kindern, die vor dem Fernseher essen.
Die Vorstellung, dass man mit langsamem Essen möglicherweise weniger Kalorien zu sich nimmt, kam zum ersten Mal vor 30 Jahren auf. Dann hielt man sie lange für ein Märchen, doch 2006 führte Kathleen Melanson, Ernährungswissenschaftlerin an der Rhode Island University, eine Untersuchung durch. Sie bat 30 Studentinnen, an zwei Versuchsterminen teilzunehmen. Beide Male servierte sie große Teller mit Spaghetti und bat ihre Probandinnen, so viel zu essen, wie sie wollten. Als Professor Melanson ihnen sagte, sie sollten schnell essen, vertilgten die Frauen in neun Minuten 646 Kalorien, doch als sie ermutigt wurden, zwischen den einzelnen Bissen Pausen zu machen und jeden Bissen 15- bis 20-mal zu kauen, nahmen sie in 29 Minuten nur 579 Kalorien zu sich. Außerdem gaben sie an, bei bewusstem Essen mehr zu genießen und satter zu werden; zudem hielt das Sättigungsgefühl länger an.
»Der Körper braucht eindeutig Zeit, um Sättigungssignale zu entwickeln«, sagt Melanson. Anderen Untersuchungen zufolge dauert es 20 Minuten, bis das Gehirn merkt, dass der Magen voll ist. Wenn man sich also beim

Kauen Zeit lässt, gibt man seinem Hirn Gelegenheit, mit dem Magen Schritt zu halten. Außerdem hilft es, zwischendurch Wasser in kleinen Schlucken zu trinken. Melansons Probanden bekamen Wasser zur Verfügung gestellt und hatten beim langsamen Essen beträchtlich mehr Zeit zu trinken – oder überhaupt Durst zu spüren. Das Wasser könnte ebenfalls zum Gefühl der Sättigung beigetragen haben. Abgesehen vom Trinken empfiehlt Melanson, zwischen einzelnen Bissen die Gabel hinzulegen, sich zu unterhalten und überhaupt länger bei Tisch zu verweilen.

Die hingebungsvolle Zuwendung zu Beschaffenheit und Geschmack unseres Essens ist fast eine meditative Übung. Ein Sandwich mit Hummus und Salat wird zu einem kleinen Abenteuer: Langsam erforscht man die Kruste, die weiche Brotkrume, genießt den starken Geschmack des Hummus im Gegensatz zur Milde der Gurke. Und wie schmeckt eigentlich Knoblauch, abgesehen von, äh, *knoblauchartig?*

Essen Sie in kleinen Restaurants

Abgesehen von der Atmosphäre, der Vertrautheit und der Tatsache, dass Sie von Menschen bedient werden, die vermutlich etwas von ihrem Gewerbe verstehen, gibt es noch einen guten Grund dafür, lieber in einem kleinen Lokal zu speisen als in der Filiale einer Fresskette: Sie werden höchstwahrscheinlich weniger essen. Untersuchungen an Kindern zeigen, dass wir darauf getrimmt sind, in einer Menschenmenge mehr zu verschlingen.

Die Kinder aßen mehr, schneller und länger, wenn sie in großen Gruppen waren. Sie sprachen auch weniger miteinander. Warum? Das Gefühl von Dringlichkeit scheint interessanterweise mit dem der Ungeselligkeit verquickt zu sein, eine primitive Reaktion auf die uralte Nahrungsaufnahme in der Gruppe. Stellen Sie sich vor: Die Jäger haben endlich Beute gemacht, und diese wird nun unter den hungrigen Angehörigen des Stammes verteilt – da drängen einen die Überlebensinstinkte, möglichst viel zu verschlingen, bevor der Nachbar es bekommt! Für Artigkeiten bleibt keine Zeit. Die Forscher zogen den Schluss, dass der Anblick und der Lärm vieler anderer essender Menschen anscheinend das normale Sättigungssignal des Gehirns außer Kraft setzen. Kein Wunder, dass Fastfoodketten so vehement mit der Ausrichtung von Kindergeburtstagen werben. Und es besteht kaum ein Zweifel, dass der Effekt bei Erwachsenen genauso eintritt.

Meiden Sie Gerichte mit vielen Komponenten

Vielfalt ist eines der großen Versprechen heutiger Esskultur. Schließlich sollen wir uns beim Essen nicht langweilen. Das Lebensmittelangebot in den Supermarktregalen hat sich in den letzten Jahrzehnten vervielfacht, insbesondere die Auswahl an kalorienreichen, überzuckerten Produktneuheiten mit zweifelhaftem Nährwert. Es gibt zwar auch viele gesunde Dinge, die eigentlich gut für den Körper sind, doch wenn diese zusammen in ein Gericht gepackt werden, leisten sie einer Über-Ernährung häufig Vorschub.

Studien über die menschliche Nahrungsaufnahme zeigen, dass unser Appetit teilweise von einem Mechanismus namens Spezifisch Sensorische Sättigung (SSS) gesteuert wird. Unser Körper fühlt sich schneller satt, wenn wir nur eine Sache essen. Sie kennen das Gefühl selbst: Gerade haben Sie so viel Fleisch und Kartoffeln gegessen, dass Sie glauben, platzen zu müssen – aber dann gibt's Pudding, und Sie verdrücken glatt noch ein Schälchen. Irgendwie hat der neue Geschmack einen zweiten Magen herbeigezaubert. Doch es ist nicht nur der Geschmack der Nahrung, der die SSS beeinflusst, eine Vielfalt in Aussehen und Beschaffenheit von Nahrungsmitteln bringt uns ebenfalls dazu, mehr zu essen, als wir eigentlich wollen. Menschen essen mehr Sandwiches, wenn sie die Wahl zwischen drei Belägen haben, und mehr Nudeln, wenn diese verschieden sind in Farbe und Form.
Diese Mechanismen waren für eine Jäger-Sammler-Kultur wichtig, denn sie sorgten für eine gute Nahrungs-Mischung, die eine ausgewogene Nährstoffversorgung sicherstellte. Heute jedoch müssen wir diesem Drang etwas entgegensetzen, damit uns die Lust an neuen Genüssen nicht irgendwann umbringt. Übertreiben sollten wir es mit der Schlichtheit natürlich auch nicht und uns durchaus abwechslungsreich ernähren. Doch wir können einfache, nahrhafte Gerichte kochen, ein bescheidenes Mittagessen zu uns nehmen und am Buffet nur zwei Gerichte auf unsere Teller laden – und so dem Drang zur Über-Ernährung entgehen.

Wählen Sie Ihre Tisch-Gesellschaft sorgfältig aus

Wir alle kennen diesen Satz, wenn wir mit Freunden im Restaurant sitzen: »Ach, dann nehme ich auch kein Dessert.« (Ebenso die andere Variante: »Also, wenn du einen Nachtisch nimmst, bestelle ich was von der Tarte.«) Die Selbstdisziplin kann angesichts eines undisziplinierten Gegenübers kapitulieren, wie Gourier sehr wohl wusste. Ob wir standhaft bleiben und das rechte Maß finden, hängt wesentlich vom Appetit unserer Mitesser ab. Gehen Sie deshalb – wenn Sie die Wahl haben – lieber mit enthaltsamen Menschen essen.

Essenszeiten sind heilig

Regelmäßige Mahlzeiten, so hatte der alte Wally gelernt, können dem Gehirn dabei helfen, der allerorten geschürten Fresslust zu entgehen und nicht mehr den ganzen Tag an Essen zu denken. Diese Selbstdisziplin führt außerdem dazu, dass man beginnt, Entscheidungen zu fällen über die Menge an Arbeit, Information und Hast, die man sich täglich zumutet. Denn nun gibt es am Tag drei heilige Zeitinseln, die für Frühstück, Mittag- und Abendessen reserviert sind. In diesen Stunden sollte man sich auf langsames, genussvolles Essen konzentrieren, möglichst in guter Gesellschaft.
Der soziale Aspekt mag besonders für Jugendliche wertvoll sein. Junge Menschen, die regelmäßig mit ihrer Familie essen, neigen weniger zu Übergewicht. Untersuchungen lassen vermuten, dass das bewusst gepflegte Ritual der Familienmahlzeit den Stress des hektischen

Teenagerlebens mildert und den Drang abschwächt, sich mittels Kalorienzufuhr Tröstung zu verschaffen.
Doch auch für Erwachsene haben feste Essenszeiten viele Vorteile. Ein Vergleich, den Ernährungswissenschaftler der Nottingham University zwischen den Essgewohnheiten der Briten und der Franzosen gezogen haben, scheint alte Stereotype zu bestätigen. In Frankreich wird traditionell eher mit Grundnahrungsmitteln und frischen Zutaten gekocht, man isst zu festgelegten Zeiten im geselligen Kreis und selten zwischendurch. Englische Gewohnheiten hingegen umfassen Mikrowellengerichte, hastiges, einsames Essen und über den Tag verteilte Zwischenmahlzeiten. Das könnte eine hinreichende Erklärung für die stark differierende Zahl der Fettleibigen beider Nationen sein. Laut einer 2007 erhobenen Studie sind allerdings nicht die Briten, sondern die Deutschen inzwischen die dicksten Europäer. Der Anteil der Dicken mit einem BMI zwischen 25 und 30 beträgt bei Männern 75,4 Prozent und bei Frauen 58,9 Prozent.[2]
Mittlerweile geraten aber selbst die Franzosen in den Strudel schlechter Essgewohnheiten. Die französische Regierung stellt zunehmend Fettleibigkeit unter den Jugendlichen fest, hervorgerufen durch immer mehr Fastfoodketten und Fertiggerichte, und versucht durch das Abdrucken von Nährstoffhinweisen auf den Lebensmittel-Verpackungen für das Problem zu sensibilisieren. Nichtsdestotrotz breitet sich die kalorienbetonte westliche Esskultur weiter aus und bringt den Geist Gouriers in seine Heimat zurück.

Verschaffen Sie sich mehr Tageslicht

Die Jahreszeitlich Bedingte Depression (seasonal affective disorder, SAD) ist die extreme Ausprägung eines Phänomens, unter dem wir im Winter alle leiden. Wenn wir zu wenig natürliches Sonnenlicht abbekommen (was auch durch ständiges Hocken vor diversen Bildschirmen geschehen kann), bereitet sich unser Körper auf die dunkle Jahreszeit vor und versucht, für den Winter Nährstoffvorräte anzulegen. Der Spiegel des Gute-Laune-Neurotransmitters Serotonin sinkt, das Hungergefühl nimmt zu, und der Mensch wird inaktiv. Die meisten Menschen mit SAD geben an, dass sie einen Heißhunger auf kohlehydratreiche Nahrung bekommen, dass sie mehr essen und zunehmen. Amerikanische Ärzte nennen dieses Phänomen *blizzard-bloat*, »Schneesturm-Bauch«. Gehen Sie an die frische Luft, um Ihrer Zirbeldrüse eine volle Dosis Sonnenlicht zu verschaffen. Das bedeutet natürlich, dass Sie weniger Zeit im Kunstlicht des Büros verbringen. Versuchen Sie, wenigstens in der Mittagspause rauszukommen.

Schlafen Sie gut und unbeschwert

Müdigkeit, schlaflose Nächte und gestörter Schlaf bringen unsere Appetithormone aus dem Gleichgewicht. Eine Studie der Chicago University, in welcher der Nachtschlaf bei zwölf jungen Männern auf vier Stunden verkürzt wurde, ergab, dass ihr Ghrelinspiegel (ein appetitsteigerndes Hormon) sich nach nur zwei Tagen um 28 Prozent erhöhte. Gleichzeitig fiel ihr Leptinspiegel (ein Hormon, das dem Gehirn einen vollen Bauch anzeigt) um 18 Prozent. Die Männer gaben außerdem an, dass die Schlaflosigkeit in ihnen den Heißhunger auf kohlehydratreiche Nahrung weckte.

Eine andere Studie, in der Schlafgewohnheiten und Hormonspiegel von 1024 Probanden untersucht wurden, ergab, dass jene Personen, die durchschnittlich fünf Stunden oder weniger schliefen, 15 Prozent mehr Ghrelin sowie 15 Prozent weniger Leptin im Blut hatten als Menschen, die acht Stunden schliefen. Diese hormonellen Veränderungen können das Ergebnis eines anderen uralten Überlebensinstinkts sein: Die meisten Tiere verzichten auf Schlaf, wenn sie mehr Zeit für die Futtersuche benötigen.

Doch man braucht gar nicht so viel mehr Schlaf, um den Schaden zu begrenzen. Laut *Archives of Internal Medicine* können schon 20 Minuten zusätzlich pro Nacht beim Schlankbleiben helfen. Aber das bedeutet wieder einmal, dass man Entscheidungen im Sinne des Genughabens trifft, nämlich weniger Stunden zu arbeiten oder weniger fernzusehen. Und zuletzt noch ein praktischer Grund, warum weniger Schlaf mehr Gewicht bedeutet: Übernächtigte Zeitgenossen sind weniger geneigt, selbst zu kochen. Sie sind zu müde, um sich die Mühe zu machen, und stopfen sich lieber mit Fastfood voll.

Renovieren Sie Ihre Küche

Ist Ihre Küche zu gemütlich? Schummriges Licht fördert die Entspannung und verführt dazu, mehr zu essen. Die Küche zum Mittelpunkt des Hauses zu machen, kann das

Problem verschärfen, denn ein Hauptstimulans für den Drang zum übermäßigen Essen sind der ständige Anblick und der Geruch von Lebensmitteln. Je mehr Zeit Sie in der Küche verbringen – ob Sie sich unterhalten oder am Küchentisch arbeiten –, desto größer ist die Gefahr, dass Sie zu viel essen. Wenn Sie es nicht übers Herz bringen, aus der Küche auszuziehen, dann können Sie wenigstens kleinere Teller und Tassen benutzen – ein simpler, aber wirksamer Trick. Untersuchungen in Restaurants haben gezeigt, dass wir wesentlich mehr essen, wenn große Portionen serviert werden. Indem Sie kleineres Geschirr und Besteck anschaffen, können Sie Ihrem Gehirn vorgaukeln, dass Sie mehr essen, als dies tatsächlich der Fall ist.

Essen Sie in einer ruhigen Umgebung

Das menschliche Nervensystem reagiert auf Lärm mit beschleunigtem Herzschlag und erhöhtem Blutdruck, also einer gesteigerten Alarmbereitschaft angesichts drohender Gefahr. In ohrenbetäubend lauten, trendigen Restaurants reagieren die dezibelgeschädigten Gäste überdies mit schnellerem Essen (wodurch sie mehr essen) und stärkerer Nachfrage nach alkoholischen Getränken. Die Restaurantbetreiber lieben das, weil die Verweildauer an den Tischen abnimmt.

Der Zauberglastrick

Wenn Sie einen Ausgleich zwischen kalorienreichen und gesunden Getränken schaffen wollen, dann nehmen

Sie Ihre Gläsersammlung zu Hilfe. Für gesunde Getränke wie Wasser oder Saftschorle eignen sich breite Bechergläser. Alkohol dagegen gießen Sie in hohe, schmale Longdrink-Gläser. Dies bewirkt eine optische Täuschung: Eine Analyse von Trinkgewohnheiten, durchgeführt an der Cornell University und veröffentlicht im *British Medical Journal*, zeigt, dass die Leute gern in breite Gläser mehr Flüssigkeit schütten, weil sie glauben, dass in hohen Gläsern ohnehin mehr drin ist. Aber das stimmt nicht.

3. GENUG SACHEN

Im Leben gibt es nur zwei Tragödien.
Die eine ist, nicht zu bekommen, was man möchte,
und die andere ist, es zu bekommen.

Oscar Wilde

Ob es ihnen gefällt oder nicht, der Anblick eines glänzenden roten Ferraris entlockt den meisten Leuten einen Ausruf des Staunens. Zwei nebeneinander sind für jeden Autofan ein Fest. Das trifft ebenso auf drei zu und vielleicht sogar auf zehn. Werden es aber noch mehr, leidet die Exklusivität. Und nun stellen Sie sich 20 Ferraris vor, aufgereiht wie Taxis gegenüber ebenso vielen Aston Martins, und dahinter eine Batterie von Rolls-Royces und Bentleys. Die Wagen verlieren gehörig an Ausstrahlung. Ich stehe in einer Garage irgendwo im Westen Londons, in der diese selten benutzten Ikonen des Erfolgs vor sich hindämmern. Sie kommen kaum jemals auf die Straße. Staubig werden sie jedoch nicht, das Wartungspersonal sorgt dafür, dass sie einmal pro Woche poliert werden. Auch die Motoren werden alle vierzehn Tage einmal gestartet und die Wagen ein Stück vor- und zurückgefahren, damit ihre Reifen (der Satz zu einem Preis von 1000 Pfund) keine Abplattungen bekommen.

In dieser Garage sehen Sie die Antwort auf die Frage, was kommt, wenn Sie endlich dazugehören zur Ferrari-Liga; was Sie erwartet, wenn Sie sich den Traum erfüllt haben, Besitzer eines raketenschnellen Traumautos zu sein, auf das Schuljungen mit offenem Mund zeigen und das Supermodels vor Aufregung kreischen lässt. Natürlich können Sie versuchen, damit herumzufahren wie mit jedem normalen Auto. Es macht aber nicht wirklich Spaß, die Kupplung zu quälen, weil man im ersten Gang durch die Stadt schleichen muss, oder ständig ein besorgtes Auge auf den Lack zu haben, der von rücksichtslosen Fahrern in ihren Billigkarren angekratzt werden könnte. Auf freier Strecke – sollten Sie eine solche finden – drohen permanent Radarfallen. Und sobald Sie vor einem Supermarkt parken, wird Ihr Schmuckstück zu einem Magneten für Jugendliche, die plötzlich lauter scharfkantiges Zeug in Händen halten: Schlüssel, Münzen, Messer. Da ist es doch viel besser, das wertvolle Gefährt in einen sicheren Hort zu geben. Und die Aufpasser teuer dafür zu bezahlen. Die Angst, die den Besitzern von Luxuskarossen im Nacken sitzt, verwandelt sich in klingende Münze für die Besitzer von Luxuskarossen-Aufbewahrungsgaragen. Colin McCoy, der Boss des Ferrari-Lagers, steht vor dem Bild eines Hundes im Zwinger, das vor seinem winzigen Büro hängt, und zuckt lediglich die Achseln. »Ich weiß nicht, warum manche Leute diese Karren haben müssen«, sagt er. »Ein Typ zum Beispiel fährt seinen 100 000 Pfund teuren Ferrari nur ab und zu mal um den Block, dann bringt er ihn wieder zurück. Andere fahren gar nicht, setzen sich nur hinters Steuer, riechen das Leder und hören Radio.«

Autos, die man nicht fährt, sind nur die Spitze des Eisbergs: ein besonders krasses Beispiel für all die Dinge, nach denen wir streben und für die wir arbeiten. Wir hungern nach ihnen fast so wie nach Nahrung. Unsere Überflusswelt heizt unseren Appetit mit immer besseren, größeren, schnelleren und teureren Statussymbolen an, die uns unsere Lebenszeit rauben und die Umwelt schädigen. Und wenn wir sie endlich besitzen, müssen wir feststellen, dass sie ihr Versprechen auf ein besseres Leben nicht einlösen. Die Psychologie nennt diesen Prozess »hedonistische Anpassung«. Zuerst bekommen wir einen tollen Kick, weil wir endlich etwas Besonderes sind: Ferrari-Besitzer (oder Rolls-Royce-Besitzer oder Range-Rover-Besitzer oder GTI-Besitzer etc.). Wow. Doch nach einer Weile beginnt der Glanz dieses neuen Status zu verblassen. Herr oder Frau Großkotz merken, dass die alten Sehnsüchte wiederkehren. Und haben das Bedürfnis, sich ein neues Statussymbol zuzulegen. Warum nicht ein Speedboat? (Freizeit-Boote sind das ideale Konsumenten-Totem: Viele Hobbysegler haben an einem Luxusboot genau zwei Tage lang ungetrübte Freude – am Tag des Kaufs und am Tag des Verkaufs. Der Rest sind Liegeplatzgebühren.)

Die meisten von uns haben alles, was man zu einem schönen und erfüllten Leben braucht – warum also sehnen wir uns nach mehr?

Die Warnungen vor Habgier sind uralt. Bereits der griechische Philosoph Epikur mahnte, zwar sei Freude die Grundlage für Zufriedenheit, Extravaganz werde uns jedoch keine Freude bescheren. Der Wunsch zu besitzen ist eine der Eigenschaften, die Menschen von anderen Lebewesen unterscheiden. Tiere neiden sich das Futter, und Elstern stibitzen glänzende Gegenstände, doch wir spielen in einer anderen Liga. Sammeln ist eine uralte Leidenschaft des Menschen: In römischen Häusern in Großbritannien wurden prähistorische Fossilien gefunden, die wie Siegerpokale gehortet wurden. Kaiser Hadrian sammelte griechische Marmorplastiken und ägyptische Antiquitäten.

Unsere Vorfahren glaubten noch, den Grund für unsere materialistischen Instinkte zu kennen: Auf alten, beschrifteten Phrenologieschädeln ist das als »Habgierorgan« bezeichnete Hirnareal genau lokalisiert. Ein gewisser Dr. Vimont, der 1850 einen Artikel im *Phrenology Journal* veröffentlichte, verortete das cerebrale Kaufzentrum am »vorderen kleineren Winkel des Scheitelbeins«. Man kannte es auch als »Begehrlichkeitsorgan«. Dr. Vimont: »Die primitive Fähigkeit, die durch das Organ ausgedrückt wird, scheint der Besitzsinn zu sein, dessen aktive Form die Begehrlichkeit ist.« Das war natürlich Unsinn. Doch vor Kurzem haben andere Fachleute versucht, neue Erklärungen zu liefern.

Karl Polanyi beispielsweise, der verstorbene Ökonomiehistoriker und Anthropologe, versuchte die Welt davon zu überzeugen, dass die Sucht nach materiellen Gütern eher angelernt als angeboren ist. Seiner Meinung nach ist jede Gesellschaft darauf ausgerichtet, die Grundbedürfnisse ihrer Mitglieder zu befriedigen, doch in den modernen kapitalistischen Ländern wurde die materialistische Gier zum Credo erhoben. Wir müssen nicht so sein, sagte Polanyi und verwies darauf, dass in vorkapitalistischen Gesellschaften Familie, Sippe, Religion, Ehre und Tradition die höchsten Werte darstellten. Polanyi war der Auffassung, das grundlegende Bedürfnis des Menschen sei das Aufgehobensein in der Gemeinschaft. Wir sind vor allem soziale Wesen, argumentierte er, und der Konsumismus ist nur eine gesellschaftliche Falle, aufgestellt von einer kleinen, wohlhabenden Elite, die daran interessiert ist, ihre Macht zu behaupten. Polanyi war ein traditioneller Linker. In seiner Heimat Ungarn führte er eine Gruppe radikaler Studenten an, und als er nach Großbritannien kam, hielt er Vorträge im Arbeiterbildungsverein. Vielleicht ist Polanyis romantisch verklärter, optimistischer Glaube an den angeborenen Edelmut des Menschen doch ein wenig zu blauäugig. Schließlich war es einfacher, auf so etwas wie Religion, Ehre und Tradition stolz zu sein, als es noch keine rassigen Sportwagen und Speedboats gab.

Polanyis Theorien stehen in krassem Gegensatz zu den Erfahrungen, die der Kinderpsychologe Bruno Bettelheim während seines Aufenthalts in israelischen Kibbuzim sammelte, klassischen sozialistischen Gemeinschaften. Bettelheim beobachtete Kibbuz-Kinder und stellte fest, dass sie alles andere als geborene Kommunisten waren. Von Geburt an zeigten sie einen starken Hang nach persönlichem Besitz, der ihnen nur durch hartnäckige Umprogrammierung seitens ihrer Eltern ausgetrieben werden konnte. In seinem Buch *Kinder der Zukunft* schrieb Bettelheim, dass der fehlende Privatbesitz der Kibbuzniks nachweislich ihre Fähigkeit schädige, persönliche Beziehungen einzugehen: »Nirgendwo wurde mir stärker als im Kibbuz klar, bis zu welchem Grad der Privatbesitz in den tiefen Schichten des Geistes mit den privaten Gefühlen verbunden ist. Wo das eine fehlt, fehlt zumeist auch das andere.« Soll heißen: Wenn du mir mein Spielzeug nimmst, raubst du mir auch die Seele? Ich selbst möchte ja gern glauben, dass ich nicht materialistisch veranlagt bin, aber wenn man mir meine Motorräder, meine Bücher, meine Gitarren und meine Schallplattensammlung wegnähme, würde mein Selbstbild doch argen Schaden nehmen.

Die wissenschaftlichen Beweise scheinen Bettelheims Theorie zu stützen. Ein bedeutsamer Schlüssel zur Erklärung liegt in den vielen Funden aus jungsteinzeitlichen Höhlen: Faustkeile. Millionen von Faustkeilen. Weitaus mehr Faustkeile, als ein Faustkeil schwingender Hominide jemals benutzen konnte. Aber wir haben es hier ja auch nicht mit bloßen Steinen zu tun, sondern mit dem steinzeitlichen Äquivalent zu Gucci-Schuhen und Rolex-Uhren. Unsere neolithischen Vorfahren waren Meister in der Kunst, Feuerstein in handliche Werkzeuge zu verwandeln, aber wie es scheint, wurden diese nicht nur dazu verwendet, um Widersacher aufzuschlitzen oder Bisons zu zerlegen. Anthropologen glauben, dass die Faustkeile noch eine andere wichtige Funktion erfüllten: Sie waren Vorzeigeexemplare damaliger Top-Designer und somit die Vorläufer von Philippe-Starck-Zitronenpressen und Sabatier-Messern.

Wer seine handwerklichen Fähigkeiten zur Meisterschaft entwickelte, konnte ein attraktiver Steinzeitheld sein, meint Geoffrey Miller (der uns im 1. Kapitel bereits vor den Gefahren des virtuellen Lebens warnte).»Die Werkzeuge waren so gefertigt, dass ihre Symmetrie und ihre perfekte Oberfläche die Meisterschaft des Herstellers hervorhoben«, sagt er.»Sie wurden eindeutig aus ästhetischen Gründen angefertigt. Auf manchen archäologischen Grabungen hat man Tausende dieser Werkzeuge gefunden. Es mutete an wie ein Wettbewerb, es war, als ob der *dernier cri* der Steinzeitmode in diesen Grabungen zum Vorschein käme.« Miller glaubt, dass Kunst überhaupt aus der sexuellen Werbung des Mannes entstanden ist, weil sie in eindrucksvoller Weise Geschicklichkeit, Kreativität, Einbildungskraft und Intelligenz des Künstlers zeigt.

Heute jedoch wird dieser Instinkt untergraben. Man will uns glauben machen, dass wir ebenso attraktiv sind wie der Faustkeilmacher, wenn wir lediglich mit der Kreditkarte wedeln und uns massenhaft verkaufte Markenprodukte zulegen. Aber es ist eine Schande, wie schnell sich die so gewonnene Attraktivität wieder verbraucht. Doch nur so kann sich das Karussell unseres Ex-und-Hopp-Systems weiterdrehen – es gibt immer noch einen besseren, moderneren Faustkeil, der darauf wartet, von mir erstanden zu werden. Deshalb müssen wir immer das Neueste und Modernste haben statt Gegenstände, die eine halbe Ewigkeit halten.

Noch verlockender für unser armes, gequältes Steinzeithirn ist die Tatsache, dass all die neuen, noch besseren Produkte immer nur den Schönen und Reichen zu gehören scheinen. Da schwebt Liz Hurley in duftender Ekstase über einer neuen Kosmetikserie, da sitzt Daniel Craig und tippt mit männlichem Elan auf die Tastatur seines Marken-Laptops samt integriertem Handy, während er so tut, als wäre er James Bond. Unser Gehirn neigt dazu, sich mit diesen Promis zu identifizieren, weil wir in der Jungsteinzeit in kleinen Gruppen gelebt haben. Wenn man damals jemanden kannte, kannte der einen höchstwahrscheinlich auch. Wenn man sich nicht gegenseitig angriff, war man vermutlich befreundet. Und so funktioniert unser Hirn immer noch – und vermittelt uns den Eindruck, die Promis, über die wir so viel hören, würden zu unseren Bekannten zählen.

Menschen sind geborene Nachahmer. Unser Erfolg als Spezies fußt zum großen Teil auf diesem Talent, das uns die Anpassung an rasch wechselnde Umgebungen ermöglichte. Darin waren wir schneller und erfolgreicher als unsere nächsten Mitbewerber, denen nur die biologische Evolution zur Verfügung stand. Ein Schimpanse kann einen anderen Schimpansen dabei beobachten, wie er mit einem Stock in einem Ameisenhaufen stochert, und kann dann dessen Verhalten imitieren – doch nur Menschen ist es gegeben, eine clevere Technik genau zu kopieren. Und deshalb müssen wir natürlich aufpassen, wessen Verhalten wir kopieren. Es hat wenig Sinn, ausgerechnet das dösigste Mitglied der Gruppe zu imitieren, es sei denn, man will zum Alleinunterhalter werden. Unsere Evolution treibt uns folglich dazu, die Gewohnheiten, Eigenarten und die Kleidung der erfolgreichsten Menschen unserer Gruppe nachzuahmen, und zwar in der Hoffnung, dass die Nachahmung uns irgendwann auf ihren Rang erheben wird. Das könnte eine Erklärung sein, warum manche von uns sich gezwungen fühlen, materiell mit den Celebrities mitzuhalten, den erfolgreichen Alphatieren unseres globalen Dorfes.

Dieser Promi-Effekt hat aber auch eine dunkle Seite. Wir sehnen uns so sehr danach, zur Top-Clique unseres Stammes zu gehören, dass wir ständig in Angst leben, von ihr abgelehnt zu werden. Und wenn wir ausgeschlossen werden, geraten wir dermaßen in Panik, dass unser Verstand Urlaub macht. Das zeigte eine Versuchsreihe, in der Studenten vorgegaukelt wurde, von einem wichtigen Projekt ausgeschlossen zu sein (welch ein diebischer Spaß, Psychologe zu sein!). Roy Baumeister, Sozialpsychologe an der Case Western Reserve University in Ohio, brachte Studenten mit einer Gruppe eindrucksvoller Unbekannter zusammen und bat die Studenten dann, zwei Leute aus dieser Gruppe zu nennen, mit denen sie an einem Projekt arbeiten wollten. Als Nächstes wurde den Studenten gesagt, dass die Unbekannten sie leider einer Mitarbeit nicht für wert hielten. Der IQ der abgelehnten Studenten sank für die nächsten Stunden um ein Viertel seines Wertes. Sie zeigten eine erhöhte Aggressivität. Laut Baumeister offenbaren seine Versuche, dass die Ablehnung durch die soziale Gruppe ernste Folgen für unsere Selbstbeherrschung hat. »Ablehnung versetzt uns so einen Schlag, dass unsere Fähigkeit zum komplexen Denken gestört zu sein scheint«, sagt er. »Es kann dann passieren, dass man sehr dumme Dinge tut.« Folglich kann uns das dauerhafte Ausgeschlossensein aus der Promi-Clique dazu bringen, unüberlegt und impulsiv Dinge zu kaufen, nur weil sie von den Leuten geschätzt werden, von denen wir so verzweifelt gemocht werden wollen.

Alle diese Triebe haben zur Schaffung einer Welt geführt, in der wir von so vielen technischen Spielereien, Neuheiten und Diensten umgeben sind, dass wir sie gar nicht mehr zählen können. Der billigere Kram verspricht, uns einige Alltagsplagen zu erleichtern, befriedigt jedoch meistens nur das flüchtige, aber quälende Bedürfnis, schlicht *irgendwas* zu kaufen.

Vor einer Weile wollte meine Freundin Kay Kaffee trinken gehen. Doch zuerst müssten wir, falls ich nichts dagegen hätte, eine kleine Runde über die Hauptstraße drehen, weil sie ein paar Besorgungen zu erledigen habe. Wir besuchten fünf Geschäfte, von der flippigen Boutique bis zum labyrinthischen Kaufhaus. Fünfmal fischte Kay etwas aus ihrer Tasche und bat den Verkäufer: »Ich habe es gestern gekauft, dann aber gemerkt, dass ich es doch nicht haben will. Könnten Sie es bitte zurücknehmen?« Und jedes Mal lächelte der Verkäufer freundlich, nahm Lippenstift, Bluse, BH oder was auch immer zurück und gab Kay einen Gutschein. Kay war glücklich. Mit diesem Gutschein würde sie etwas kaufen können, das sie bei genauerem Hinsehen vielleicht ebenso wenig wollte. »Hast dich am Samstag wohl um Sinn und Verstand gekauft«, kommentierte ich. Oh nein, erwiderte Kay, sie tausche oft Sachen um. Und ich bin sicher, Kay würde sich als besonders gewiefte Käuferin bezeichnen, die sich mit den Fallstricken der modernen Warenwelt bestens auskennt. Dennoch kam mir dieses Verhalten seltsam vor.

In der folgenden Woche musste ich ein paar schwarze Arbeitsschuhe kaufen. Ich fragte den Verkäufer des Schuhgeschäfts, ob denn viele Leute die Schuhe zurückbringen würden, die sie samstags im Kaufrausch erstanden hatten. »Gott, ja«, gab er zur Antwort. »Jeden Montag kommen ungefähr 20 Frauen. Manche von ihnen tauschen regelmäßig Schuhe um. Es scheint so etwas wie eine Sucht zu sein.« Aber warum tun sie das? Die Schuld trägt unser alter Bekannter, das Wohlfühlhormon Dopamin: Es facht den emotionalen Wagemut an und führt zu der Entscheidung: Scheiß drauf, ich kaufs einfach! Kernspin-Untersuchungen an der Emory University in Atlanta zeigen, wie der Neurotransmitter Dopamin in Wellen freigesetzt wird, während der Käufer das Produkt ansieht und überlegt, ob er es kaufen soll. Doch wer von Dopamin »gedopt« wird, freut sich auf die Jagd, nicht auf die Beute. Es ist eher die Vorfreude auf den Kauf, die das Hormon zum Kochen bringt. Und die Wirkung ist flüchtig. Ist der Kauf besiegelt, flacht die Welle binnen Minuten ab, und übrig bleibt oft nur ein Gefühl des Bedauerns, das Ladenbesitzer »Käuferreue« nennen.

Immerhin bringen die Schuhsüchtigen ihre ungeliebten Käufe zurück, was die meisten Käufer nicht tun. Eine Umfrage unter 1000 Briten ergab, dass viele stark bedauern, wie oft sie ihre Zeit mit unnützen Käufen vergeuden. Tatsächlich geben die Briten mehrere Milliarden Pfund für technischen Schnickschnack aus, den sie nie oder fast nie benutzen. An oberster Stelle stehen Sandwichtoaster – nein, keine Ferraris. Ungefähr 15 Millionen Briten haben Küchenwaagen gekauft, die sie vielleicht ein- oder zweimal aus dem Schrank geholt haben. Desgleichen Kaffeemaschinen, Fußsprudelbäder oder Elektromesser. Diese Produkte haben eines gemeinsam: das verführerische Versprechen, dass wir durch ihren Besitz lässige Kultiviertheit erhalten, Zugang zu einer Welt, in der wir in aller Ruhe Zutaten für unsere erlesenen Mahlzeiten abwiegen, hervorragenden Kaffee zubereiten und eine Tasse davon genießen, während wir im edlen Morgenmantel durchs Haus spazieren.

Dieses Phänomen kann man auch sehr gut auf den eBay-Seiten beobachten. Geben Sie mal »Surfbrett«, »Motorrad«, »Heimtrainer« oder »Gitarre« ein – ein beliebiges Lifestyle-Spielzeug –, und Sie werden Auktionsseiten voller jungfräulicher Dinge finden, deren Verkäufer alle die gleiche Klage im Munde führen: »Es ist ein(e) ganz tolle(s/r) (Motorrad, Surfboard,

Gitarre, Heimtrainer, Sandwich-Toaster, sonstwas), aber ich hab einfach keine Zeit dafür.« Man meint fast, die entsagungsvollen Seufzer zu hören. Die Leute haben das Ding voller Vorfreude erstanden, nach Hause gekarrt, ausgepackt und dann bestürzt festgestellt, dass es leider nicht mit einem Extrapaket Lebenszeit geliefert wurde, damit man es auch genießen kann. Ein Großteil dieser kostbaren Zeit ist übrigens damit vergeudet worden, Geld zu verdienen, um sich das Ding überhaupt leisten zu können. Und mit dem Ausfüllen des eBay-Listings, um es wieder loszuwerden.

Dann kaufen wir eben etwas anderes und hoffen, dass dieses Ding endlich den Zauber vollbringt – welcher Zauber es auch sei: Vielleicht werde ich ja endlich ein Gourmetkoch oder ein Freigeist, eine Sexikone oder ein cooler Surfer. In unserer Welt des Überflusses sind dem Kaufen keine Grenzen gesetzt, solange man kreditwürdig ist. Und wenn man nicht mehr kreditwürdig ist, leidet man vermutlich an einer Krankheit. Dr. Lorrin Koran von der Medizinischen Fakultät der Stanford University in Kalifornien meint, dass inzwischen einer von 20 erwachsenen US-Amerikanern unter »Kaufsucht« leide, die schlimme Folgen nach sich zieht, hauptsächlich – *quelle surprise* – Schulden. Diese Störung hat inzwischen sogar ihren eigenen medizinischen Namen: Oniomanie, abgeleitet vom altgriechischen *onios* – zu verkaufen. Koran erklärt, dass Kaufsüchtige Dinge kaufen, die sie weder brauchen noch nutzen und die sie sich nicht leisten können. Bald schon verlieren sie das Interesse an ihren Erwerbungen, geraten mit den Raten in Verzug und mit ihrem Ehepartner in Streit.

Für seinen Bericht im *American Journal of Psychiatry* befragte Koran mehr als 1200 Erwachsene über ihre Kaufgewohnheiten und stellte fest, dass mehr als fünf Prozent die Kriterien für zwanghaftes Kaufverhalten erfüllen. Männer und Frauen seien gleichermaßen anfällig, warnt Koran: »Menschen mit dieser Störung sollten sich in Behandlung begeben.« Interessanterweise sind die Betroffenen in der Studie vorwiegend Menschen mit geringerem Einkommen, während die Besserverdienenden ihr Kaufverhalten eher unter Kontrolle haben. Die Logik sieht also folgendermaßen aus: Wenn man es sich leisten kann, ein paar mehr Dinge zu kaufen, als man tatsächlich braucht, ist man gesund – doch wenn man sich die Extravaganzen überhaupt nicht leisten kann, leidet man an Oniomanie. Das lehrt uns viel über unsere Kultur. Es gibt Parallelen zum kommunistischen System in der ehemaligen Sowjetunion: Dieses Regime war so überzeugt von seiner Unfehlbarkeit, dass jeder, der von seiner Linie abwich, nur psychisch krank sein konnte und folglich »Behandlung« brauchte. In der Welt des Konsums gibt es angesichts von verschwenderischen, nutzlosen Kaufräuschen nur eine Krankheit – wenn die Kreditkarte es nicht hergibt.

Oniomanie ist nicht die einzige neue Kaufkrankheit, die die Psychologen gefunden haben. Menschen, die unter der Zwangskaufstörung Compulsive Acquisition Disorder (CAD) leiden, müssen ständig Neues kaufen und in ihre Wohnung stopfen, bis sie aus allen Nähten platzt. CAD kann sogar tödlich enden. In einem besonders schlimmen Fall wurde die Polizei von einem besorgten Ehemann gerufen, der seine Frau als vermisst meldete. Chief Terry Davenport aus Shelton, Washington, berichtete, dass seine Mannschaft die 62-jährige Marie Rose erst nach zehnstündiger Suche fand. Sie war unter einem Haufen Gerümpel erstickt. Ihr Mann glaubte, dass sie nach dem Telefon gesucht hatte. Psychiater vermuten, dass fast zwei Millionen US-Amerikaner von diesem Zwang zum Horten befallen sind. Eine Studie an Collegestudenten ergab, dass Menschen mehr horten, wenn sie unsicher oder ängstlich sind. Eine Erklärung aus der Evolution bietet sich an: Wenn unsere Vorfahren in Zeiten der Bedrohung Vorräte anhäuften, erhöhten sie ihre Überlebenschancen. Dieser archaische Instinkt könnte auch die Massenwirkung von Werbekampagnen erklären: Sie zielen auf unsere tiefsten Unsicherheiten – du riechst schlecht, du bist nicht gut genug, niemand liebt dich.

Für unsere Lust am Horten können wir auch einen tief sitzenden Vertrauensverlust verantwortlich machen. Vielleicht ist zielloses Kaufen nur der Versuch, in einer gottlosen Welt einen Sinn zu finden. Von Ostern und Weihnachten abgesehen spielt Religion in unserem Leben kaum noch eine Rolle. Wir im Westen sind mehr oder weniger einhellig der Meinung, dass der alte, übermächtige Gott tot ist. Da ist niemand mehr, der unsere täglichen Dramen sieht oder unsere innersten Gedanken liest. Unsere einzige Möglichkeit, irgendeine Form von Unsterblichkeit zu gewinnen, besteht also darin, in der materiellen Welt Anerkennung zu bekommen, und zwar mittels der Dinge, die wir besitzen oder am Leib tragen. Eine Art existenzielles Daumenlutschen. Und, Hand aufs Herz: Was würden Millionen Menschen mit ihrer Zeit tun, welchen Sinn würde ihr Leben haben, wenn sie nicht viele schöne Dinge kaufen könnten und dafür viele Stunden arbeiten müssten?

Diese Frage führt uns zu der faszinierenden Vorstellung, dass Shopping weitaus mehr ist als bloße »Kauftherapie«, sondern tatsächlich eine Methode, unser wackeliges geistig-seelisches Universum zu stützen. In seinem Aufsatz »Why Do People Need Self-Esteem?« entwickelte der amerikanische Psychologe Thomas Pyszcynski seine Terrormanagement-Theorie. Durch Einkaufen gestütztes Selbstbewusstsein, so behauptet er, sei »ein Schild, der dazu dient, den potenziellen Schrecken fernzuhalten, der aus der furchtbaren Erkenntnis resultiert, dass wir Menschen nichts weiter sind als kurzlebige Tiere, die in einem sinnlosen Universum um ihr Leben kämpfen und letztlich zu Tod und Verwesung verdammt sind«. Als Bann gegen diese Albtraumvision haben wir eine Gesellschaft geschaffen, die uns Kleider bietet, durch die wir zu Modegöttern werden, und Küchengeräte, die uns in den Rang von Hausgottheiten erheben. Pyszcynski wird noch deutlicher, wenn er sagt, dass wir für das Universum vielleicht nicht mehr Bedeutung haben als »eine Kartoffel, eine Ananas oder ein Stachelschwein«. Aber ist Ihnen jemals eine Kartoffel, eine Ananas oder ein Stachelschwein begegnet, die durch ihre wahllosen Einkäufe das Ökosystem geschädigt hätten?

Da haben wir's: eine Spezies, einzigartig und durch ihre Hormone und Ängste dazu gezwungen, Dinge zu wollen. Überall Dinge ringsum. Vielleicht sollten wir uns einfach damit zufriedengeben, auf der Konsumspirale weiter zu reiten, bis wir eines Tages lebendig unter dem ganzen Krempel begraben werden. Um Himmels willen, nein, widerspricht Alexander Solschenizyn, der Nobelpreisträger und frühere Sowjetdissident. Er glaubt, dass wir Ziel und Zweck unseres Menschseins erst wiederfinden, wenn wir mit dem Einkaufen aufhören – wenn wir unsere Elster-Impulse im Zaum halten.

Solschenizyn steht nicht nur dem früheren Sowjetregime ablehnend gegenüber, er beurteilt auch die westliche Lebensweise als unheilvoll. Seiner Meinung nach haben wir, nachdem wir unsere religiösen und moralischen Grundsätze über Bord geworfen hatten, das Verständnis für den gesellschaftlichen Zusammenhalt und den höheren Sinn des Lebens verloren. Unser Streben nach persönlichem Besitz und Kurzweil ist fast alles, was uns geblieben ist, und bald sind wir nur noch eine Horde zerstreuter, einander entfremdeter Konsumenten. Solschenizyns Rezept dagegen lautet »Selbstbeherrschung« – ein Begriff, der in den Shopping-Malls der Welt jede Menge saurer Mienen hervorrufen würde. Der alte Dissident behauptet, dass wir als Reaktion auf die ständig fortschreitende Technologie und ihre Wunder eine neue Kunst erlernen müssten: die Kunst der Entsagung und des Verzichts. »[Selbstbeherrschung] erscheint uns heute als etwas völlig Inakzeptables, als eine einengende, ja abstoßende Haltung«, sagt er. »Unsere Vorfahren haben mit viel größeren äußeren Zwängen leben müssen und hatten viel weniger Möglichkeiten. Selbstbeherrschung ist gerade erst zur vordringlichen Aufgabe der Menschen geworden.«

Aber wie soll das gehen? Solschenizyn schlägt vor, eine selbstlose Spiritualität zu kultivieren und höflich die beispiellosen Gelegenheiten abzulehnen, die Ressourcen unseres Planeten alle auf einmal aufzubrauchen. »Es kann nur einen wahren Fortschritt geben: die Summe des spirituellen Fortschritts aller Menschen. Selbstbeschränkung ist der grundlegende und weiseste Schritt eines Menschen, der die Freiheit erlangt hat. Außerdem ist sie auch der sicherste Weg, Freiheit überhaupt zu erlangen.«

Ein Satz, der nach Fanfarenklängen verlangt. Und was spricht dagegen, dem allgegenwärtigen Überfluss aus spirituellen Gründen unsere freiwillige Selbstbeschränkung entgegenzusetzen? Wenn auf dem Weg zur Erleuchtung das Überwinden unseres habgierigen Affen-Egos liegt (wie die großen Religionen behaupten), dann muss der Reisepreis die Möglichkeit beinhalten, aus dem Zug voller wild gewordener Konsumenten auszusteigen. Überdies gibt es heute einen ökologischen Imperativ, um uns vom trotzigen Krabbelkind, das »Ich will mehr, ich will mehr« schreit, zu einer Spezies zu entwickeln, die in der Lage ist zu sagen: »Wir wollen, und zwar für alle. Für jetzt und für später.« Die Philosophie des Genughabens ermuntert uns, vom Selbst-Bewusstsein zum Wir-Bewusstsein zu kommen. Über uns selbst hinauszublicken eröffnet die Möglichkeit, den Reichtum der Erde mit neuen Augen zu sehen, zu akzeptieren, dass er nicht uns gehört, sondern dem Universum, wie auch wir selbst. Wir sind nicht die Herren der Erde, sondern bestenfalls ihre Verwalter. Wir müssen die Illusion aufgeben, dass wir die Dinge, die wir besitzen und konsumieren, wirklich »haben« – denn das ist eher ein rechtliches Konstrukt als ein kosmischer Freibrief.

Solche Ansichten gelten üblicherweise als Hippie-Unsinn, aber die Frage ist, wie denn die Alternative aussieht? Eine zerstörte Welt, die künftigen Generationen wenig zu bieten hat. Und ganz eigennützig gefragt: Wie soll das werden, wenn Sie und ich dereinst als Tattergreise unter den Jungen leben, die unter der Ökokatastrophe leiden? Müssen wir uns dann nicht mit vollem Recht als verantwortungslose Kretins beschimpfen lassen, die das irdische Erbe für eine Handvoll eitlen Tand verschleudert haben? Keine besonders erfreuliche Perspektive.

In wesentlich näherer Zukunft lauert ein anderes Problem, das durch die Jagd nach dem Immer-Mehr entsteht – und diese Jagd vergiftet das unmittelbare persönliche Umfeld. Nehmen wir als Beispiel den Schulweg unserer Kinder. Nur 20 Meter von meinem Haus entfernt ist der Eingang zu einer kleinen, gut besuchten Grundschule. Jahrzehntelang herrschte auf unserer engen, alten Einbahnstraße ein friedliches Miteinander. Kinder und Eltern gingen, liefen und spielten auf dem Weg zum Schultor. Jetzt jedoch bleiben alle ängstlich auf dem Bürgersteig und drücken sich an die Hausmauern. Denn vor ungefähr sechs Jahren erschien auf unserer stillen Straße der erste protzige Geländewagen mit Allradantrieb. Möglich, dass sich die betreffende Mutter zum Kauf gezwungen fühlte, weil sie so viele Paparazzi-Fotos von stolzen Offroader-Besitzern gesehen hatte (weshalb die Automobilhersteller so gern Neuwagen an Promis verschenken). Vielleicht ging es ihr auch nur darum, schneller über die Holperschwellen zu kommen. Vielleicht fühlte sie sich in einem normalen Auto zu angreifbar. Vielleicht musste ihre zerbrechliche Persönlichkeit durch ein riesiges Metall-Ego geschützt werden. Jedenfalls schlich dieses Gefährt unsere enge Straße entlang, Zentimeter um Zentimeter vorbei an parkenden Wagen, Laternenpfählen, Eltern und Kindern, um nur ja keine Kratzer im Lack abzukriegen. Absurd, unökologisch und gefährlich. Eigentlich sollte man erwarten, dass der Besitzer eines solchen Vehikels von seiner Umwelt geächtet wird. Aber in jedem neuen Schuljahr erscheinen mehr Mütter damit im Stadtverkehr.

Das Gleiche geschieht auch an anderen Orten. Jener erste Geländewagen hat das zwischenmenschliche Klima vergiftet. Er zerstörte den allgemeinen Konsens über relativen Wohlstand, er legte die Latte der Großspurigkeit höher und schürte aufs Neue die Angst, nicht gut genug zu sein. Die Entrüstung der anderen Mütter verging, ihr Konkurrenzdenken gewann die Oberhand, und sie begannen dieses hässliche, riesige Gefährt zu bewundern. Allradantrieb vermag einen sowohl psychologisch als auch physisch und finanziell über die anderen zu erheben; schon die Position des Fahrers gestattet es, auf die Leute in den normalen Autos hinabzusehen. Das ist so, als nähme man den Platz des ranghöchsten Affen auf der Spitze des Felsens ein. Auch die Angst vor körperlicher Bedrohung spielt in diesem Zusammenhang eine Rolle: In unserer von Nachrichten übersättigten Welt wähnen wir uns permanent in Gefahr, und wenn unser Frühwarnsystem ein dräuendes Metall-Mammut erspäht, fühlen wir uns in unserer Angst bestätigt. Die Tatsache, dass man einen Zusammenstoß mit einem Geländewagen am ehesten überlebt, wenn man selbst in einem sitzt, ist Wasser auf die Mühlen der Hersteller. Und gegen die Zwangsvorstellung der Mütter, zum Schutz ihres Nachwuchses einen solchen Wagen fahren zu müssen, kommen persönliche, ästhetische und ökologische Argumente nicht an.

Unsichere Menschen gewinnen bei derartigen Wettbewerben keineswegs an Sicherheit – und so werden weitere übergroße Automobile gekauft, die noch mehr Kohlendioxyd in der Atmosphäre bedeuten und weniger Zukunft für die Schulkinder. Das zwischenmenschliche Wettrüsten ist vorerst beendet – bis eines Tages die erste Mutter in einem gepanzerten Jeep erscheint. Nehmt euch vor dem Humvee in Acht, Kinder!

Die Parabel vom umweltschädlichen Geländewagen lässt sich bestens auf alle anderen unnötigen Dinge übertragen, die wir irgendwann für lebensnotwendig halten. Solange wir nicht versuchen, unser Ego zu beherrschen, sind wir dazu verdammt, uns in immer absurderen Rennen nach dem letzten Schrei zu verausgaben.

Bereits jetzt sind wir vollauf damit beschäftigt, die wuchernde Menge an Dingen in unserem Leben zu ordnen. Als es Anfang der 90er Jahre mit der Bühnenkarriere meiner alten Bekannten Bebe nicht voranging, nahm sie einen Job bei einem chaotischen, wohlhabenden Ehepaar in Manhattan an. Ihre Aufgabe bestand darin, die Wohnung in Ordnung zu halten und allen Kram abzuheften oder wegzuwerfen, mit dem die Eigentümer nichts anfangen konnten. Damals lachten wir über diese verrückten New Yorker und verglichen Bebes Job mit dem jener drallen Person in N.F. Simpsons absurdem Film *Die Welt der Groomkirbys*, die dafür bezahlt wurde, dass sie aß, was die Familie übrig gelassen hatte. Doch die unsinnige Anhäufung von Besitztümern ist längst keine New Yorker Spezialität mehr. Die Notwendigkeit, das Problem in den Griff zu bekommen, hat zum Entstehen einer neuen Mini-Branche geführt, die uns sogar noch etwas *verkauft*, damit wir die Sachen ordnen können, die wir bereits gekauft haben. Mindestens acht »Entrümpeln Sie Ihr Leben«-Ratgeber tummeln sich auf dem Buchmarkt, dazu eine wachsende Zahl von CDs und DVDs. Außerdem gibt es entsprechende Fernsehsendungen und Selbsthilfegruppen wie in den USA die Clutterers Anonymous, die mit einem 12-Punkte-Programm Abhilfe versprechen.

Schenken ist inzwischen auch nicht mehr so einfach. Neulich schrieb ein Leser an die Lebensart-Kolumnistin des *Spectator* und fragte, wie er Verwandten, Freunden und Gratulanten auf höfliche Weise klarmachen könne, dass er zu seinem 60. Geburtstag keine Geschenke wünsche. »Meine materiellen Bedürfnisse sind zu meiner Zufriedenheit abgedeckt. Unser Haus ist vollgestopft mit Dingen, und ich habe keine Zeit für neuen Schnickschnack«, klagt er. Mit dieser Haltung ist er nicht allein: Eine Umfrage der Online-Bank Abbey Banking ergab, dass der Durchschnittsbrite pro Jahr Geschenke im Wert von mehr als 35 Pfund erhält – das bedeutet auf die Gesamtbevölkerung bezogen eine Summe von 1,3 Milliarden Pfund, die auf nutzlose Gesten verschwendet werden. Ein Drittel der Beschenkten fühlt sich verpflichtet, die Sachen zu behalten, und muss Platz für sie schaffen. Die anderen spenden sie einer wohltätigen Organisation, verkaufen sie oder schenken sie weiter. Und in der

Woche nach Weihnachten stehen dann Tausende ungewollter Geschenke neben den Surfboards und Fußsprudelbädern bei eBay. Weihnachten 2005 richtete das Online-Auktionshaus sogar eine spezielle Seite für überflüssige Geschenke ein. Ganz oben auf der Liste stehen Parfums, dicht gefolgt von neumodischen Kinkerlitzchen, Pralinen und Schokolade. Entmutigt das die Schenkwütigen? Keineswegs. Ein Viertel von uns gibt auf Befragen zu, dass auch wir schon einmal unseren Lieben etwas völlig Nutzloses geschenkt haben. Und wenn man dieses kleine, nutzlose Etwas nicht verscherbeln kann, lässt es sich immerhin noch für die dunkle Kunst des »Regiftings«, des »Weiterschenkens«, verwenden. Dieser Begriff wurde ursprünglich in den 90er Jahren in der Sitcom *Seinfeld* geprägt, ist aber inzwischen zu einem vollwertigen englischen Verb mit Lexikoneintrag geworden.

Aber wenn man die Sachen nicht weiterschenken kann, welche Möglichkeiten bleiben dann? Die Antwort liegt auf der Hand: Man muss das Zeug irgendwo lagern. Doch wo? Unsere Speicher, Wandschränke und Garagen sind bereits bis zum Bersten gefüllt. Deshalb die neueste Lösung: Miete einen Lagerraum. Im letzten Jahr haben meine Frau und ich noch 75 Pfund monatlich für einen abschließbaren Abstellraum in einer ehemaligen Fabrik bezahlt. Dort brachten wir all die Dinge unter, die jeder von uns schon vor unserer Heirat auf dem Speicher gehortet hatte und die wir vermutlich nie mehr im Leben brauchen würden: alte Möbel, Bücher, Andenken, Fotoalben und ausreichend Bettzeug, um die Opfer einer kleineren humanitären Krise zu versorgen. Warum bloß mietet man einen Raum, um Sachen unterzustellen, die man im Leben nicht mehr braucht? Nun, zum Teil deshalb, weil unsere selbstgerechten, egoistischen Hirne das Problem folgendermaßen darstellen: *Ich habe nicht genug Platz. Du hast zu viel Krempel. Er hortet wie ein Verrückter.*

Unser gemieteter Verschlag war nur einer von 900, die sich an die Gänge der ehemaligen Fabrik reihen. Fast alle sind vermietet. Die Firma Yellow Box, die von den überzähligen Besitztümern ihrer Kunden profitiert, expandiert rapide in ganz Großbritannien. Die clevere Geschäftsidee ist, Lagerraum für den Normalverbraucher anzubieten. Seit ihrer Gründung 1998 hat Yellow Box 39 Lager eröffnet, weitere 19 befinden sich im Bau. Das gesamte private Lagergeschäft in Großbritannien brachte Firmen wie Yellow Box im Jahr 2005 310 Millionen Pfund ein, die Branche wächst jedes Jahr um 40 Prozent. Sehen Sie zu, dass Sie noch Aktien kriegen. Jeder Brite häuft im Schnitt mehr als eine Tonne ungeliebter Besitztümer an, und ein Viertel der Bevölkerung sieht sich inzwischen gezwungen, auf ein Zimmer im Haus zu verzichten, weil dieses als Abstellraum dient. Adrian Lee, einer der Chefs von Yellow Box, hält meine Frau und mich für ganz typische Kunden: »Da die Menschen insgesamt mehr Geld zur Verfügung haben, kaufen sie mehr. Aber sie wollen nicht in den Sachen ersticken und außerdem ihre schönen Bodendielen noch sehen. Folglich entrümpeln sie und sind dann ganz überrascht, wie viel sie angehäuft haben.« Im Frühling ist bei Yellow Box Hochsaison, die Leute machen Frühjahrsputz und beschließen, Dinge hinauszuwerfen, die aus der Mode sind. Oder sie stehen kurz vor dem Umzug und stellen fest, dass viele ihrer Besitztümer am besten für alle Ewigkeit in einer dunklen, fernen Versenkung verschwänden.

Lee erzählt, dass ihn der Lagerboom in den USA auf diese Geschäftsidee gebracht habe. Daran können wir ermessen, wohin unser Weg führt. Der Privatlagerraum der US-Amerikaner nimmt dreimal so viel Fläche ein wie die Insel Manhattan. In den USA gibt es mehr als 40 000 Depots, und die Branche macht mehr Umsatz als das Theater- oder Musikbusiness. Man braucht gar nicht so reich sein, um zu viel zu besitzen – ein Drittel der Abstellräume sind an Leute vermietet, die weniger als 21 000 Euro im Jahr verdienen. Darüber hinaus nutzen die meisten Lagermieter Raum in ihren eigenen Garagen, Speichern oder Kellern – aber er reicht nicht.

Dieses kauf- und sammelwütige Verhalten ist offenbar »lebenswichtig« für eine gesunde globale Ökonomie. Joseph Quinlan, leitender Marktstratege der Bank of America, meinte einmal, unsere Fähigkeit, wie ein Eichhörnchen Dinge in Abstellräumen zu horten, sei ein »wichtiger Stützpfeiler des globalen Wachstums«, denn die Menschen werden erst dann aufhören zu kaufen, wenn sie keinen Raum mehr haben, um ihre Erwerbungen unterzubringen. »Wenn die US-Konsumenten keinen Lagerraum mehr haben«, sagte er, »dann ist das Schicksal der globalen Wirtschaft besiegelt.«

Auch Tony DeMauro, ein ehemaliger Psychotherapeut, glaubt an eine goldene Zukunft für die Lagerbranche. Zehn Jahre lang hat er den Menschen in die Köpfe geschaut, dann entdeckte er diesen lukrativen Trend, warf seine Couch weg und gründete seine eigene Vermietungsfirma für Lagerraum. »Wir haben gelernt, auf der Suche nach dem Glück materielle Dinge zu jagen«, meint er. »Wenn etwas kaputtgeht – und sei es ein alter Mixer –, dann haben viele von uns das Gefühl, sie seien irgendwie wertloser geworden.«

Selbst wenn wir uns überwinden können, die ungeliebten Dinge loszuwerden, endet es oft mit unlogischen und sogar schädlichen Aktionen. Die Müllkippe an der Leyton Road in Brighton-Hove ist seit Jahrzehnten der Ort, an dem die Einheimischen ihren alten Plunder abladen, sperrige Gegenstände, die von der Müllabfuhr nicht mitgenommen werden. Als mein Bruder und ich noch Kinder waren, schlüpften wir immer durch den Seiteneingang hinein und überredeten die Haldenarbeiter, uns die Räder alter Kinderwagen für unsere Seifenkisten zu schenken. Wir wohnten auf einem Hügel, und bei unseren Rennen litten Räder, Felgen, Speichen und Schienbeine gewaltig. Heute können die Kinder an der Leyton Road keine alten Räder mehr erbetteln, denn das Abfallzentrum arbeitet in ganz anderem Maßstab. Laut Statistik wirft jeder Brite in sieben Wochen sein eigenes Körpergewicht in Abfall fort (und die Deutschen brachten es 2004 laut Statistischem Bundesamt auf 456 kg Müll pro Kopf[3]). Die städtischen Müllkippen mussten ein ganz neues Entsorgungssystem entwickeln, um mit dem endlosen Konvoi aus mit Hausmüll beladenen Pkws fertig zu werden.

Obwohl längst nicht alles davon Müll ist. »Überhaupt nicht«, betont Peter Beck, Inhaber des scheunengroßen YMCA-Stores auf dem Gelände des Abfallzentrums. Beck und seine Mitarbeiter lauern den Leuten auf, die potenziell wertvolle Dinge in die Container werfen. In den drei Jahren seit Eröffnung seines Stores hat er festgestellt, dass die Qualität des Mülls immer besser wurde. Es sind so viele gute Sachen dabei, dass er mit dem Verkauf pro Woche mehr als 1200 Pfund einnimmt. »Unglaublich, was die Leute so wegwerfen«, sinniert Beck, ein schmucker Mittfünfziger, der in seinem blauen Arbeitsoverall wie ein Eisenwarenhändler aus den 50ern wirkt. »Zum Beispiel diese Ikea-Sachen in den Flachkartons: Schränke, Küchenschränke, Tische – originalverpackt und noch nie zusammengebaut!«

Von Hove sind es 160 Kilometer Hin- und Rückfahrt bis zum nächsten Ikea-Möbelhaus im Süden von London. Wenn man etwas kaufen möchte, ist erst der Rundgang durch die Möbelausstellung angesagt. Die angebotenen Produkte kosten Geld (was sonst?), das man erst einmal verdienen muss, und das wiederum kostet Zeit (natürlich). Und selbst wenn man mit seinem frisch gekauften, flach verpackten Möbelstück nichts anderes vorhat, als es wegzuwerfen, muss man sich durch die ganze Stadt bis zum Abfallzentrum quälen und in die Warteschlange einreihen. Alle diese nicht gewünschten Dinge werden aus Rohmaterialien gefertigt (natürlich) und tragen zum Treibhauseffekt bei (dito). Und wenn man sie wegwirft, verschlechtert man die Ökobilanz zusätzlich.

Flach verpackte Möbel sind nur ein Beispiel. »Wir haben ganze Wagenladungen von diesen George-Foreman-Diätgrills, die meisten nur einmal benutzt«, berichtet Beck. Sandwichtoaster? »Aber ja, tonnenweise. Auch normale Toaster. Die meisten noch nicht mal ausgepackt. Einmal ist jemand mit einer brandneuen Waschmaschinen-Trockner-Kombination gekommen, die steckte noch in der Schutzhülle.« Hat man den zugestellten Eingang und die wüste Plantage ausgesetzter Gummibäume und Yuccapalmen passiert, kann man in Becks Laden wahre Schätze finden. An einer Wand der langen Holzbaracke lehnen Fahrräder. Man denkt vielleicht, es handele sich um rostende Metallhaufen, aber sie sind bemerkenswert fahrtüchtig – manche sogar makellos. »Bei dem einen musste die Lenksäule ein bisschen gerichtet werden, bei einem anderen haben wir die Gänge neu eingestellt. Beides hat nicht länger als zehn Minuten gedauert. Aber die Leute, die sie gekauft hatten, wollten sich nicht einmal diese kleine Mühe machen«, berichtet Beck. Neben den Fahrrädern stehen Dutzende von Golfschlägertaschen. Die Top-Marken verkaufen sich gut. Der Rest – für einen Amateur vollkommen ausreichend – bleibt liegen. »Am Montagmorgen kommen zuerst die Händler«, fährt Beck fort. »Die suchen nach Antiquitäten und anderem hochwertigen Zeug. Außerdem wollen sie Mengenrabatt. Den kriegen sie aber nicht. Wir bekommen so viele gute Möbel herein, dass wir sie mit dem Lastwagen an drei weitere Geschäfte auf der Hauptstraße liefern. Und die Elektrogeräte, die wir aus dem Müll retten, werden auf Sicherheit geprüft und ebenfalls anderswo verkauft.«

Initiativen wie der YMCA-Store an der Leyton Road sind rar. Beck kann nicht verstehen, warum es nicht an jeder städtischen Abfallannahmestelle so ein Geschäft gibt. Ich verstehe es auch nicht. Sein Laden recycelt nicht, sondern verkauft, was schon einmal gekauft worden ist. Dieser scheinbar kleine Unterschied ist der Knackpunkt. Obwohl wir uns selbst auf die Schulter klopfen, weil wir unsere unnützen Käufe in Ökotonnen und Recyclingzentren entsorgen, erfordert deren Beseitigung doch ungeheure Mengen an Energie und Wasser und belastet die Umwelt. Denn die Sachen werden in die Verwertungsfabrik gekarrt und in recycelbare Form gebracht, damit aus ihnen neue, wiederum kurzlebige Gebrauchsgüter entstehen können. Der überwiegende Teil der verbrauchten natürlichen Ressourcen kann nicht ersetzt werden. All das macht das Konzept eines »Konsums von umweltfreundlichen Produkten« zu einem Widerspruch in sich.

Selbst das Establishment hat mittlerweile davon Wind bekommen: 2007 veröffentlichte der von der britischen Regierung geförderte Economic and Social Research Council einen kurzen Bericht mit der Warnung, die Recyclingwelle könne von der schieren Menge des erzeugten Mülls ausgehöhlt werden. Wenn sich die Kosten für Hausmüllrecycling in Großbritannien weiterhin um drei Prozent pro Jahr erhöhen, werden sie im Jahr 2020 bereits 3,2 Milliarden Pfund betragen, und der Methanausstoß wird sich bis dahin verdoppelt haben. Aber die meisten Politiker ermutigen die Bevölkerung eben nicht dazu, das einzig Richtige zu tun – sich doppelt und dreifach Gedanken zu machen, ob man etwas überhaupt kaufen soll –, denn es könnte ja das Wirtschaftswachstum beeinträchtigen. Stattdessen werden die ungewollten Käufe außer Sicht geschafft: Im vergangenen Jahr wurden fast zwei Millionen Tonnen britischer Müll verschifft und landeten auf chinesischen Deponien. Vor zehn Jahren waren es noch 12 000 Tonnen. (Deutschland verschifft bis zu 70 Prozent seiner gebrauchten PET-Flaschen nach China; dort werden aus dem gehäckselten Abfall Plastikfäden gesponnen und zu Kleidung verarbeitet, die wiederum von Markenherstellern in der BRD verkauft wird.[4]) Umweltexperten prophezeien, dass die rasant wachsende chinesische Wirtschaft im Jahr 2020 ihren eigenen Müll nicht mehr bewältigen wird. Was machen wir dann mit unserem Abfall? Vielleicht kippen wir ihn einfach dorthin, wo vorher die abgeschmolzenen Polkappen waren.

Der YMCA-Store belegt die Tatsache, dass viele Dinge aus unserem Müll noch brauchbar sind, ohne recycelt werden zu müssen. Ihr einziger Fehler besteht darin, nicht mehr erwünscht zu sein. Als ich Becks Laden verlasse und dabei an einer Palette Computermonitore vorbeikomme (die auch keiner mehr will, selbst wenn sie nur einen Zwanziger kosten), steckt einer der Deponiearbeiter seinen Kopf durch die Tür. »An 'ner Kiste Bücher interessiert? Sind wirklich sauber«, meint er. »Keine Chance«, lacht Beck. »Mich interessieren nur die schmutzigen.«

Während des Besuchs bei Beck nahm ich mir vor, endlich meinen Umgang mit den überflüssigen Dingen zu ändern. Nach eingehenden ehelichen Verhandlungen trafen wir eine Entscheidung. Wir waren uns einig, nicht länger für die Lagerung der alten Sachen bezahlen zu wollen, unter anderem deshalb, weil diese Summe ein stattliches Loch in unser Monatsbudget riss. Wir wollten aber auch jede Art von Umweltschädigung vermeiden und am liebsten mit unseren abgelegten Sachen noch etwas Gutes tun. Nicht nur, weil wir Wert darauf legen, unsere CO_2-Bilanz zu verbessern, sondern auch, um die anerzogenen Gewissensbisse zu besänftigen, dass wir *eigentlich gute Sachen* wegwarfen.

Also auf zu den Wohltätigkeitsorganisationen. Zuerst probierten wir es mit den fast neuen Kleidungsstücken. Ist doch ganz leicht, oder? Man packt das Zeug in schwarze Mülltüten, bringt es in den nächsten Laden und hat eine Sorge weniger. Aber das klappte nicht so, wie wir es uns gedacht hatten. Die Ehrenamtlichen in diesen Geschäften sind hartgesottene Verhandlungspartner. Die Damen von der Krebshilfe wollten unsere Bettlaken nicht. Die Damen von der Demenzhilfe auch nicht. Bei den Herzanfall-Damen vorzusprechen, habe ich gar nicht erst gewagt. Viele dieser ortsansässigen Organisationen sind früher mit ungeliebten Textilien geradezu überhäuft worden. Und nun weigern sie sich, als billige Entsorger von Leuten benutzt zu werden, die sich durch die Abgabe bei Wohlfahrtsträgern ein gutes Gewissen verschaffen wollen.

Viele Spenden lassen sich schlicht nicht verkaufen: Die Shops der Altenhilfsorganisation Help the Aged beispielsweise müssen den Gemeindeverwaltungen jährlich mehr als 300 000 Pfund für die Entsorgung unverkäuflicher Waren bezahlen. Die Children's

Society gibt ungefähr das Gleiche aus. Das liegt daran, dass wir heutzutage mehr Kleidung kaufen, sie jedoch auch schneller wieder ablegen, erklärt Paul Tate, Spendenmanager der Children's Society: »Wir verlieren Einnahmen, weil neue Kleidung inzwischen spottbillig ist. Wenn die Leute die Sachen eine Saison getragen haben, bekommen wir sie. Nun aber kauft sie niemand mehr, denn sie war von Anfang an von minderer Qualität.«

Eine Streutaktik bei den Wohlfahrtsorganisationen konnte also nicht funktionieren. Wir mussten zielgerichteter vorgehen und jemanden finden, der unsere abgelegten Dinge wirklich brauchte. Anna, eine Journalistenkollegin mit makellosem Öko-Bewusstsein, empfahl uns Freecycle, eine Internetplattform, auf der ungeliebte Besitztümer zum Tausch angeboten werden. Freecycle wurde Mitte 2003 von Deron Beal, einem Umweltaktivisten aus Arizona, gegründet, ursprünglich als E-Mail-Liste für seine Freunde. Inzwischen ist die Site zu einem globalen Netzwerk mit mehr als 3,5 Millionen Mitgliedern in 4000 Lokalgruppen angewachsen. Freecyclers nutzen Yahoo!-Usergroups, die von Freiwilligen moderiert werden, um Dinge zu suchen und anzubieten, und alles wird umsonst getauscht. In Großbritannien gibt es mehr als 400 Gruppen, jede mit ungefähr 200 Mitgliedern. (In Deutschland gab es 2005 75 Gruppen mit mehr als 3000 Mitgliedern.[5]) Im hippen Brighton leben mehr als 9000 Tauschbegeisterte. Nachdem ich Mitglied geworden war, schwappte dreimal täglich eine Flut von Angeboten und Nachfragen in meinen Posteingang.

Hier kann man alles finden, was das Herz begehrt: Steve bietet eine Sammlung von Zeitungsartikeln über den Tod von Lady Di an, »Mint« möchte ein in Italien genähtes Brautkleid Größe 34 weggeben. »So schnell wie möglich, bitte«, fleht sie in ihrer Anzeige. Andere Angebote lauten: »ein großer Taginetopf, Flip-Flops und eine etwas abgebrannte Duftkerze«, Pokerwürfel, ein Toilettensitz und ein »marineblauer, mittelgroßer Sitzsack. Schon ein bisschen durchgesessen«. Alle diese Gegenstände wurden sogleich weggeschnappt, auch »ein großer Kleidersack« und »diverse buddhistische Devotionalien«. Ich summte fröhlich vor mich hin, während ich drei Gegenstände ins Netz stellte: eine Mikrowelle von Panasonic, kaum gebraucht; Bettwäschesets für Einzelbett: sauber, wie neu, manche noch in der Verpackung; und ein Paar Liegestuhlpolster.

Die Reaktionen waren spontan und vielfältig. Zehn Leute antworteten wegen der Liegestuhlpolster. Manche von ihnen würzten ihre Anfrage mit Beschreibungen unbequemer Liegestühle. Aber keiner schien die Mikrowelle zu wollen. Auch die Bettwäsche interessierte niemanden. Tagelang lungerten meine Angebote auf der Seite herum, während glückliche Freecycler Taginetöpfe, Sitzsäcke und angebrannte Kerzen tauschten. Vielleicht gehören Mikrowelle und Bettwäsche einfach nicht mehr zum Lifestyle. Vielleicht hätte ich nicht erwähnen dürfen, dass es sich um geblümte Bettwäsche handelte. Aber ich wollte doch ehrlich sein! Endlich meldete sich eine gewisse Clara und signalisierte Interesse an Betttüchern und -bezügen. Sie vermietete im Sommer Zimmer an Studenten und fand wohl, dass eine zweite Garnitur ganz praktisch wäre. Aber versessen war sie dennoch nicht darauf, denn sie brauchte eine Woche und mehrere Erinnerungen, bevor sie das Zeug abholte. Vorher hatte sie mir erst noch eine falsche Festnetznummer gemailt, unter der sich ein bemerkenswert cholerischer Rentner meldete. Die Mikrowelle wurde ich erst nach zwei Wochen los. Jo, die sie schließlich nahm, besaß eine Scheune, die sie manchmal an Künstlerfreunde vermietete; dort, so glaubte sie, könnte sich das Ding fürs Erhitzen von Getränken und Suppen als nützlich erweisen.

Ungefähr zur gleichen Zeit stieß eine verzweifelte Myfanwy auf der Tausch-Site einen zu Herzen gehenden Schrei aus: »Will denn keiner meinen Bildschirm?«, fragte sie. »Ich habe ihn schon zweimal in Freecycle gepostet, der YMCA nimmt ihn nicht, und auf dem Recyclinghof soll ich für die Abgabe auch noch Geld bezahlen. Gehe ich recht in der Annahme, dass es heutzutage unmöglich ist, einen Röhrenmonitor loszuwerden, es sei denn, man wirft ihn auf die Kippe?« Dieses Rätsel brachte Myfanwy ins Philosophieren. »Die Zeiten haben sich geändert, stimmt's?«, seufzte sie. »Mir scheint, dass Freecycle vor zehn Jahren nicht funktioniert hätte, damals hätten die Leute niemals etwas ohne Gegenleistung verschenkt. Doch heute steht es wieder kurz davor, zu versagen, weil jeder von der Masse seiner Besitztümer schier überwältigt ist, und wenn er was Neues braucht, kann er es einfach kaufen – nicht gerade das Ideal, wie wir vor zehn Jahren noch geglaubt haben.« Arme Myfanwy.

Es gab jedoch noch eine weitere Idee, der ich nachgehen wollte. Eines Tages stopften wir unseren kleinen Peugeot mit unseren überzähligen Möbeln voll und machten uns auf den Weg nach Emmaus. Es war eine kurze Fahrt. Nur fünf Kilometer von unserem Heim entfernt liegt das alte, weitläufige Herrenhaus aus viktorianischer Zeit, das seit Anfang des 20. Jahrhunderts einem Nonnenorden gehörte. Nachdem die Zahl der frommen Schwestern in den 90er Jahren auf nahezu null geschrumpft war, vermachte der Orden das Haus Emmaus, einer 1949 von Pater Henri-Antoine Groues gegründeten Wohltätigkeitsorganisation. Dieser war ein katholischer Priester, der im Zweiten Weltkrieg in der Résistance gekämpft hatte. Nach der Befreiung Frankreichs startete er eine Kampagne für die Rechte Tausender Menschen, die durch den Krieg heimatlos geworden waren. Er gründete eine Jugendherberge, die er nach der biblischen Stadt Emmaus benannte. Dann ging ihm auf, dass es nicht reichte, den Menschen ein Obdach zu geben – man musste ihrem Leben auch wieder einen Sinn geben: »Ein Bett, und ein Grund, um daraus aufzustehen«, wurde sein Motto. Im Frankreich der Nachkriegszeit war es nicht leicht für Groues' Schützlinge, Arbeit zu finden, und so verfielen sie auf die niedrigste Tätigkeit, die es gab: Müll und Altwaren zu sammeln und daraus etwas Verwertbares zu machen. Was damals schlecht angesehen war, hat inzwischen ökologischen Wert. Die Recyclingmission zusammen mit Emmaus' Gruppenethik (die Mitglieder nennen sich untereinander »Gefährten«) hat dazu geführt, dass die Organisation inzwischen in 50 Ländern 310 Gruppen unterhält.

Ich hatte mich auf die Besichtigung des alten Ordenshauses gefreut. Es war eines der ersten bewohnten Gebäude unserer Stadt, und die Geschichte des Herrenhauses ließ ein edles Ambiente vermuten. Doch nach Passieren des Eingangsportals fanden wir uns auf einem riesigen Markt wieder. Wir gingen zuerst zur Abgabestelle und fragten einen der Gefährten, welche Artikel angenommen würden. »Ach, alles«, meinte er zerstreut, »... außer Fernsehern.« Es ist schon ein seltsames Gefühl, dankbar dafür zu sein, etwas spenden zu dürfen. Vielleicht aber auch etwas, an das wir uns möglichst rasch gewöhnen sollten.

Nachdem wir Tischchen, Stühle, Wandschränke, Kleidung und Handtücher ausgeladen hatten, schlenderten wir zum »Secondhand-Superstore«. Man hatte keine Kosten für die Deko gescheut, und jeder der höhlenartigen Räume gab den Blick auf neue Arrangements thematisch geordneter Spenden frei. Als ich um eine Ecke bog, stieß ich auf eine entfernte Bekannte mit ihren Kindern im Schlepptau. Sie zerrte gerade am Griff einer widerspenstigen Schublade. »Wir suchen nach einem Nachttisch«, gab sie fröhlich bekannt. »Und Sie?« Plötzlich fehlten mir die Worte: »Ach, wir, ähm, wir haben was abgegeben. So Zeugs halt.« Peinliches Schweigen stellte sich ein. Wir schauten einander an, bis die Konversationspause fast nicht mehr zu ertragen war, dann sagte ich: »Nun ja. Dann noch viel Glück bei der Suche.« Sollte es eine Verhaltensregel für die peinliche Situation geben, in einem Secondhandshop auf jemanden zu treffen, der genau das sucht, was man selbst gerade gespendet hat, dann muss ich gestehen, dass ich sie nicht kenne. Auch an solche Situationen sollten wir uns rasch gewöhnen.

Wir haben *genug*

Kaufen Sie es nicht (bevor Sie sich diese neun Fragen gestellt haben)

1. Brauche ich es? Brauche ich es *wirklich*, oder will ich es nur *haben*?
2. Gefällt mir dieses Ding oder vielmehr die Strategie, mit der dafür geworben wird?
3. Will ich es haben, damit ich fitter, klüger, entspannter oder einfach cooler werde? Und wenn ja: Kann dieses Ding wirklich so ein Wunder vollbringen?
4. Gibt es vielleicht einen anderen Weg, wie ich mein Ziel erreichen kann, ohne noch mehr Plunder anzuhäufen?
5. Wie viele Überstunden muss ich machen, um mir dieses Teil leisten zu können? Was könnte ich sonst mit meiner Zeit anfangen, das mich mehr befriedigen würde?
6. Besitze ich etwas, das ich durch diesen Gegenstand ersetzen möchte?
7. Bin ich wirklich bereit, diesen Gegenstand abzustauben, zu reinigen, für seine Reparatur zu bezahlen oder ihn anderweitig zu pflegen?
8. Falls ich durch den Kauf einen Gegenstand ersetze, den ich bereits habe, was stimmt dann mit dem alten nicht?
9. Falls ich dieses Ding wirklich brauche, gibt es dann irgendeine Möglichkeit, es auf einer Geschenk-Site im Internet zu finden oder es von einem Freund, Nachbarn oder Verwandten zu leihen?

Machen Sie es selbst

Unsere Instinkte sorgen dafür, dass wir Dinge besitzen wollen, die uns mit Stolz erfüllen. Doch das ist nur die halbe Wahrheit. Bis vor Kurzem waren große Teile unseres Besitzes von eigener Hand gefertigt – oft nur kleine Sachen, aber sie legten Zeugnis über unsere Fähigkeiten ab. Wir hatten eine andere Beziehung zu ihnen als zu gekauften Artikeln, deren Herstellung wir nicht nachvollziehen können und deren Erwerb oft nur kurzzeitig Freude bereitet. Unsere kreativen Neigungen sind weitgehend von der Konsumgesellschaft aufgesogen worden, die uns nachdrücklich vermittelt, dass alles, was nicht modernstem Design entspricht, geschmacklos ist. Aber Sie können Ihre Kreativität wiedererlangen. Widmen Sie sich jeder Kunst, die Ihnen in den Sinn kommt – ob Sie nun Kleider nähen, sich als Künstler betätigen oder so hoch komplizierte Dinge tun wie Musikinstrumente bauen. So können Sie Ihren Besitztrieb auf Projekte lenken, die lohnend, spannend, meditativ, produktiv und nachhaltig sind. Außerdem verschaffen Sie sich dadurch das anhaltende Lustgefühl des wahren Besitzers, wie es auch unsere werkelnden Vorfahren genießen konnten.

Seien Sie materialistischer

Wir stimmen alle darin überein, dass nachhaltig genutzte Ressourcen und erneuerbare Energien etwas Gutes sind. Aber wie sieht es mit nachhaltig genutzten Besitztümern aus? Dinge ihrer langen Haltbarkeit wegen zu kaufen, liegt seit den 60er Jahren nicht mehr unbedingt im Trend –

seit es vor allem darum geht, dass etwas »neu«, »mehr« oder »in Mode« ist. Aber wenn wir Dinge kaufen, die schnell verschleißen, bringen wir uns um unser persönliches ökologisches Gleichgewicht. Diese Dinge drängen uns, mehr zu arbeiten, uns mehr Sorgen zu machen und mehr zu begehren. Wir müssen lernen, »materialistischer« zu sein, in dem Sinn, dass wir uns um die materiellen Dinge kümmern, statt sie zu benutzen und dann achtlos wegzuwerfen. Wir dürfen unsere Lieblingsstücke wiederentdecken. Der Anzug aus den 50er Jahren, den ich vor rund zehn Jahren erstand, sieht immer noch gut aus, wogegen einige neue Anzüge, die ich danach kaufte, bereits an den Knien abgewetzt sind. Ebenso ist unser alter Peugeot mit Heckklappe – eine verbeulte Kiste, für die ich mich auf Hotelparkplätzen schäme – die vernünftige, umweltfreundliche Wahl, vorausgesetzt, wir behalten ihn, bis er ausgedient hat. Wenn man sich alle paar Jahre ein neues Öko-Auto anschaffen will, sollte man bedenken, dass die gewaltigen Energiekosten, die bei Herstellung und Recycling der mobilen Metallhaufen anfallen, eher neue Löcher in die Ozonschicht reißen.

Nehmen Sie keinen Kredit auf

Wucherer – Geldverleiher, die zu hohe Zinsen nahmen – waren in Europa jahrhundertelang verachtet, so hatten es Menschen wie Moses, Jesus, Mohammed und Aristoteles bestimmt. Das Alte Testament steckte Geldverleiher in die gleiche sündige Schublade wie den, »der seines Nächsten Blut vergießt, der seines Nächsten Weib verunreinigt, der die Armen unterdrückt, der seinem Nächsten

Gewalt antut und ein Versprechen bricht«. Alle diese Übeltäter sollten einen entsetzlichen Tod erleiden. Sagen Sie das mal einem Bankdirektor. Andererseits begleitet Wucher uns Europäer seit langer Zeit, und der Konsumentenkredit ist schwerlich eine Erfindung der Neuzeit. Im 18. Jahrhundert war das Leben in England und Amerika durch das Abstottern von Schulden, durch den Kredithai und den Gerichtsvollzieher bestimmt. Aber die meisten Menschen in der damaligen Zeit nahmen einen Kredit auf, um notwendige Dinge zu erstehen, die sie sich sonst nicht leisten konnten. Heute dient ein »Easy Credit« hauptsächlich dazu, Dinge kaufen zu können, die wir lediglich haben *wollen* – und zwar sofort. Kredit ist nicht länger eine vorübergehende Erleichterung für die Armen, sondern eine selbst auferlegte Sklaverei für wohlhabende Zeitgenossen (denn wir müssen arbeiten, um die endlosen Raten abzahlen zu können). Einen Kredit aufzunehmen bedeutet auch, die lange Vorfreude auf das Ersehnte gegen den kurzen Kick des Kaufs einzutauschen. Will man die Philosophie des Genughabens praktizieren, so heißt die Lektion: Nur unbedingt notwendige Kredite aufnehmen, so wenig wie möglich leihen und das Geliehene so rasch wie möglich zurückzahlen.

Lassen Sie das Plastikding stecken

»Es ist erschreckend, wie viel einfacher es den Leuten fällt, mit Kreditkarte zu kaufen«, sagt Drazen Prelec, Psychologe am Massachusetts Institute of Technology, der sich mit dem Ablauf von Kaufentscheidungen im Gehirn befasst. Seine Tests zeigen, dass wir bereit sind, für den gleichen Gegenstand das Doppelte auszugeben, wenn wir ihn mit Karte bezahlen. Dafür gibt es zwei mögliche Erklärungen, sagt Prelec. Erstens verspürt man beim Bezahlen mit der Karte nicht den Stich, wirkliches Geld ausgegeben zu haben. Zweitens: Der Anblick der Kreditkarte erinnert an frühere Käufe, deshalb wird man von einem Verlangen befallen – ähnlich wie bei dem Geruch von Kuchen, wenn man hungrig ist. Und dann muss man handeln, um dieses Verlangen zu befriedigen.

Vergleichen Sie sich mit unseren globalen Nachbarn

Wir erwerben prestigeträchtige Dinge, weil unsere alten Stammesinstinkte uns auf materieller Ebene zum Vergleich mit Gleichgestellten zwingen; erst dann können wir sicher sein, es im Leben zu etwas gebracht zu haben. In der modernen Welt aber ist unsere Vorstellung davon, was wir für diesen Zustand benötigen, massiv verzerrt. Wohlhabende Londoner zum Beispiel fühlen sich nicht mehr reich, weil sie nicht mehr mit Leuten verkehren, die weniger wohlhabend sind. Wir müssen unseren Blick weiten, auf die globalen Nachbarn schauen, die wir auf Reisen und durch die Medien kennengelernt haben. Ungefähr die Hälfte der Menschheit lebt von weniger als einem Dollar pro Tag. Mehr als 852 Millionen Menschen haben nicht genug zu essen, ungefähr 1,6 Milliarden leben ohne elektrischen Strom, und ein Drittel der Weltbevölkerung hat noch niemals ein Telefon benutzt. Und gleichzeitig kauft ein Fünftel der Erdbevölkerung fast 90 Prozent aller Konsumartikel. Nämlich wir, die gestressten Typen in den teuren Vierteln.

Schlicht und sparsam ist cool

In der modernen Gesellschaft gilt permanenter Konsum als normal, doch die Geschichte zeigt, dass unser Drang nach immer mehr Dingen eine relativ neue Mode ist. Im Europa des 18. Jahrhunderts galt ein sparsames Leben als cooler Lifestyle. Außerhalb der Fürstenhöfe waren Luxusgüter verpönt. Man folgte den Regeln eines »weltlichen Asketentums«, einer calvinistischen Ideologie mit der Aussicht auf Erlösung nach dem Tod, sofern man gewillt war, Gottes Gaben (sprich: Planet Erde) gewissenhaft zu gebrauchen. Puritaner und Quäker hegten das christliche Ideal des einfachen Lebens: Gut war, fleißig zu arbeiten und zu ernten, schlecht hingegen, mehr zu konsumieren, als man benötigte. Wer in Luxus schwelgte, wurde der Verschwendung von Ressourcen bezichtigt, die der ganzen Gemeinschaft zustanden.

Andererseits verdanken wir dem 18. Jahrhundert und besonders Josiah Wedgwood die Erfindung mancher neuzeitlichen Marketingstrategie. Wedgwood trieb die Nachfrage nach seinem Geschirr in die Höhe, indem er es als hochpreisiges »Prestige«-Geschirr anbot, das sich der Pöbel nicht leisten konnte. Außerdem änderte er fortwährend das Design, sodass seine Tassen und Teller schnell altmodisch wurden und seine Kundschaft mit der ständigen Angst leben musste, »völlig aus der Mode zu sein«. Wedgwood machte auch die Promi-gestützte Werbekampagne beliebt, denn er stellte öffentlich Spezialporzellan aus, das von so berühmten Kunden wie Zarin Katharina von Russland gekauft wurde.

Kaufen Sie billiger

Jennifer Argo, Assistenzprofessorin für Marketing an der Alberta University in Kanada, fiel eines Tages bei einem Einkaufsbummel mit einer Freundin auf, dass sie im Beisein anderer ihre Shopping-Gewohnheiten änderte: Plötzlich kaufte sie Markenartikel statt No-Name-Lebensmittel und ließ sich in Boutiquen die teureren Tops zeigen. Ms Argo fragte sich, ob sie die Einzige sei, die sich in Gegenwart einer anderen Person solche Extravaganzen leistete. Hatte es vielleicht mit der Beziehung zu der anderen Person zu tun, oder konnte sich dieses Verhalten auch in Gegenwart von Fremden einstellen? Argo platzierte ein paar Testkäufer neben einem Regal mit Batterien und stellte fest, dass die bloße Anwesenheit anderer Leute Käufer dazu brachte, die teuersten Markenbatterien zu wählen. War niemand in der Nähe, trafen sie die billigere Wahl. Jennifer Argo führte drei unterschiedliche Testreihen mit Hunderten von Käufern durch – das Ergebnis blieb das gleiche. »Wir geben mehr Geld aus, um unser Selbstbild vor anderen aufrechtzuerhalten«, sagt Argo. Wie wir dieses Verhalten unterlaufen können, verrät vielleicht eine andere Untersuchung: Am besten ist, mit den Verwandten einkaufen zu gehen, denn wenn wir unter den Argusaugen unserer Familie durch die Läden streifen, kaufen wir weniger.

Meiden Sie Sonderangebote

Ladenketten geben Ihnen gern das Gefühl, dass Sie ein Schnäppchen machen, und deshalb kaufen Sie mehr, als

Sie eigentlich brauchen. Beim Anblick der Sonderangebote hüpft Ihr Herz vor Freude über so viel Großzügigkeit, und Ihr Verstand macht Ferien. Dieser Sog positiver Emotionen führt dazu, dass Sie den Gefallen erwidern wollen – und viel Geld für unnütze Dinge ausgeben. Sie sind ein Opfer des »Spillover-Effekts« geworden.

Das Spielzeug kostet uns die Erde

Technische Spielereien erscheinen so harmlos und versprechen so viel Spaß, dass es uns vorkommt, als enthielten sie eine »Du kommst aus dem Gefängnis frei«-Karte. Aber unsere Liebe zu neuem Spielzeug mit immer mehr Funktionen verschlingt gewaltige Mengen an Energie – ganz zu schweigen von unserer kostbaren Zeit. Bis 2010 werden die Geräte der Unterhaltungs- und Kommunikationselektronik laut Energy Saving Trust doppelt so viel Energie verbrauchen wie heute. Mit Versuchen, die Energieeffizienz zu erhöhen, kommen wir nicht weit, denn es werden ja immer mehr Geräte verkauft. Und sie verbrauchen immer mehr Energie: Plasmabildschirme benötigen zum Beispiel bis zu viermal mehr Strom als ein normales Fernsehgerät. Die Playstation 3 verbraucht so viel Strom wie ein durchschnittlicher PC und fast dreimal so viel wie das erste XBox-System.

Hüten Sie sich vor dem Web

Vorsicht, wenn Sie auf Webseiten gelangen, auf denen Sie technisches Spielzeug vor dem Erwerb interaktiv ausprobieren können! In einem Experiment baten Psychologen 170 Studenten, sich mit einer Digitalkamera vertraut zu machen, wobei die Probanden die Wahl hatten, entweder eine interaktive Webseite zu benutzen oder eine Seite mit Fotos und Text. Die »interaktiven« Studenten waren überzeugt davon, dass die Kamera bessere Eigenschaften und Funktionen besäße, als tatsächlich der Fall war. Das lebhafte mentale Bild, das durch Interaktivität hervorgerufen wird, kann unsere empfindliche Vorstellungskraft übermäßig anheizen, und zwar bis zu einem Punkt, wo falsche Eindrücke produziert werden, die das Gehirn mit Erinnerungen verwechselt. Psychologen nennen diesen Vorgang eine Erzeugung »falscher Positive«. Wenn Sie diese Verfälschung vermeiden wollen, empfiehlt es sich, die langweilige alte Gebrauchsanweisung zu lesen.

Ideengeschenke

In unserer besitzgesättigten Zeit müssen wir lernen zu sagen: genug Geschenke. Für Erwachsene haben materielle Geschenke kaum noch gefühlsmäßigen Wert, sie sind reine Bedarfsgüter geworden. Das bedeutet nicht, dass wir nicht mehr von Herzen schenken sollen. Wirklich wertvolle Geschenke finden sich aber kaum noch in Geschäften. Stattdessen sind es selbst gemachte oder gekochte Dinge, die Verpflichtung, jemandem einen Gefallen zu tun, oder die Einladung zu einer Reise. Oder man spendet Bargeld für wohltätige Projekte, von Brennstoff sparenden Öfen in El Salvador bis zu Tuberkuloseimpfungen in Nordkorea. Doch Vorsicht auf Ihrem persönlichen

Kreuzzug: Solche Geschenke wirken am besten, wenn der Empfänger der guten Sache auch emotional verpflichtet ist. Neulich bekamen meine Frau und ich eine einjährige Patenschaft für einen unserer einheimischen Wasservögel geschenkt. Wir waren sehr gerührt. Vor allem ich, denn als Vegetarier möchte ich am liebsten jeden Vogel einzeln umarmen. Meine Frau hingegen mag Geflügel lieber in chinesischer Pflaumensauce ...

4. GENUG ARBEIT

Nicht wer wenig hat, sondern wer viel wünscht, ist arm.

Seneca, »Epistulae Morales«

Als bekannt wurde, dass eines der anrüchigen Molkereiprodukte aus Charles Martells winziger Käserei eine bedeutende Rolle in dem Wallace-&-Gromit-Film *Auf der Jagd nach dem Riesenkaninchen* spielen sollte, prophezeiten Experten, Martell werde im Zuge der Publicity, die ein weltweiter Kinoerfolg mit sich bringt, in laktischen Höchstbetrieb verfallen, viele neue Arbeiter einstellen und heftig in Maschinen investieren. Immerhin geben Topmarken-Hersteller jährlich Millionen aus, um mit dieser Art von Produkt-Placement werben zu dürfen – und nachdem die Käseliebhaber Wallace und Gromit in einem früheren Film Wensleydale Cheese bevorzugt hatten, hatte sich dessen Umsatz vervierfacht. Doch Martell hegt keine Pläne dieser Art für seine einzigartige Käsespezialität, den Stinking Bishop, oder für seine Cottage-Käserei.

Schon bevor der Film 2006 in die Kinos kam, hatten sich Wallace-&-Gromit-Fans an Martells Käse festgebissen, und die Bestellungen waren um das Fünffache gestiegen. »Ich bin bloß ein bescheidener alter Käsemacher auf einem Bauernhof, mische mich nicht ein und halte mich von Problemen fern«, sagt der 61-jährige Martell verschmitzt. »In der Käserei arbeite ich mit zwei Frauen, und wir stellen am Tag 120 dreipfündige Stinking Bishops her. Es ist wirklich kein Großbetrieb. Wir sind nur ein kleiner Hof. Ich will überhaupt nicht expandieren«, erzählt er in seiner lockeren, freundlichen Art. Er hat sogar das Angebot einer führenden Supermarktkette abgelehnt. »›Keine Chance‹, hab ich gesagt. Zum einen könnten wir gar nicht genug produzieren. Und außerdem möchte ich nicht, dass mein Käse in dieser Art von Geschäft verkauft wird.«

Ein Jahr nach dem Kinoerfolg war die Nachfrage nach Martells Käse immer noch so groß, dass er seine Wochenbestellungen nur zu 20 Prozent erfüllen konnte. »Es gefällt mir gar nicht, Kunden leer ausgehen zu lassen, aber ich mühe mich lieber ab, damit am Ende des Tages alles verkauft ist.« Zuverlässigkeit zählt mehr als Wachstum in Martells Welt, deren Kernstück sein kleiner Bauernhof in Gloucestershire ist. »Wir sind sehr glücklich hier. Wir können nicht größer werden, denn der Platz ist begrenzt. Wenn ich noch einen Käsebereiter einstellen würde, wo sollte der parken? Ich bin ganz zufrieden mit dem, was ich habe. Ich kann nur einen Anzug auf einmal tragen und nur ein Auto fahren. Und auf Ruhm bin ich ganz gewiss nicht aus«, versichert er.

Mit seiner drahtigen Erscheinung und seinem gepflegten grauen Bart ähnelt Martell ein wenig Harrison Ford, aber er fährt lediglich einen alten Landrover und schreibt in seiner Freizeit einen Internetguide über seltene Apfelsorten. Ohne sie vorher gesehen zu haben, erwarb er 1972 auf einer Auktion die Laurel Farm in Dymock, 25 Kilometer nördlich von Gloucester. Ein heruntergekommenes Anwesen. Aber Martell war nicht auf Profit aus, sondern verfolgte einen Traum. Er war von der Universität abgegangen, um sich einen Kindheitstraum zu erfüllen: eine alte englische Rasse, das sanfte graubraune Old-Gloucester-Rind, vor dem Aussterben zu bewahren. Martell begeisterten diese breithachsigen Tiere, seit seine Großmutter ihm ein Buch über traditionelle Rinderrassen geschenkt hatte. »In dem Buch stieß ich auf Bilder von diesen geheimnisvollen dunklen Kühen, und ich glaube, ich mochte sie schon damals. Es war das erste Mal, dass ich mich danach sehnte, einen Hof zu haben«, erzählt er.

Als Martell die Laurel Farm kaufte, wollte er Old Gloucesters halten und Käse machen. Doch als er auf den Hof kam, musste er feststellen, dass viele Tiere der Old-Gloucester-Herde gerade verkauft und in alle Winde zerstreut worden waren. »Damals gab es auf der ganzen Welt nur noch 68 Stück. Ich besuchte jeden neuen Besitzer einzeln und schlug vor, eine Züchtervereinigung zu gründen. Ich war der erste Schriftführer und bin zweimal Vorsitzender gewesen«, berichtet Martell.

Die Grundlagen der Käseherstellung hat er aus einer alten Broschüre der Gemeindeverwaltung gelernt. Der Stinking-Bishop-Käse zeugt von seiner zweiten großen Liebe: das Obst der Gegend. Aus der Stinking-Bishop-Birne gewinnt Martell Most und legt seinen Käse darin ein, sodass er eine fruchtig schmeckende Rinde bekommt. Die Birne ist nach einem verstorbenen Original der Gegend benannt, der sie früher anbaute – einem Mr Bishop, der für den schlimmen Zustand seiner persönlichen Hygiene berüchtigt war. Martell war schlau genug, sich den Namen urheberrechtlich schützen zu lassen.

Das Einkommen von seinem Hof genügt ihm. »Ich bin nicht wohlhabend«, sagt er. »Aber wenn ich Geld brauche, verdiene ich es. Ansonsten lebe ich glücklich und zufrieden mit dem, was ich habe, ich muss nichts entbehren. Geld ist mir so wichtig wie ein süßer Pudding – den ich mir ab und zu leiste. Eine zweite Portion würde jedoch den Genuss verderben.« Dank Martells Bemühungen ist die Zahl der dunkelbraunen Kühe in England wieder auf über 500 angewachsen. Und es wird weitere Herden geben, denn die englische Mittelschicht hat die regionalen Lebensmittel wieder entdeckt. Ich glaube jedoch kaum, dass Martell aus diesem neu erschlossenen Markt Profit schlagen wird.

Viele Unternehmer würden sich über Martell lustig machen, weil er es einfältig versäumte, auf der Welle des Glücks zu reiten. Er hatte seine große Chance auf Reichtum, und nun ist sie verpasst und vorbei – und mit ihr ein aufregendes Leben der geschäftlichen Expansion, der Managerfrühstücke, Marketinginitiativen, Bankbesprechungen, Investoren, Steuerberater, Personalberater und tausend anderer Obliegenheiten, die ihn von Kühen, Käse und Obstgärten fernhalten würden. Selten kommt es vor, dass ein Engländer ein Leben voller Termine ablehnt, wenn nur die geringste Chance besteht, es eines Tages »geschafft« zu haben. Die Briten arbeiten länger als alle anderen Bürger der Europäischen Union: im Schnitt 42 Stunden pro Woche (die Deutschen 2007 durchschnittlich 41,8 Stunden[6]). Sie leisten auch jede Menge unbezahlter Überstunden, und obwohl die Briten in der EU den geringsten gesetzlichen Anspruch auf Urlaub haben, verzichten sie sogar freiwillig auf einige Millionen Pfund, die ihnen als Urlaubsgeld zustünden.

Doch ihnen droht ein vorzeitiger Tod. Menschen, die pro Woche 40 Stunden und mehr arbeiten, erkranken eher an Bluthochdruck als Menschen mit geringerer Arbeitsbelastung. Laut einem Gutachten, das dem Europaparlament in Brüssel vorgelegt wurde, werden im Jahr 2027 60 Prozent der Erwachsenen im mittleren Alter aufgrund von Stress an Bluthochdruck erkrankt sein. Die Japaner haben ein Wort für den Herztod durch anhaltende Arbeitsüberlastung: Karoshi. Und im Englischen gibt es ein neues Wort für den zombihaften Zustand, der durch die elende Schinderei kommt: *presenteeism* (ständiges Präsentsein). Es bezeichnet den Zustand von Menschen, die stundenlang am Schreibtisch sitzen, ohne etwas zustande zu bringen, weil sie zu müde, zu gestresst, zu wenig gefordert, zerstreut oder mutlos sind. Und *presenteeism* ist nicht nur nutzlos, sondern auch umweltschädigend: Ein Fünftel des Kohlendioxids, das wir arbeitsbedingt in die Atmosphäre jagen, stammt von den Pendlern. Wenn wir schon nicht produktiv sein können, dann sollten wir wenigstens friedlich zu Hause bleiben.

Doch obwohl das stete Mehr an Arbeitszeit uns zu modernen Sklaven zu machen droht, glauben inzwischen sogar die Reichsten der Gesellschaft, dass es cool ist, sich zu viel aufzuladen. Eine Studie des Institute for Social and Economic Research kommt zu dem Schluss: »Heute ist Fleiß und nicht Müßiggang das kulturelle Ehrenabzeichen.« Moment mal?! Mitte der 70er Jahre warnten Kulturpropheten doch noch vor einer ganz anderen Gefahr für den westlichen Lebensstil: dem fünften Reiter der Apokalypse, genannt die »grenzenlose Freizeit«. Uns erwartete eine schöne neue Welt mit Hochleistungscomputern, automatischer Fabrikation und erschwinglichen, arbeitssparenden Haushaltsgeräten, die uns alle Arbeit abnehmen würden. Aber was, fragten die Fachleute, würden wir denn mit der ganzen Freizeit anfangen, die uns die neue Technologie beschert? Welche Auswirkungen wird es auf unsere Identität haben, wenn wir nicht mehr den größten Teil unseres wachen Lebens mit produktiver Arbeit verbringen? Was wird aus unserer Zielstrebigkeit, wenn alle Grundbedürfnisse unverzüglich erfüllt werden? Wird es genug Zerstreuung geben, werden wir unsere Tage ausfüllen, um nicht in Trägheit, Depression und geistiger Armut zu versinken? Ich erinnere mich noch an die Sendungen, die ich als Kind gesehen habe. Die Experten sahen Massentraurigkeit am Swimmingpool voraus. Die gleichen Zukunftsseher haben übrigens auch das papierlose Büro prophezeit. Aber heutzutage morden wir immer noch fleißig Bäume, und uns selbst gleich mit. Was also ist passiert?

Darf ich Ihnen George vorstellen? (Nur George – sie benutzen keine Nachnamen). George ist ein bebrillter Innenarchitekt, ein sanfter Mensch, in dessen Stimme trockener, bedächtiger Humor mitschwingt. Aber es wollte mir einfach nicht gelingen, einen Termin mit ihm auszumachen! Länger als einen Monat rief ich immer wieder an oder sprach in seiner Firma vor, bis ich ihn zu einem Interview verpflichten konnte. Jedes Mal, wenn ich glaubte, ihn endlich festgenagelt zu haben, erwiderte er höflich, wie gern er mit mir sprechen würde, doch leider habe er zu viel zu tun oder gerade jetzt etwas furchtbar Wichtiges, Unaufschiebbares zu erledigen. Allmählich beschlich mich der Verdacht, dass George schlicht keine Lust hatte, einem neugierigen, hartnäckigen Schreiberling Auskunft über sein Leben zu geben. Doch als ich ihn endlich zu einem geeigneten Zeitpunkt erwischte, erwies er sich als äußerst kooperativ. Mir fiel es wie Schuppen von den Augen: George war mir überhaupt nicht ausgewichen, er war lediglich fest davon überzeugt, dass sein Leben vor Arbeit überfließe. Deshalb gab er auch sogleich offen zu, er habe ein »Arbeitsproblem«.

Jeden Donnerstag geht George zu dem wöchentlichen Treffen der Workaholics Anonymous (WA), das in einer Nebenkapelle der St.-Columba-Kirche in Knightsbridge stattfindet, in einer engen Gasse hinter dem Kaufhaus Harrods, mitten im pulsierenden Westen von London. St. Columba ist ein eindrucksvoller Bau mit einem hohen Bogenportal und einem weißen Kirchturm, fast so hoch wie der einer Kathedrale. Doch tief im Bauch der Kirche, wo der Lärm der späten Rushhour nur als unterschwelliges Brummen zu vernehmen ist, versuchen die WA-Mitglieder, sich gegenseitig bei der Bekämpfung ihrer fanatischen Arbeitssucht zu helfen und Wege zu finden, um ihr zwanghaftes, unablässiges Streben nach – ja, nach was eigentlich? – zu bezwingen.

Statt uns mit nicht enden wollender Freizeit herumschlagen zu müssen, erleben wir den Siegeszug des »Workaholism«, das Markenzeichen einer neuen, rasch um sich greifenden Neurose. Die Workaholics Anonymous wurden 1983 in New York gegründet, von einem Finanzplaner und einer Lehrerin, die sich selbst als »hoffnungslos« arbeitssüchtig bezeichneten. Vor acht Jahren gab es die erste Zweigstelle in Großbritannien, und Hunderte von Briten traten der Vereinigung bei – so viele, dass WA eine zweite Gruppe in London gründen musste, die seither in St. Columba tagt. George erklärt, welche Gründe er für das rasche Wachstum von WA sieht: »Die Leute wollen mehr, mehr von allem. Sie sind nicht länger mit dem zufrieden, was es früher gab. Man muss härter arbeiten, um nicht das Gefühl zu bekommen, dass alles schlechter wird. Das kann dazu führen, dass die

Leute sich mit Arbeit überladen. Außerdem wollen sie, dass die Dinge, die sie besitzen, von guter Qualität sind, einer besseren als heute üblich – und um so eine Qualität zu bezahlen, muss man eben härter arbeiten.«

George trat den WA vor zwei Jahren auf Empfehlung eines Freundes bei, weil er »einige Symptome« entwickelt hatte, wie er sagt. »Zum Beispiel kalkulierte ich für ein Projekt immer zu wenig Zeit ein – ein ganz typisches Problem eines Arbeitssüchtigen. Diese Fehleinschätzung zieht sich von Projekt zu Projekt, und plötzlich ertappt man sich dabei, dass man nur noch arbeitet. Ich bin Perfektionist und wie viele Leute, die zu WA kommen, in meinem Job wirklich gut. Ein paar Herausgeber führender Zeitungen von Großbritannien und Amerika sind Mitglieder bei WA. Aber die Leute kommen auch aus anderen Branchen: Ärzte, Maler, Raumausstatter – überall her.«

Die Workaholics Anonymous (in Deutschland die *Anonymen Arbeitssüchtigen*: AAS) bieten ein 12-Punkte-Programm an, das auf dem Konzept der Anonymen Alkoholiker basiert. Die Mitglieder werden aufgefordert, an eine höhere Macht zu glauben, um deren Beistand zu bitten, sich im Geiste bei den Menschen, die sie betrogen haben, zu entschuldigen und jeden Tag als einen neuen Tag auf dem Weg zur Genesung anzusehen. Doch George fragt sich, ob eine völlige Genesung von Arbeitssucht in unserer Kultur überhaupt möglich ist. »Auf unseren Treffen diskutieren wir, wie man sich aus diesem scheinbar hoffnungslosen Zustand befreien kann, in dem einen entweder der Burnout oder die ewige Fortsetzung der Tretmühle erwartet. Wie soll man es anstellen, ›nicht zu arbeiten‹? Man kann ja nicht ›trocken‹ werden wie bei Alkohol oder Drogen. Außerdem ist einem, wenn man unglaublich hart arbeitet, der Beifall der Mitmenschen sicher. Es geht also eher darum, die eigene Beziehung zur Arbeit zu verändern, aber hier steht die Gesellschaft gegen uns. In den USA muss man sogar zwei Jobs machen, wenn man sich all die wunderbaren Dinge leisten will, die es dort zu kaufen gibt. Ich bin sicher, wir sind auch nicht mehr weit davon entfernt.«

Das Problem sei, so George, dass sogar bekennende Workaholics rasch umschwenken und ihr Problem als unwichtig abtun. »Viele von uns scheinen zu glauben, dass wir das Ganze unter Kontrolle haben und dass es nicht wirklich ein Problem darstellt. Selbst die Leute, die regelmäßig zu den Treffen kommen, sagen das. Deshalb fragen wir: ›Warum kommst du dann immer noch?‹« George legt mir eine lange Liste von Fragen vor, anhand derer man erkennen kann, ob man ein Workaholic ist. Fragen wie: »Arbeiten Sie mehr als 40 Stunden pro Woche? Machen Sie aus Ihren Hobbys gewinnträchtige Unternehmen? Nehmen Sie Arbeit in den Urlaub mit? Reden Sie am liebsten über Ihre Arbeit? Laden Sie sich Extra-Arbeit auf, weil Sie Angst haben, dass sie sonst nicht erledigt wird? Arbeiten oder lesen Sie während der Mahlzeiten? Glauben Sie, dass mehr Geld die anderen Probleme in Ihrem Leben lösen kann?«

Ich sehe mich selbst gern als vernünftigen Menschen, der sich nicht mit Arbeit überhäuft, deshalb war ich leicht verärgert, als ich George gestehen musste, bei mehreren Fragen »Ja« angekreuzt zu haben. »Oh, eine Menge Leute in der westlichen Welt würden diese Fragen ohne Weiteres mit Ja beantworten«, erwiderte er eifrig. Aha. Soll das heißen, dass Millionen Menschen, mich eingeschlossen, bereits unter den ersten Anzeichen einer klinisch erkennbaren psychischen Störung namens Workaholismus leiden? George scheint davon überzeugt zu sein. Aber vielleicht geschieht hier auch etwas anderes: Vielleicht erleben wir nicht die Geburt eines neuen *-ismus*, sondern reagieren massenhaft auf einen breiten kulturellen Druck zur Überarbeitung, mit dem Ergebnis, dass viele von uns zunehmend gereizt, müde und unglücklich sind – und dass diejenigen, die dem Druck letztendlich nicht standhalten, das Label »arbeitssüchtig« aufgedrückt bekommen.

Der Berufsstand der Psychiater müsste eigentlich glücklich sein über diese neuartige Diagnose, wie auch über all die anderen Suchterkrankungen, die unsere Gesellschaft erzeugt: Sexsucht, Liebessucht, Kaufsucht, SMS-Sucht, Wettsucht, Internetsucht, Kreditkartensucht und die Sucht nach Steroiden, um nur ein paar Beispiele zu nennen. Dr. Neil Brener, der einmal in der Woche eine psychiatrische Ambulanz im Finanzdistrikt der Londoner City anbietet, berichtet, dass er immer mehr Arbeitssüchtige behandelt. »Die City liebt diese Leute. Sie wurde geschaffen, um Geld zu machen, und zieht daher Menschen an, die hart arbeiten. Sie ist eine Macho-Welt, und der wahre Top-Macho ist derjenige, der abends als Letzter das Licht im Büro löscht«, sagt Brener, Leiter des Priory Hospital im Norden von London, das zu einer Kette psychiatrischer Einrichtungen in privater Hand gehört. Selten vergeht eine Woche, ohne dass ein neuer Arbeitsbesessener in die Sprechstunde kommt. »Nur wenige bekennen sich sofort zu ihrer Arbeitssucht, doch nach wenigen Sitzungen sind sie so weit«, erzählt Brener. »Ich glaube übrigens nicht, dass sie etwas mit dem Geld anfangen, das sie verdienen. Darum geht es bei Arbeitssucht nicht.«

Wenn es also nicht um Geld oder Spaß geht, worum dann? »Den Patienten geht es in Wahrheit darum, dem übrigen Teil ihres Lebens zu entfliehen«, sagt Brener, »sie wollen die Kontrolle über ihr Leben nicht übernehmen. Viele von ihnen meiden Beziehungen oder fliehen vor Gefühlen. Diese Patienten kommen meistens aus Familien, in denen Gefühle unterdrückt wurden. Sie arbeiten immer mehr und immer härter, aber eines Tages kommen sie zu mir, weil etwas in ihrem Leben schiefgegangen ist, weil sie beispielsweise einen Verlust erlitten haben, der ihr Leben aus dem Gleichgewicht geworfen hat.«

Solche extremen Beispiele von Überarbeitung halten uns einen Zerrspiegel vor: Er zeigt eine Karikatur der modernen Gesellschaft, die uns hilft zu verstehen, wie unsere Überstunden-Moral immer mehr Arbeit hervorbringt – und wie uns diese wiederum hilft, die wahren Probleme des Lebens zu verdrängen. Wie zielloses, endloses Shopping ist Arbeitssucht eine Form eskapistischen, existenziellen Daumenlutschens. Sobald die alarmierende Aussicht auf Muße naherückt – nie zuvor gab es so viel Zeit und Gelegenheit, menschlich zu wachsen und sich die großen Fragen nach Sinn und Ziel unserer Existenz zu stellen –, fällt uns ein, dass wir, Hilfe!, noch jede Menge im Büro zu erledigen haben. Wir ersticken die großen Fragen, indem wir in der Blaskapelle des endlosen Ehrgeizes mitmarschieren. Und dieser Marsch soll ganz offensichtlich nie enden: Erfolg in der modernen Welt bedeutet, nie da gewesene Ebenen von Reichtum, Macht und Bekanntheit zu erreichen.

Arbeit war nicht immer so fordernd. Die Zivilisation der klassischen Antike entwickelte die Überzeugung, dass der Erfolg in der Arbeit selbst lag. Man entdeckte und entfaltete sein Talent und nutzte es, um sich und anderen etwas Gutes zu tun. Solange wir Modernen jedoch glauben, noch nicht genug Karriere gemacht zu haben, können wir uns vormachen, dass wir nicht frei sind, um die vielen anderen Möglichkeiten des Lebens auszuloten.

Die Welt der Arbeit bietet uns Ablenkung. Die technischen Spielereien im Büro haben dazu geführt, dass wir mit mehr Dokumenten, Analysen, Berichten und Statistiken überhäuft werden als je zuvor. Und der ganze Papierkram sorgt für konstante Beschäftigung. Im Tierreich nennen Biologen diese Vermeidungstaktik Übersprungshandlung. Wenn unsere beiden Katzen einem Kampf gefährlich nahe kommen, kann man gut beobachten, wie sie zwischen Furcht und Aggression hin- und hergerissen werden. Sie lösen den Konflikt, indem sie sich auf eine ablenkende Tätigkeit stürzen und ausgiebig Fellpflege betreiben. Ebenso scheint die moderne Arbeitswut vielen von uns einen emotionalen Notausgang zu bieten.

Diese Art von Vermeidungsstrategie erklärt zum Beispiel auch, warum Scheidungsanwälte in den Wochen nach den Sommerferien am meisten zu tun haben. Arbeit hält viele Ehepartner für den größten Teil des Jahres wirksam voneinander fern, doch in den Ferien hocken sie wochenlang aufeinander und spüren den Druck, »im Urlaub ganz viel Spaß« zu haben. In diesem Zustand können mächtige, lang unterdrückte Gefühle mit Wucht ausbrechen – mit oft katastrophalen Folgen.

Eine scheinbar harmlose Antwort auf das Überarbeitungsproblem lautet »Work-Life-Balance« – ein ausgewogenes Verhältnis zwischen Arbeit und Leben finden. Nette Idee, aber vielleicht ist Ihnen auch schon aufgefallen, dass das mit der Work-Life-Balance in der Praxis selten funktioniert. In Großunternehmen in den USA hat man bereits einen wichtigen Grund dafür entdeckt: Als Individuen haben wir einen äußerst beschränkten Sinn für Gleichgewicht. Amerikanische Manager ziehen ihr Büro ihrem Zuhause vor, wenn sie bei dieser speziellen Form der »Work-Life-Balance« entsprechend unterstützt werden. Ihre Firmen haben herausgefunden, dass sie sich ein einfacheres und weniger anstrengendes Privatleben wünschen: Familienereignisse wie die Hochzeit der Tochter sollen von Profis ausgerichtet werden, ihre Autos sollen picobello sauber sein und regelmäßig gewartet werden, und sie wollen gute Hausmannskost genießen und die besten Filme und TV-Serien sehen.

Was könnte ihnen da Besseres passieren als ein Allroundservice ihrer Firma? Viele US-Topmanager können länger im Büro bleiben, weil persönliche Lebenshilfe-Coachs ihre potenziell lästigen und zeitraubenden häuslichen Angelegenheiten regeln. Will der Manager eine Fernsehserie oder einen Film sehen, dann nimmt er in einer kuscheligen Lounge Platz und entspannt vor der Glotze. Möchte er etwas essen, zieht er sich in einen kleinen, gemütlichen Speiseraum zurück. Diese Lebensweise mag uns künstlich und entfremdet anmuten, verglichen mit den tiefen, intensiven Beziehungen, die wir in unserem Privatleben pflegen, aber Untersuchungen in den USA zeigen, dass die Topleute auf diese neuen Errungenschaften abfahren. Es ist doch so: Bittet man seine Sekretärin um einen Kaffee, dann bekommt man ihn *pronto* und genau so, wie man ihn gern trinkt. Wenn man zu Hause das Gleiche von seiner pubertierenden Tochter verlangt, kriegt man gesagt, wo man sich den Kaffee hinstecken soll.

Natürlich geben wir nicht offen zu, dass wir das Leben im Büro möglicherweise angenehmer finden als das Leben zu Hause. Diese Ansicht ist tabu, und wir verbergen sie unter lauten Klagen über lange Arbeitsstunden, die tatsächlich immer länger werden. Infolgedessen verbringen wir weniger Zeit zu Hause, das heimische Leben wird immer spannungsgeladener, und wir verbringen noch weniger Zeit zu Hause ... Der Psychologe Ragnar Beer von der Universität Göttingen ist sogar der Ansicht, das moderne Leben bringe uns in einen Teufelskreis, der die Beziehung schädigt: Wir arbeiten zu viel, weil wir nicht genug Sex haben – und haben keinen Sex, weil wir zu viel arbeiten. Dr. Beer befragte 32 000 Männer und Frauen und stellte fest, dass man umso mehr arbeitet, je weniger Sex man hat. Menschen, die unter Sexmangel leiden, sagt er, müssen häufig ihre Frustration kompensieren – und tun dies durch mehr Bürostunden. Beers Team fand heraus, dass ein Drittel der Befragten, die einmal pro Woche Sex haben, sich Extra-Arbeit aufladen, um die Tatsache zu kompensieren, dass sie nicht so oft Sex haben, wie sie gern hätten. Das Problem ist, dass die Arbeit immer mehr von der Zeit und Energie bindet, die der Liebe gewidmet sein könnte. Das geht bis zu dem Punkt, an dem Paare überhaupt nicht mehr miteinander schlafen. Also arbeiten sie mehr.

Die sozialen Merkwürdigkeiten, die sich um die Arbeit ranken, bringen nicht wenige von uns in eine Zwickmühle. Nennen Sie mich einen Sonderling, aber ich mag meine Arbeit. Meistens finde ich sie erfüllend. Wenn sie Spaß macht, dann richtig. Und wenn nicht, nun ja, wir alle müssen irgendetwas haben, worauf wir von Zeit zu Zeit unsere Gefühle von Nutzlosigkeit schieben können. Gelegentlicher beruflicher Erfolg mästet das Ego und hilft, Sinn und Ziel im Leben zu finden. Auch einige meiner engsten Freunde habe ich durch die Arbeit kennengelernt. Dass man mit Arbeit Geld verdient, ist auch nicht zu verachten. Arbeit ist also ein erfüllender Bestandteil vom Rest meines Lebens – solange ich einen »Rest des Lebens« haben kann, ohne dass die Arbeit mein Privatleben abwürgt.

Das ist die Herausforderung für alle, die die Philosophie des Genughabens praktizieren wollen: vernünftige Grenzen einhalten und doch viele Annehmlichkeiten unserer Gesellschaft genießen; genug arbeiten, aber auch Zeit und Raum für Zufriedenheit übrig haben; in gewissem Maß gefordert sein, aber auch erfüllt – und ohne sich ganz von der Arbeitswelt zu verabschieden. Doch wie soll man persönliche Nachhaltigkeit in einer Welt der permanent wachsenden Arbeit durchsetzen, in einer Welt, deren Botschaft häufig lautet: »Entweder du sitzt im Überstunden-Bus, oder du stehst für immer draußen.« Gibt es im Geschäftsalltag einen Mittelweg? Ist es möglich, den eigenen Ehrgeiz in Maßen zu halten, ohne komplett aus dem System herauszufallen?

Schauen wir uns die Niederlande an. Dort haben die Arbeitnehmer, im europäischen Vergleich, eine der kürzesten Arbeitswochen – fast vier Stunden weniger als die Briten. Das liegt zum Beispiel daran, dass die Niederländer eine ganz andere Vorstellung von Fleiß haben. Eine gesamteuropäische Studie ergab, dass britische Manager der Auffassung sind, ihre Angestellten müssten quasi eine Lebenszeit an Überstunden ableisten, erst dann werden sie als aufopfernde – und somit hocheffiziente – Arbeitskräfte angesehen. Wenn ein Holländer seine Arbeit nicht in der dafür vorgesehenen Zeitspanne erledigen kann, dann denkt er, dass entweder mit ihm oder mit der Arbeit etwas nicht stimmt. Wenn wir alle uns davon eine Scheibe abschneiden würden, könnten wir viel leichter lernen, sinnvoll mit unserer Freizeit umzugehen. Für alle, die sich in der Tretmühle langer Arbeitsstunden plagen, mag das unmoralisch oder gar ein wenig pervers klingen.

Vor ungefähr zehn Jahren machte ich eine Reportage über »Track Days«, einen damals neuartigen Freizeitvertrieb, der es Anna und Otto Normalverbraucher gestattete, nach Entrichtung einer Gebühr mit dem eigenen Sportwagen oder Motorrad über Rennstrecken zu rasen. Ich fragte den PR-Mann der Rennstrecke Brands Hatch, welche Art Leute sich diesem Freizeitspaß hingäben. »Na ja, ein bisschen was müssen sie schon auf der Kante haben«, erwiderte er. »Es ist die Art Leute, die an Werktagen Golf spielt. Sie haben das nötige Kleingeld, um sich mal einen Tag frei zu nehmen, und ihr Hobby macht ihnen so viel Spaß, dass sie sich Zeit dafür freischaufeln.« Zurück in meinem schäbigen Büro, fühlte ich einen Stich des Neides. Aber was hielt mich denn davon ab, es ihnen gleichzutun?

Drei Jahre zuvor hatte ich den Durchbruch in die Fleet Street geschafft und arbeitete halbtags im gefährlichen Metier des freiberuflichen Redakteurs, in dem schlampige Arbeit die sofortige Vertreibung aus dem journalistischen Pantheon bedeuten kann. Gleichzeitig verfolgte ich andere berufliche Wege, darunter seit Längerem die Herausgabe einer Zeitschrift über das Gesundheitswesen. Um mich auf diese Aufgabe vorzubereiten, hatte ich mir einen ganzen Stapel Evangelien der neuen Management-Propheten angeschafft, darunter die Bestseller der amerikanischen Gurus Tom Peters und Warren Bennis. Der Stoff eignete sich hervorragend dafür, als anfeuernder Rat für Gesundheitsverwalter verpackt zu werden, die in unserem neuen marktorientierten Gesundheitssystem rasch Karriere machen wollten.

Ich fand die Lektüre etwas trocken, stieß dann aber auf eine spannende Ausnahme: Charles Handys *The Age of Unreason*. Als Brite warf Handy einen ganz anderen, subversiven Blick auf die Welt der Arbeit und verfolgte einen Ansatz, der den Samen der Philosophie des Genughabens in sich trug. Handy empfahl, Arbeit solle nicht länger als sture Maloche begriffen werden, sondern als Sammlung unterschiedlicher Aufgaben, bestehend aus der guten alten Lohnarbeit, ehrenamtlicher Tätigkeit, Lernen und sogar Spaß. Das passte genau zu dem, was ich dachte und ersehnte. Und es schien mir sinnvoller zu sein als das, was alle anderen Werke propagierten, die unverdrossen die Trommel der heldenhaften Managementarbeit schlugen. Es gab nur einen Weg herauszufinden, ob es auch funktionierte – den Selbstversuch.

Also streckte ich vorsichtig meine Fühler aus und beschränkte meine Herausgebertätigkeit auf Teilzeit. Ich hängte mich an Kollegen, bekam freiberufliche Aufträge, fand weitere journalistische Minijobs, arbeitete ehrenamtlich für einige vergleichsweise harmlose Interessengruppen und widmete mich, gemeinsam mit einem Freund, diesem seltsamen neuen Medium namens Internet. Nach einem holprigen Start begann das Geld hereinzufließen. Die Freude daran, mit meinen eigenen Geistesgaben Geld verdienen zu können, verdrängte allmählich das nächtliche Hochschrecken aus dem Schlaf mit dem panischen Gedanken: WIE SOLL ICH BLOSS DIE HYPOTHEK ABZAHLEN? Und dann kam eines Tages, kurz nach Abschluss der Rennfahrer-Reportage, der Bote des Teufels zu mir, in der weltmännischen Verkleidung meines Chefredakteurs bei der *Times*. Er machte mir ein verlockendes Angebot. In typischer Zeitungsmacher-Manier – Zeit ist Geld! – kriegte er mich am Fotokopierer zu fassen und raunte mir zu, ich könne eine Festanstellung bekommen. Der Heilige Gral des Fleet-Street-Journalismus war in greifbare Nähe gerückt! Ich brauchte nur die Hand auszustrecken nach diesem sicheren Job bei einer angesehenen, überregionalen Zeitung mit Rentenanspruch und sämtlichen Sonderbezügen. Damit hast du fürs Leben ausgesorgt (vorausgesetzt, du bleibst bei der Stange). Was sagt man dazu?

»Nein, danke«, habe ich gesagt. Schlimmer noch, ich habe sein Angebot nicht einmal in Betracht gezogen. Oder wenigstens so viel Anstand gezeigt, zerknirscht dreinzuschauen. Alles, was ich in diesem Moment hörte, war das Echo von Charles Handys Worten. Ich spürte die Anziehungskraft eines Lebens, in dem man beschließen kann, dass man für heute genug gearbeitet hat und sich nun seinem Hobby widmen wird, eines Lebens, in dem man sich seine Arbeit aussuchen kann – und sogar noch Zeit für ehrenamtliche Tätigkeit findet. »Das klingt nach einer Menge Papierkrieg«, hörte ich mich sagen. »Warum kann ich nicht weiter freiberuflich für euch arbeiten?«, sagte ich zu dem Chefredakteur. »Dann sehen wir ja, wie es läuft.« Die Neuigkeit verbreitete sich in der ganzen Redaktion. Die Kollegen betrachteten mich fast wie einen Paria. Aber es gibt schlimmere Arten, sich die Karriere zu versauen. Ich jedenfalls hatte meinen eigenen Mini-Martell-Moment erlebt: Ehrgeiz hat Grenzen.

Was verlieren wir schon, wenn wir auf übertriebenen Ehrgeiz verzichten? Die meisten von uns stehen nach Erreichen einer gewissen beruflichen Position vor immer größeren Anforderungen, bekommen aber immer weniger dafür. In meiner Branche haben sich die Bedingungen in den letzten Jahren drastisch verändert – vermutlich kennen Sie das. In einer Macho-Branche wie dem Zeitungsmachen hat die Floskel »work hard, play hard« – ich arbeite hart und spiele um alles – Hochkonjunktur. Doch heute kommen viele von uns überhaupt nicht mehr zum Spielen. Selbst beim Essen starren wir noch wie gebannt auf diverse Bildschirme. Wir Medienbeschäftigten sind vollauf damit beschäftigt, Infotainment-Nischen zu suchen und mit Zeitungen, Online-Nachrichten, Webcasts, Podcasts, Extrabeilagen und Sonderreportagen zu füllen. Man könnte sich fragen, inwiefern das alles zu Glück, Wissen und Weisheit auf der Welt beiträgt, aber darum geht es ja gar nicht. Alle tun es, also müssen wir es auch tun ... Es sei denn, wir entscheiden uns dafür, still und heimlich durch eine kleine Tür abzuhauen, auf der das Wörtchen »genug« steht. Ob wir es wollen oder nicht, in der heutigen Arbeitswelt ist weniger weniger und mehr weniger. Nur genug ist mehr. Das ist das neue Gesetz der schwindenden Gewinne.

Denn obgleich Reichtum das große, glänzende Ziel ist, das uns verlockend vor Augen steht, verhilft er dem, der ihn hat, nicht automatisch zu einem besseren Lebensgefühl. Der amerikanische Psychologe Ed Diener berichtet, dass sogar Leute, die auf der Forbes-Liste der 100 Superreichen stehen (mit mehr als 125 Mio. Dollar in der Tasche), sich nur wenig besser fühlen als Normalbürger. Menschen, deren Einkommen sich in den letzten zehn Jahren deutlich verbessert hatte, waren nicht zufriedener als andere, deren Gehälter gleich geblieben waren. Selbst Lottogewinner ziehen aus ihrem plötzlichen Reichtum kein anhaltendes Hochgefühl: Ungefähr ein Jahr nach dem Glücksfall sind sie wieder so zufrieden oder unzufrieden wie vorher.

Stinkreich zu sein kann auch das Risiko erhöhen, an schweren psychischen Störungen zu erkranken. Gerade die finanziell gut Gebetteten tendieren im Vergleich zum Normalbürger häufiger zu Narzissmus, strengen gern Prozesse an und leiden unter den Nachwirkungen emotionaler Vernachlässigung durch Eltern, die ihren Nachwuchs Kindermädchen überließen. Außerdem glauben superreiche Menschen meistens, für ihre emotionalen Probleme nicht verantwortlich zu sein, berichtet das *Journal of the American Academy of Psychoanalysis*. »Diese Patienten zeigen häufig starkes Anspruchsdenken und verleugnen jeglichen Eigenanteil an psychischen Problemen«, so der Artikel. »Sie meinen, Anspruch auf das ›Allerbeste‹ zu haben, was auch den ›besten Arzt‹ beinhaltet. Wenn ihre psychischen Probleme nicht wie durch Zauberhand verschwinden, wechseln sie so lange den Psychiater, bis sie den ›richtigen‹ finden.«

Reiche Leute neigen dazu, die Außenwelt für ihre Phobien verantwortlich zu machen. Folglich engagieren sie Sicherheitspersonal und kaufen immer bessere Alarmanlagen, weil es ihnen ein Gefühl größerer Sicherheit verschafft. Das unterscheidet sie nicht vom Rest der Menschheit, wohl aber die Tatsache, dass sie genug Geld haben, um ihre neurotisch motivierten Ansprüche zu bezahlen. Hilft die Neuanschaffung nichts, kaufen sie etwas anderes. Und immer so fort.

Wie das alte Sprichwort sagt: Geld allein macht nicht glücklich – und das gilt für Nationen nicht minder. Eine Studie der London School of Economics zur weltweiten Zufriedenheit führte angeblich Bangladesch als glücklichste Nation der Welt, während Großbritannien auf Platz 32 liege und die USA auf Platz 46. Das könnte schon hinkommen. Der Bericht hebt die Tatsache hervor, dass Arbeitslohn zufrieden machen kann – doch nur bis zu einem bestimmten Punkt, dem Punkt des Genughabens. Die Verbindung zwischen mehr Geld und mehr Glück funktioniert noch in armen Ländern, wo die geringfügige Erhöhung eines niedrigen Einkommens eine beträchtliche Steigerung der Lebensqualität nach sich ziehen kann.

Wo liegt nun der magische Punkt, an dem wir genug haben? Der Wirtschaftswissenschaftler Walter Requadt glaubt, dass das Maß für ein zufriedenes Leben knapp über dem Erreichen des Durchschnittseinkommens eines Landes liegt. Ein Mensch, der ungefähr auf der Hälfte der nationalen Einkommensleiter steht, ist vermutlich am zufriedensten. Wenn Sie mehr verdienen wollen, verschwenden Sie nur Ihre Zeit. Viel mehr zu verdienen als der Durchschnitt, führt lediglich dazu, dass zu Ihren Partys nur noch Unzufriedene und Frustrierte kommen, sagen die Ökonomen Daniel Hamermesh und Jungmin Lee. Laut ihrem Bericht steigt die Unzufriedenheit mit dem Einkommen. Die beiden haben eine weltweite Umfrage durchgeführt und sind zu dem Ergebnis gekommen, dass Menschen mit besonders hohem Einkommen mit Vorliebe darüber klagen, »keine Zeit mehr zu haben«. Die beiden erklären das Problem folgendermaßen: Wenn Menschen mehr Geld haben, glauben sie, mehr mit ihrer Zeit anfangen zu können; die Zeit an sich ist also wertvoller geworden, doch leider sind sie nicht in der Lage, mehr Zeit zu »verdienen«. Und der Groll darüber vergiftet ihre Seele.

Außerdem gibt es das Paradox der Geldfalle. Menschen erwarten, dass Reichtum ihnen etwas gibt, das Ökonomen als »Statusware« bezeichnen: Dinge, die anzeigen, dass sie besser sind als ihre Nachbarn. Ein brandneues, langlebiges Konsumgut ist ungleich wertvoller, wenn der Nachbar es noch nicht besitzt. Auch Adam Smith hatte dieses Problem erkannt, als er 1776 in

Wohlstand der Nationen schrieb: »Die meisten wohlhabenden Leute haben die größte Freude an ihrem Reichtum, wenn sie ihn offen zeigen können. In ihren Augen ist er umso vollkommener, je mehr sie offenbar von jenen entscheidenden Gegenständen des Wohlstandes besitzen, die niemand außer ihnen selbst haben kann.« Und ungefähr 25 Jahre früher hatte bereits Samuel Johnson gesagt, dass wir »nicht durch unsere innere Stimme, sondern am Überflusse der anderen« feststellen, wie reich wir sind.

Schuld an diesem uralten Phänomen hat die Evolution, die uns zu ängstlichen Snobs gemacht hat. Eine Gehirnscan-Studie des National Institute of Mental Health deckte Folgendes auf: Wenn man Menschen das Gefühl suggeriert, sie seien sozial unterlegen, reagieren besonders zwei tiefe Hirnregionen – die Inselrinde und das ventrale Striatum. Die Inselrinde ist teilweise für das Gefühl verantwortlich, das sich einstellt, wenn einem ein Mitmensch die eigene Bedeutungslosigkeit vor Augen führt. Das ventrale Striatum hingegen hat mit Motivation und Belohnung zu tun. Um das beängstigende Gefühl der Zweitrangigkeit abzuwehren, fühlen wir uns gezwungen, hart zu arbeiten und Dinge zu erwerben, in deren Schutz wir uns wieder sozial überlegen fühlen können.

Es ist leicht nachzuvollziehen, wie dieser Mechanismus unsere Vorfahren zu ständigem Wettbewerb um die nächste Sprosse der gesellschaftlichen Leiter anspornte (»Liebling, sieh nur: Die Proto-Schmidts sind schon in der Bronzezeit angekommen«), aber in unserer wohlhabenden Welt des 21. Jahrhunderts bringt er uns allenfalls einen Pyrrhussieg, denn die Leute im Nachbarhaus können sich die neuen Statussymbole ebenfalls leisten. Und das Resultat wird eine Epidemie der Überprivilegiertheit sein. Wenn jeder alles hat, worum sollen wir dann noch konkurrieren? Eine weitverbreitete Reaktion darauf ist, sich alles Mögliche zu kaufen, nur um mit den Schmidts Schritt zu halten. Und dann noch ein winziges Upgrade dazu, um nur ja eine Haaresbreite Vorsprung zu haben. Doch das funktioniert nicht. Niemand hat mehr das Gefühl, er sei bedeutend besser gestellt als die anderen. In den vergangenen 20 Jahren ist der Anteil der Menschen in der westlichen Welt, die sich selbst als »reich« bezeichnen, bei einem bis zwei Prozent stehen geblieben. Und wir Normalverdiener sind maßlos gestresst, weil wir ständig versuchen, die Rolltreppe in entgegengesetzter Richtung hinaufzurennen.

Nach Lage der Dinge bietet sich eine einfache Lösung an: Die Balance zwischen Arbeit und Leben lässt sich am ehesten erlangen, wenn man das Gleiche oder nur wenig mehr verdient als die Mehrheit der erwerbstätigen Landsleute (in Großbritannien ein Wochenlohn von 355 Pfund; in Deutschland im 2. Quartal 2007 ein mittlerer Bruttomonatsverdienst von ca. 3000 Euro[7]) und sich nicht auf materielles Wettrüsten einlässt. Das ist alles? Okay, dann lösen wir als Nächstes mal eben die Nahostkrise. Aber so einfach ist es leider nicht, schon deshalb, weil uns unser über Jahrtausende eingeprägter Wettbewerbsinstinkt darauf trimmt, immer mehr und härter zu arbeiten. Außerdem leben wir in einer Kultur, die nicht müde wird zu versprechen, dass wir alles haben können, wenn wir es wirklich wollen. Hinzu kommt das ausgeklügelte Marketing, das permanent unser Unterbewusstsein anzapft. Kein Wunder, dass unser Ego uns vorgaukelt, wir seien die eine, die rühmliche Ausnahme von der Regel, wir stünden über dem Durchschnitt und könnten den Wettbewerbern sämtliche Trophäen abjagen und das Ganze auch noch genießen. So richtig penetrant positiv.

Wie um alles in der Welt sollen wir gegen diesen tobenden Mob unserer niederen Instinkte eine vernünftige, ausgewogene Philosophie des Genughabens verteidigen? Um dieser Frage auf den Grund zu gehen, wollte ich Charles Handy aufsuchen, dessen Buch mich schließlich auf die Idee des maßvollen Arbeitens gebracht hatte – nicht nur, weil ich gern einen meiner früheren Gurus kennenlernen wollte (oft ist dies das Schlimmste, was man tun kann), sondern auch, weil er anscheinend in der Kunst des abgemilderten Erfolgsstrebens ein Fortgeschrittener war. Man muss nur irgendeine Liste der weltweit einflussreichsten Businessexperten heruntergoogeln, und man wird ihn finden. Handy ist einer der wenigen Menschen, die mit der Beratung multinationaler Konzerne Unsummen verdienen könnten. Aber darauf ist er nicht aus. Am Jahresanfang berechnen er und seine Frau Elizabeth, wie viel Geld sie für ihren bescheidenen Lebensstil brauchen werden, und richten ihr Arbeitsleben entsprechend ein.

Nach einer kurzen Suche im Internet fand ich ihre Telefonnummer. Elizabeth klang knapp und geschäftsmäßig und stellte sogleich klar: »Charles schreibt keine Vorworte für anderer Leute Bücher, falls Sie darauf aus sind.« Mrs Handy hörte sich fast bedrohlich an. Nachdem ich mich jedoch hartnäckig eingeschmeichelt hatte, schlug sie vor, ich solle doch eine Mail schicken, dann könnte ich auf eine Einladung hoffen. Manche Mails hackt man schnell und fast beiläufig in die Tasten, andere jedoch werden erst nach langem Abwägen und vorsichtigem Streicheln der Eingabetasten in die launenhafte, grausame Welt entlassen. Meine Mühe, eine wirklich überzeugende, honiggetränkte Bettelmail zu formulieren, zahlte sich aus: Ich bekam die Erlaubnis, das Haus der Handys zu betreten, genauer gesagt eine Einladung zum Lunch in Putney, im Südwesten Londons.

Es ist ein imposantes viktorianisches Gebäude mit einer kiesbestreuten Auffahrt. Aber um zu den Handys zu gelangen, muss man am Haus vorbeigehen, sie wohnen in einem der Gartenhäuser. Ein kleiner, schon etwas kahl gewordener Mann im Pullover öffnet mir die Tür. Er hat so gar nichts von einem Guru in safrangelber Robe an sich. Handy sieht eher aus, als sei er einer Werbung für zufriedenes Rentnerdasein entsprungen. Elizabeth und er haben ein schönes Heim, doch groß ist es nicht. »Vorher haben wir im Nachbarhaus gelebt, in einer viel größeren Wohnung. Wenn unsere Gäste die Küche sahen, haben sie immer nur gestaunt«, erzählt Elizabeth. »Jetzt hat unsere Tochter die alte

Wohnung übernommen. Diese hier ist bescheidener, kommt aber unseren Bedürfnissen mehr entgegen.« Charles lacht und fügt hinzu: »Eigentlich vermisse ich unsere alte Küche, aber sie hat natürlich recht.«

Schnell wird klar, dass Elizabeth, Fotografin von Beruf, keineswegs so bedrohlich ist, wie sie mir am Telefon erschien. Außerdem macht sie eine hervorragende Fischpastete. Aber sie wacht streng darüber, dass das Hobby der Handys, Gastgeber für die vielen Pilger zu spielen, die das Haus ihres Meisters aufsuchen, überschaubar bleibt. Eben habe ich ihren letzten Gast verpasst, einen Studenten aus Südkorea, frischgebackener Herausgeber eines Politmagazins. Schon bald erfahre ich, dass Charles Handy in der Tat ein Pionier auf dem Gebiet des Genughabens ist. »Vor einigen Jahren haben wir beschlossen, dass wir nicht noch mehr Geld brauchten. Stattdessen wollten wir mehr Leben haben«, erzählt er. »Und wir überlegten, wie wir das erreichen konnten. Deshalb kalkulieren wir jeweils am Jahresanfang, wie viel Geld wir zum Leben brauchen – ich schlage dann noch 20 Prozent drauf, weil ich mir immer Sorgen mache –, und dann planen wir, wie viel wir arbeiten müssen, um diese Summe zu verdienen. Wir gehen nicht in Sack und Asche. Wir achten darauf, dass genug da ist für Wein und Bücher und für die Dinge, die uns wichtig sind. Es ist immer wieder erstaunlich, wie wenig man braucht.«

Während wir am Esstisch sitzen und auf den Garten hinausblicken, fällt Handy ein Interview ein, dass er vor Kurzem einer amerikanischen Journalistin von *Time* gegeben hat. »Ich halte nur zehn bezahlte Reden im Jahr, doch sie fragte mich, ob ich nicht öfter das Podium betreten könnte. Natürlich, sagte ich, ich könnte auch locker 50 Reden halten. Warum ich dann nicht 50 hielte, wollte sie wissen. Nun ja, habe ich gesagt, was sollte ich denn mit dem Extra-Geld anfangen? Darauf sie allen Ernstes: ›Sie könnten doch *Sammler* werden.‹ Sammeln«, lacht er. »Für mich ist das keine angemessene Verwendung von Geld.« Handy, früher Aufsichtsratsmitglied bei Shell, schied 1972 aus dem Konzern aus, um in der London Business School Vorlesungen zu halten, dann verwarf er auch das für eine dritte Laufbahn als Business-Philosoph, und schrieb Leitfäden wie *Die Fortschrittsfalle. Der Zukunft neuen Sinn geben*, in denen er für eine Umorientierung der Arbeitswelt plädiert. Für ihn ist der Kapitalismus das beste System, das wir uns bisher ausgedacht haben, aber es soll uns nur in die Startlöcher bringen, um die Dinge zu erkunden, die uns wahre menschliche Erfüllung bringen.

Handys Inspiration waren die griechischen und römischen Philosophen, die er auf der Uni studierte: »Auf die Vorstellung des ›Genug‹ bin ich zuerst bei Aristoteles gestoßen, in seinem Konzept der goldenen Mitte. Aristoteles sagt, dass die Tugend nicht das Gegenteil des Bösen sei, sondern in der Mitte zwischen zwei Extremen oder Lastern liege – zwischen zu viel und zu wenig. Seiner Meinung nach ist Reichtum nicht unbedingt gut oder schlecht, solange er als Mittel für etwas Größeres betrachtet wird. Die Sünde liegt darin, das vernünftige Mittelmaß zu überschreiten.«

Handy hat seine kirchlich eingefärbte Begrifflichkeit zweifellos von seinem Vater, einem anglikanischen Priester, übernommen. Die Kindheit im Pfarrhaus mag auch den geistigen Grundstein zu seiner unzeitgemäß sparsamen Lebensweise gelegt haben. Er glaubt, dass das Leben viel einfacher sein würde, wenn wir Aristoteles' Grundsätze befolgten. »Solange sich unsere Definition von ›genug‹ in Geldsummen ausdrücken lässt, werden wir niemals wahrhaft frei sein – frei, unseren wahren Sinn und Zweck im Leben zu definieren«, sagt er. »Stattdessen sind wir Sklaven unseres Arbeitgebers oder unseres Berufs. Wenn man sich für ein Genug entscheidet, muss man die Nebenbedeutungen des Geldes beiseiteschaffen – Geld steht dann nicht länger für Erfolg oder dient als Barometer, an dem man sein Selbstwertgefühl abliest. Es dient auch nicht mehr als Entschuldigung oder Kompensierung, weil man mit seinem wahren

Leben nicht vorankommt. Wenn man weniger arbeiten will, dann nicht, um faul am Stand herumzuliegen, sondern um Zeit zu gewinnen, andere Aspekte seines Selbst zu erkunden.«

Anders gesagt: Wir alle müssten etwas tun, das für die meisten Arbeitnehmer undenkbar ist: unseren Ganztags-Chefs und ihren unsicheren Versprechen von sicheren Arbeitsplätzen Lebewohl sagen. »Wenn man in Vollzeit für einen anderen arbeitet, hat man alle Stunden des Tages verloren, hat sich von vornherein verkauft. Man hat nichts, um das man mit seinem Arbeitgeber feilschen könnte, abgesehen von der Bitte um mehr Geld für die Arbeitszeit – und oft ist es so, dass die Menschen nur deshalb mehr Geld wollen, weil es sie in ihrem Selbstwert bestätigt, und nicht, weil es ihnen guttut. Man kann Geld nicht wirklich gebrauchen, um sein Leben reicher zu machen, man kann nur fetter davon werden, statt mit seiner Hilfe geistig zu wachsen. Wer hingegen unabhängig arbeitet, kann eine ganz andere Kosten-Nutzen-Rechnung aufstellen: Eine zu aufwendige oder sogar widerliche, möglicherweise unmoralische Arbeit wiegt das Geld nicht auf, das man mit ihr verdient.

Unseren eigenen Maßstab für ›genug‹ herauszufinden, verleiht uns die Macht, Nein zu sagen, wenn uns jemand zu einem Vortrag einlädt, den wir langweilig finden, oder wenn wir von den Gastgebern nicht viel halten«, sagt Handy mit unverhohlener Schadenfreude. »Das macht manchen Menschen Angst und erfordert zunächst einige Courage, aber wirklich Nein zu sagen kann eine sehr aufregende Sache sein. Man bekommt das wunderbare Gefühl, dass man die Situation beherrscht. Und man lernt das alte theologische Prinzip zu schätzen: Wer nicht weiß, was genug ist, ist nicht frei. Wir nutzen die gewonnene Zeit für andere Dinge oder tauschen unsere Arbeit gegen etwas anderes ein. Wenn ich beispielsweise im Ausland einen Vortrag halten soll, bitte ich um einen Firstclass-Flug und Unterbringung in einem ausgezeichneten Hotel. Wir fragen auch oft, sozusagen als Inklusivleistung, ob wir beim Dinner vier oder fünf interessanten Persönlichkeiten vorgestellt werden können, sodass unser Leben auch auf diese Weise bereichert wird.«

Fischpastete, Salat und Obst, dazu ein Glas Weißwein. Dann bringt Elizabeth das Gästebuch, in dem ich unterschreiben soll – eine taktvolle Art und Weise, mir zu verstehen zu geben: Genug Besuch. Die beiden wollen auf eine Holbein-Ausstellung gehen. Zweifellos werden einige der Galeriebesucher Charles und Elizabeth Handy für ein Rentnerehepaar halten, das seine Zeit totschlagen muss. Immerhin ist Handy über 70. Aber da er sich nicht übernimmt, kann er bis ins hohe Alter arbeiten, ohne einen Burnout zu riskieren oder in stumpfsinniger Plackerei zu enden. Wir alle werden uns über diese Optionen Gedanken machen müssen, da unsere Lebensarbeitszeit immer länger wird. »Rückzug und Rente sind ein geistiger Tod, meine ich«, sagt Handy, während er in seinen Mantel schlüpft. »Man muss auf jeden Fall etwas tun, sei es nun bezahlte Arbeit oder ehrenamtliche. Sonst verliert man den Bezug zum Leben, und das war's dann.«

Wir arbeiten *genug*

Ein Blick über den Teich

Wohin treibt die Arbeitswelt? Der Blick auf das Leben in den USA sollte uns eine Warnung sein, denn im Vergleich dazu genießen wir noch erhebliche Freiheiten. Um sich immer noch größere Häuser und Autos leisten zu können, müssen die Amerikaner deutlich länger arbeiten als die Europäer. Nach fünf Jahren Arbeit bei einer Firma erhält ein Angestellter durchschnittlich 13 Tage bezahlten Jahresurlaub, verglichen mit vier bis sechs Wochen in Europa. Durch die Globalisierung breitet sich dieser

Trend jedoch auch in anderen Ländern aus. In Großbritannien sparen Arbeitgeber inzwischen mehr als 1,2 Milliarden Pfund pro Jahr, weil ihre Angestellten nicht mehr den Gesamturlaub nehmen, auf den sie Anspruch haben. Wenn wir nicht aktiv gegen diese Strömung anschwimmen, wird sie uns mitreißen.

Ändern Sie Ihren Blickwinkel

Vor 25 Jahren gingen die Studenten für Frieden, Liebe und Weltrevolution auf die Straße. Heutzutage erklären junge Idealisten bei Umfragen mit strahlenden Augen, dass sie »ein ausgewogenes Verhältnis zwischen Arbeit und Leben entwickeln« wollen. Aber es wird zunehmend schwerer, in unserer hektischen Arbeitswelt eine gesunde, nachhaltige Arbeitsleistung zu erbringen. In den neuen boomenden Branchen werden die Mitarbeiter schnell befördert, doch so eine Beförderung führt im Handumdrehen zu noch mehr Arbeit und Verantwortung. Gut und schön, wenn sich der Ehrgeiz des Beförderten darauf richtet, hart zu arbeiten, schlecht, wenn gleichzeitig der Rest seines Lebens an ihm vorbeizieht.
Einzugestehen, dass man diesen Ehrgeiz nicht hat, kommt aus Sicht des Arbeitgebers einem Kapitalverbrechen gleich: Ergo sollte man sich lieber zurückhalten und versuchen, nur so viele Aufgaben zu übernehmen, wie es den eigenen Fähigkeiten am besten entspricht. Dann kann man getrost den Sirenengesang der Beförderung überhören. Bewährt hat sich auch das stete Bemühen, den Radar des Chefs zu unterlaufen und nach zufriedenen Vorgesetzten zu suchen, die sich selbst und anderen genug Zeit zur

Bewältigung einer Aufgabe zugestehen. Mit etwas Glück finden Sie immer ein paar eifrige (oder tollkühne) Kollegen, die gewillt sind, einen dringenden Job zu übernehmen und in der Firmenhierarchie an Ihnen vorbeizuziehen. Doch was auch geschieht, behalten Sie eine Hand an der Reißleine, um sich rechtzeitig zu retten, bevor die Anforderungen der Arbeit ihren Ertrag überwiegen. Zu häufig scheiden Leute erst dann aus dem Dienst aus, wenn sie total ausgebrannt sind und schwerlich eine neue Stelle finden, ja nicht einmal mehr freiberuflich tätig sein können. Die Hand an der Reißleine zu haben, erfordert zunächst einmal, dass Sie ehrlich zu sich selbst sind. Hätten wir alle ein eingebautes Armaturenbrett, dann würde die Tachonadel in einer Zone mit erlaubten 50 km/h ständig bei 49 km/h zittern. Ob man der neue Premierminister ist oder bloß der Typ, der die Straße fegt, wir alle werden von der nörgelnden inneren Stimme gepeinigt, dass wir zu wenig leisten, dass wir mit ein wenig mehr Anstrengung den Durchbruch schaffen könnten, der all unsere Probleme löst. Deshalb gaben in einer Umfrage der Unternehmensberatung Hay Group 80 Prozent der Briten an, sie fänden sich selbst nicht engagiert genug, um das zu erreichen, was sie eigentlich erreichen müssten. Aber dies ist eine Täuschung, ein psychischer Panzer gegen die Realität. »Du könntest die Welt beherrschen«, sagt unser Bewusstsein, »wenn du nur härter arbeiten würdest.«

Seien Sie faul – aber schlau

Jedem Unbedarften, der kurz vor Archimedes' bahnbrechender Erkenntnis in das Badezimmer des alten Griechen geschaut hätte, wäre vielleicht der Gedanke gekommen, dass ausgedehntes Baden nur die Haut aufweicht. Aber hätte Archimedes das Prinzip der Flüssigkeitsverdrängung überhaupt unter der Dusche herausfinden können? Für die moderne Psychologie steht es außer Frage, dass wir dann am besten denken, wenn wir uns gar nicht auf Arbeit konzentrieren und den Geist schweifen lassen. Wenn Ihnen jemals ein großer Gedanke gekommen ist, während Sie gerade Kartoffeln schälten, dann haben Sie ein Phänomen erlebt, das holländische Forscher in der Zeitschrift *Science* bestätigten: Das Unterbewusstsein schafft es, komplexe Probleme zu lösen, während das Bewusstsein mit etwas ganz anderem beschäftigt ist oder gar nichts denkt. Bei der heutigen Betonung der Kopfarbeit wären Chefs gut beraten, wenn sie ihren Mitarbeitern ein gewisses Maß an geistigem Müßiggang gönnten. Doch bevor es so weit ist, müssen Sie selbst darauf achten, zugunsten der wirklich wichtigen Gedanken regelmäßig Entspannungsphasen in Ihren Tag einzubauen.

Seien Sie listig

Vorsicht: Wenn Sie lediglich *genug* arbeiten, können Sie leicht zur Zielscheibe von Mobbing und Sabotage werden. Die Antwort heißt: List. Einige der schlimmsten Verfechter der Überarbeitungskultur sind die Kollegen, die am meisten unter ihr leiden. Es scheint, als wären sie durch eine Abart des Stockholm-Syndroms motiviert – eine seelische Zwangslage, in der Geiseln sich mit ihren Kidnappern solidarisieren. (Das berühmteste Beispiel war die Erbin Patty Hearst, die 1974 beim Überfall auf eine

Bank verhaftet wurde. Sie wollte Geld für die Symbionese Liberation Army beschaffen – von der sie zwei Monate zuvor gekidnappt worden war.) Firmenangestellte, die vom Stockholm-Syndrom befallen sind, glauben fest daran, dass ihre Arbeitsgewohnheiten von unveränderbaren äußeren Kräften gesteuert werden. Wenn ein Kollege, der die Hetze nicht mehr mitmachen will, weniger Stunden arbeitet, gerät ihr Weltbild ins Wanken. Sie müssen dagegen angehen, sonst käme ja in Betracht, dass es ein Leben neben der Arbeit gibt.
Stattdessen werden sie alles daransetzen, Ihnen das Leben schwer zu machen, indem sie Sie zum Beispiel mit Anfragen bombardieren, die unnötig viel Arbeit machen, oder wichtige Mitteilungen verspätet zusenden. Mag sein, dass Sie die direkte Auseinandersetzung mit diesen Kollegen vorziehen, aber ebenso gut könnten Sie sich eine Zielscheibe auf die Stirn malen. Es bringt mehr, wenn Sie sich zu einem undankbaren, schwer fassbaren Ziel machen. Wenn Sie unnötige und zeitraubende Anrufe und Mails erhalten, dann antworten Sie nicht sofort. Lassen Sie etwas Zeit vergehen, bis Sie sicher sein können, dass die Antwort den fraglichen Kollegen zu einem äußerst ungünstigen Zeitpunkt erwischt. Dann schicken Sie Ihre Antwort in einem freundlichen, höchst kollegialen Tonfall, schließen jedoch mit einer Frage, und zwar einer, die für den Kollegen noch mehr Arbeit bedeutet. Diese Kollegen arbeiten ohnehin bis zu ihrer Schmerzgrenze; wenn Sie also ihre Arbeitsbelastung mit freundlichen Worten erhöhen, werden sie schließlich so gestresst sein, dass sie sich ein anderes Opfer suchen.

Achten Sie Ihre Arbeitszeit

Schätzen Sie, wie viele Jahre Sie noch zu leben haben, indem Sie Ihr Alter von der durchschnittlichen Lebenserwartung von 80 Jahren für Männer und 82 für Frauen abziehen. Rechnen Sie diese Jahre in Stunden um. Nun können Sie sich sagen: Ich habe noch xx Stunden, bevor ich sterbe. Wie kann ich diese begrenzte Zeit sinnvoll nutzen? Will ich mehr Geld verdienen, als ich möglicherweise jemals verbrauche, und will ich es für Dinge ausgeben, die ich möglicherweise niemals brauche? Was sonst könnte ich mit dieser wertvollen Zeit anfangen?
Die Antwort darauf muss nicht unbedingt eine völlige Lebensumstellung zur Folge haben. Doch es lohnt, sich diese Fragen immer mal wieder zu stellen. Besonders wenn es darum geht, wie viele Arbeitsstunden pro Woche für Ihre Ansprüche ausreichen. Die US-amerikanische Initiative Take Back Your Time hält 40 Stunden für genügend. Ihre Unterstützer betonen, dass die 40-Stunden-Woche einst in den USA gesetzlich fixiert wurde. Das ist allerdings fast 70 Jahre her, und seitdem hat die durchschnittliche Wochenstundenzahl in Amerika konstant zugenommen. 40 Stunden finde ich übrigens immer noch zu viel. Ich würde eher für 35 optieren.
Die Weigerung, mehr zu arbeiten als für das persönliche Wohl notwendig, hat eine lange, stolze Geschichte. In der Frühzeit der Industrialisierung, als man die Arbeitswoche in tägliche Schichten einzuteilen begann, war das Phänomen des blauen Montags weit verbreitet, denn die Leute arbeiteten, damit sie genug für das tägliche Essen, die Kleidung und ein Dach über dem Kopf hatten. Warum sollten sie am Montagmorgen zur Arbeit gehen, wenn es

nicht nötig war? Diese Art von Gleitzeit wurde von der Konsumgesellschaft erfolgreich erstickt: In Wahrheit brauchten die Menschen ja nicht mehr Zeit, sondern mehr materielle Güter.

Achten Sie auf Ihre biologische Uhr

»Arbeiten Sie nicht härter, sondern klüger« – diese Devise ist in einer Gesellschaft, die von uns sowohl das eine als auch das andere fordert, zum leeren Klischee verkommen. Aber Sie können Ihre Chance auf Arbeitsoptimierung nutzen, indem Sie herausfinden, was Ihnen persönlich am besten bekommt. Hoffentlich benutzen Sie diese Taktik nicht, um noch mehr zu erledigen, sondern verschaffen sich Freiraum, weil Sie weniger Stunden mit Geldverdienen verbringen müssen. Es scheint, dass wir bereits mit einer Vorliebe für bestimmte Tageszeiten auf die Welt kommen. Ein Experiment im London Science Museum ergab, dass unsere Gene eine entscheidende Rolle dabei spielen, ob wir »Lerchen« oder »Eulen« sind: Menschen, die entweder am Morgen oder am Abend am besten arbeiten. Die Forscher nahmen Schleimhaut-Abstriche von den Wangen der Besucher und fanden heraus, dass jene, die sich deutlich der Tendenz »Lerche« oder »Eule« zuordnen ließen, eine oder zwei bestimmte genetische Varianten der körpereigenen Uhr besaßen. In der Regel finden sich unter Frauen mehr »Lerchen« als unter Männern, aber man weiß noch nicht, warum das so ist.
Ich gehöre wohl zu den »Eulen«: Nachmittags und abends schreibe ich am besten. Folglich kümmere ich

mich vor dem Mittagessen hauptsächlich um Tätigkeiten, die nicht direkt mit dem Schreiben zu tun haben: Ich erledige Behördengänge, telefoniere oder recherchiere. Es dauerte Jahre, bis ich meinen Rhythmus fand. In meiner Anfangszeit als Freelancer hockte ich morgens mit umnebeltem Kopf vor dem Bildschirm und versuchte verzweifelt, Gedanken zu Worten und Worte zu Sätzen zu formen, und versagte dabei kläglich. Aber ich wollte unbedingt vorwärtskommen, also quälte ich mich jeden Morgen aufs Neue und wurde zunehmend mutloser. Mit schöner Regelmäßigkeit fragte ich mich, ob ich überhaupt für den Beruf taugte, verzog mich in den Pub oder unter die Bettdecke und hatte eine Minikrise. Am frühen Abend bekam ich dann Abgabeterminpanik und startete einen neuen Versuch. Und dann lief es plötzlich wie von selbst.

Teilen Sie die Last

Teilzeitarbeit ist gut für Ihre persönliche Ökobilanz, denn sie verschafft Ihnen Raum, um Geist und Körper zu pflegen. Außerdem verteilen Sie die Aufgabenlast auf mehrere Personen, statt als gehetzter, erschöpfter Gehaltsempfänger alles auf sich zu nehmen. Teilzeitarbeit kann für den Arbeitgeber sogar effizienter sein, weil er nur die Stunden bezahlt, in denen seine Angestellten voll bei der Sache sind, statt auch die Stunden vergüten zu müssen, in denen die Mitarbeiter nur darauf warten, dass sie nach Hause können.

Wählen Sie eine preiswerte Freizeitbeschäftigung

Ihre Freizeit sollten Sie mit lieb gewordenen Beschäftigungen verbringen, statt Geld auszugeben, um andere zu beeindrucken. Je mehr Ihre Freizeitaktivitäten kosten, desto weniger Zeit haben Sie, sich daran zu erfreuen. In den letzten zehn Jahren sind selbst so harmlose Hobbys wie das Wandern als lukrativer Absatzmarkt für Designermarken entdeckt worden, und auch die Preise von Sportgeräten sind in die Höhe geschossen. Perfekt ausgerüstet, aber schwach auf der Brust – das klingt gemein, trifft die Sache aber ziemlich genau. Eine Studie des *Journal of Labor Economics* hat ergeben: Wenn Männer mehr Geld für Freizeitartikel ausgeben, verbringen sie auch mehr Zeit auf der Arbeit. Jedes Prozent mehr, das sie für Freizeitartikel aufwenden, kostet sie einen Tag Freizeit im Jahr. Vielleicht, weil sie härter arbeiten müssen, um die Sachen zu bezahlen? Oder versuchen sie, indirekt fit zu bleiben, indem sie sich teure Sportartikel leisten, statt ganz schlicht zu schwitzen? Diese Vermutung passt zu den Ergebnissen einer Umfrage des Marktforschungsunternehmens NOP von 2003. Sie ergab, dass ein Viertel der in Großbritannien verkauften Heimfitnesstrainer nur einmal benutzt wurden. Ein Zehntel blieb sogar originalverpackt.

Proben Sie Minifluchten

Und wo bleibt der Spaß? In den letzten 20 Jahren hat die Tourismusbranche einen grandiosen Aufschwung erlebt. Unsere nimmersatte Kultur ist über die schlichten

Familienausflüge im eigenen Auto hinausgewachsen und schwört auf ehrgeizige Expeditionen von der Sorte: »*Was*, ihr habt noch kein Wildwasser-Rafting mit Orang-Utans auf Sumatra gemacht?« Der Druck des Arbeitslebens hat auch auf das Wochenende übergegriffen, das traditionell als geruhsame, der Familie gewidmete Zeit galt. Verdammt, diesen fantastischen Urlaub haben wir uns verdient, nachdem wir so schwer geschuftet haben! Und dann legen wir los, selbst wenn wir uns auf Packen, Kopfschmerzen, Tiersitter, Haussitter, Abreise vor Morgengrauen, Terrorwarnungen, verspätete Flüge, Durchsuchungen wegen Terrorwarnung, Reisekrankheit, erneute Durchsuchungen wegen Terrorwarnungen, Jetlag und Familienstreit aus lauter Frust gefasst machen müssen. Kürzlich fand eine Studie heraus, dass 1,7 Millionen Briten inzwischen Urlaub brauchen, um sich von ihrem Urlaub zu erholen. Wir könnten den Urlaub auch gleich aufgeben und wie die Amerikaner am Arbeitsplatz bleiben. Aber der Mensch braucht Pausen – stressfreie Pausen –, um gesund zu bleiben. Männer, die keinen Urlaub machen, haben ein dreifach erhöhtes Risiko, an einem Herzinfarkt zu sterben.

Das war der Grund, warum wir neulich in der Wildnis umherwanderten, meine Frau und ich. Es war spannend, im Stockdunkeln dem Pfad zu folgen, der von einem uralten Dorfpub zu unserem Bed & Breakfast am Rand einer steilen Klippe führte. Tatsächlich waren wir nur 40 Minuten Fahrt von zu Hause entfernt, immer noch im übervölkerten Südosten Englands, aber an einem wunderschönen Ort namens Birling Gap. Wir genossen eine Miniflucht, hatten unsere häuslichen Sorgen in einem anderen Universum zurückgelassen. Als Mini-

fluchten bezeichne ich unsere regelmäßigen, bescheidenen Hals-über-Kopf-Ausbrüche von daheim. Sie bilden das Gegengewicht zu unseren alljährlichen teuren Reisen ins Ausland.
Es ist eine Rückkehr in die Leichtigkeit meiner Kindheit. Während die meisten meiner Freunde an die südeuropäischen Costas jetteten, machte meine Mutter aus unserer bedrängten finanziellen Lage das Beste und fuhr mit uns 85 Kilometer weit nach Folkestone, wo wir eine Woche in einem vornehm schäbigen Hotel verbrachten. Ich liebte diese Urlaube. Als Kind kann man überall Ferien machen, denn solange man *weiß*, dass man in den Ferien ist, macht man Ferien. Es ist ein Bewusstseinszustand. Und warum sollte das nicht auch bei Erwachsenen funktionieren? Es ist außerdem nützlich, sich ins Gedächtnis zu rufen, dass die modernen Transportsysteme unser natürliches Gefühl für Entfernungen verzerrt haben. Eine 45-minütige Fahrt mit dem Auto oder dem Zug bringt uns zu den meisten Orten, die noch vor 200 Jahren eine Tagesreise weit weg waren – und heute kommt man an einem Tag (und mit Jetlag) um die ganze Welt.

Hier meine fünf Regeln für Minifluchten:
1. Nicht weiter entfernt als 60 Minuten mit Auto oder Zug.
2. Höchstens zwei Übernachtungen (die Nacht von Sonntag auf Montag ist spottbillig, und am Montagmorgen kann man den Zug ins Büro nehmen).
3. Nur mit kleinem Gepäck.
4. Unterkunft? Je schräger, desto besser.
5. Aber niemals, wirklich *niemals*, an einem gesetzlichen Feiertag.

5. GENUG AUSWAHL

*Im Leben schreiten wir fort von Wunsch zu Wunsch,
nicht von Freude zu Freude.*
Samuel Johnson, 1776

Neulich wollte ich eine Digitalkamera kaufen. Einfach ein Gerät, das gute Bilder macht, da ich mit dem Gedanken spielte, sie eines Tages zu veröffentlichen. Die neuesten Modelle boten mir eine Auflösung von sechs Megapixeln – scharf genug für Vergrößerungen auf Posterformat –, eine anständige Linse und waren leicht zu handhaben. Da ich der vorsichtige Typ bin, tendierte ich zu einer seriösen Marke. Also ging ich online, suchte eine Viertelstunde lang in den einschlägigen Produktseiten, schrieb die drei besten Empfehlungen auf und machte mich auf zum Kamerahändler meines Vertrauens. In einer Vitrine stand eine der Kameras von meiner Liste. Und sie war obendrein im Angebot. Hervorragend. Ich zeigte mit dem Finger darauf und fragte den Verkäufer: »Kann ich die haben?« Die Antwort war ein leicht beunruhigter Blick. »Wollen Sie sie nicht testen?«, fragte er. Es klang allerdings nicht wie eine Frage. »Muss ich?«, fragte ich zurück. »Sie ist doch in Ordnung?« Nun sah mein freundlicher Verkäufer ein wenig beleidigt drein, und ich begann mich mies zu fühlen. »Natürlich. Aber Sie sollten sie ausprobieren«, sagte er ermunternd. »Mit den anderen Angeboten vergleichen.«

Ich warf einen Blick auf die Regale: endlose Reihen fast identischer Sechs-Megapixel-Kameras. Sozusagen eine Heerschar blinkender Fotoapparate mit verschwindend geringem Unterschied in Ausstattung und Preis, denn jedes Unternehmen verkauft mehrere Modelle, die alle auf dem gleichen Kameratyp beruhen. So hat man als Kunde unzählige Optionen, und alle versprechen viel Gerät für wenig Geld. Ich stellte mir vor, wie ich lange Stunden damit verbringen würde, X mit Y zu vergleichen und gleichzeitig Z und auf jeden Fall H im Auge zu behalten. Doch aller Vergleich würde nur zu den beiden Gewissheiten führen, mit denen ich das Geschäft bereits betreten hatte: Erstens, meine schöne neue Kamera wäre bereits kurz nach Verlassen des Ladens nur noch die Hälfte ihres Kaufpreises wert, und zweitens, mein wunderbares Spielzeug würde schnellstens vom nächsten Modell übertroffen werden.

Doch da ist diese innere Stimme, die dir zuflüstert, dass du nicht in diese Falle tappen wirst, wenn du nur die richtige Wahl triffst, die clevere Wahl. Schließlich einigte ich mich mit dem Verkäufer darauf, dass er mir helfen werde. Er schien ein echter Enthusiast zu sein. So ließ ich ihn das gute Stück aus der Vitrine holen, ließ ihn zeigen, was für ausgezeichnete Bilder man mit der »Auto«-Funktion von den anderen Kunden machen konnte und so weiter. Als er zu den speziellen Funktionen kam, unterbrach ich seinen Redeschwall sicherheitshalber mit der Frage, ob ich noch eine Kameratasche und eine Memorykarte brauchte (nichts Ausgefallenes, klar!).

Woher stammt nur unser Glaube, dass größere Auswahl uns noch irgendetwas Neues bieten könnte? Vielleicht schützen wir uns damit lediglich vor der Einsicht, dass die Wahlmöglichkeiten in unserer Kultur viel begrenzter sind, als wir wahrhaben möchten. Auf dem Gebiet der Fotografie beispielsweise haben wir einen technologischen Stand erreicht, der für Amateure kaum noch Wünsche offenlässt. Wer hingegen um 1870 ein paar Urlaubsfotos machen wollte, hätte Pferd und Wagen gebraucht, um die Kamera zu transportieren, die so groß wie eine Mikrowelle war, sowie das lichtdichte Zelt, in dem die Glasplatten nach der Belichtung sorgsam mit Entwicklerflüssigkeit bestrichen werden mussten. Nicht gerade gute Voraussetzungen für Schnappschüsse. Kein Wunder, dass die Bilder aus der damaligen

Zeit so furchtbar steif wirken, verglichen mit den heutigen: »Ach, schau mal, da ist ja der Kleine, wie er die Sandburg seiner Schwester kaputt trampelt.«

Einen gewaltigen Fortschritt bedeutete ab den frühen 1880er Jahren der praktische Rollfilm. Und 1888 machte Kodak das Fotografieren massentauglich; sie entwickelten eine Kamera für etwa 100 Fotografien. Das Gerät war relativ leicht und konnte mit der Hand gehalten werden. Es kostete 25 Dollar und wurde mit dem Slogan beworben: »Sie drücken den Auslöser – wir erledigen den Rest.« Der Familienschnappschuss rückte in greifbare Nähe. Doch wirklich bequem war dieses Verfahren noch nicht. Nach der Belichtung musste die komplette Kamera zur Filmentwicklung in die Fabrik, danach wurde ein neuer Film eingelegt, und der ganze Vorgang kostete stolze zehn Dollar. Im Jahr 1900 wartete Kodak mit einer weiteren Weltneuheit für Fotonarren auf, der 1-Dollar-»Brownie Box«. Plötzlich erkannte jede Familie, wie viele kostbare Momente fürs Fotoalbum festgehalten werden mussten. Der nächste Meilenstein war in den späten 30er Jahren der Farbfilm (natürlich wieder von Kodak). Danach mussten wir wirklich lange warten, bis in den 90er Jahren des vergangenen Jahrhunderts die ersten Digitalkameras auf den Markt kamen. Anfänglich waren sie so teuer, dass sie nur von Profifotografen benutzt wurden. Doch mittlerweile sind sie einigermaßen erschwinglich und im Gebrauch auch für den Laien verständlich.

Dank Hightech sollten also die Zeiten vorbei sein, in denen man sich mit der Frage quälte, welche denn nun die »richtige« Kamera sei. Die glänzenden silbernen Apparate taugen alle was, sie schießen gute, downloadfähige Bilder. Statt uns also den Kopf über marginale Unterschiede zwischen den Fabrikaten zu zerbrechen – und teuer für sie zu bezahlen –, sollten wir lieber Zeit, Energie und Begeisterung auf das Entstehen kostbarer, fotowürdiger Momente verwenden. Die meisten Geräte unseres Alltags haben eine ähnliche technische Entwicklung durchlaufen wie Kameras, sodass wir kaum einen Missgriff machen können. Doch stattdessen nimmt das Angebot weiter zu, und die Qual der Wahl zwischen Nischenprodukten und bestimmten Lifestyle-Varianten ist größer als jemals zuvor. Und wir kaufen eifrig neue technische Spielzeuge, nutzen aber ihre Extras nicht. Laut einer Studie schöpfen fast 60 Prozent der Erwachsenen die Funktionen ihrer neu erworbenen Geräte nur zur Hälfte aus, und das liegt daran, dass nur jeder Sechste sich überhaupt die Mühe macht, die Gebrauchsanweisung zu lesen. Doch vielleicht gründet sich dieses Verhalten eher auf Pragmatismus als auf Faulheit: Eine andere Studie ergab, dass knapp zwei Drittel der Handybesitzer nur vier Funktionen ihres Apparats nutzen – Telefonieren, SMS, Wecker und Kamera. Der Rest ist Technik-Tand. Mehr als ein Drittel der Handybesitzer weiß nicht einmal, ob das eigene Handy Fotos machen kann.

Theoretisch sollte es eine natürliche Grenze für die Komplexität von Konsumgütern geben. Eine im Auftrag des *Journal of Product and Brand Management* durchgeführte Studie zu den Kriterien beim Handykauf zeigte, dass die Kundenzufriedenheit durch das Angebot immer neuer Funktionen und Möglichkeiten nicht mehr steigt. Dem Bericht zufolge seien drei Wahlmöglichkeiten pro Modell genau angemessen, alles, was über sieben hinausgehe, bereite den Konsumenten Unbehagen und könne sich als kontraproduktiv erweisen. Psychologen meinen, dass sich viele Kunden anfangs von einer breiten Palette an Möglichkeiten anziehen lassen, dann aber verwirrt werden und schließlich frustriert ihre Kaufabsicht aufgeben; sie leiden unter der *Qual der Wahl*.

In einem oft zitierten Experiment bauten die Universitätsprofessoren Mark Lepper und Sheena Iyengar in einem Supermarkt zwei Tische auf. Auf dem einen standen 24 Marmeladengläser, auf dem anderen lediglich sechs. Jedem Kunden, der probierte, wurde ein Gutschein angeboten. An dem 24er-Tisch kauften nur 3 Prozent der Kunden ein Glas Marmelade, während am Tisch mit den sechs Gläsern 30 Prozent kauften. Auch die Schweizer Konsumforscher Thomas Rudolph und Markus Schweizer vertreten die Ansicht, dass die Flut gleichartiger Produkte Käufer überfordert. Laut ihren Untersuchungen fürchten sich die Leute vor Fehlentscheidungen, selbst bei der Auswahl von Toilettenpapier. Aber trotz aller Warnungen von Psychologen setzt der Handel weiterhin auf eine möglichst breite Auswahl.

Dafür gibt es einen ganz praktischen Grund: Unsere Gesellschaft hat mittlerweile so ziemlich alles erfunden, was für ein komfortables Leben nötig ist. Dennoch können Alternativen, auch wenn sie letztlich nicht überzeugen, als Hebel dienen, um uns zum Kauf von mehr Dingen zu verführen. In der Frühzeit der Industrialisierung war es noch relativ einfach, etwas zu erfinden, das ein echtes, bislang unerfülltes Bedürfnis befriedigte. Der Erfinder der Glühbirne, der Zugmaschine oder des Staubsaugers konnte sicher sein, dass die Tauben bis in alle Ewigkeit sein Denkmal verdrecken würden. Doch heute ist der Markt für die meisten Alltagsprodukte gesättigt. Ursprünglich haben die Hersteller vor allem über die Preisgestaltung miteinander konkurriert, aber unterhalb einer gewissen Grenze lohnt sich das nicht mehr. So verlegten sie sich darauf, die Auswahl zu vergrößern – sie weckten völlig neue Bedürfnisse und lieferten dann die dazu passenden Dinge.

Dieser Trend verstärkte sich noch einmal in den 90er Jahren des vergangenen Jahrhunderts, und heute werden wir von Neuheiten aller Art geradezu überschwemmt. Ein beliebter Trick der Hersteller besteht darin, altbekannte Artikel mit Zusätzen wie »neue, verbesserte Formel« oder »angereichert mit ...« aufzupeppen und so die Produktpalette weiter aufzusplitten. Für Marketingleute sind Zusätze wie Aloe vera oder Jojoba schlicht »Feenstaub«: Man füge eine winzige Menge hinzu, die man legal als Zusatz bezeichnen darf, und freue sich an den kurzzeitig hochschnellenden Verkaufszahlen ... bis die neuen Zusätze den Reiz verlieren und die Kundenbegeisterung mit anderen Tricks geweckt werden muss.

Unser Gehirn liebt alles Neue. Besonders die Hirne von Heranwachsenden scheinen dafür empfänglich zu sein. Neue Dinge und Erfahrungen können ihr Dopamin-Belohnungssystem ebenso stimulieren wie Kokain, meint Andrew Chambers, Psychiater an der Indiana University. Wie wir im 1. Kapitel gesehen haben, scheint die Evolution uns darauf getrimmt zu haben, dass wir für die Erfindung neuer Werkzeuge oder die Entdeckung bislang unbekannter Nahrungsmittel von unserem Gehirn belohnt werden: »Dieses Belohnungssystem hat solche Macht über Säugetiere, weil ihr Überleben davon abhängt«, sagt Chambers. »Es teilt uns mit, welche Nahrungsquellen in der Nähe sind und welche Gefahren lauern.«

Aus Jugendlichen, die immer nach dem neuesten Hype lechzen, können erwachsene Kaufsüchtige werden, für die Zufriedenheit ein Fremdwort ist. Das Gehirn eines Heranwachsenden ist noch sehr formbar (der präfrontale Kortex, jene Hirnregion, die Handlungssteuerung und Selbstkontrolle koordiniert, entwickelt sich in diesem Alter noch), und die wiederholte Abfolge aus Erregung und Belohnung, die mit der Jagd nach Neuheiten verbunden ist, kann wie Drogenkonsum in der Jugend zu einer lebenslangen Prägung führen.

All dies mag erklären, warum es heute tausenderlei Shampoos gibt. Und zum Durstlöschen halten allein Coca-Cola und Pepsi 27 Varianten bereit – eine ganze Menge, wo es doch nur um den Verkauf von sprudeligem Zuckerwasser geht. An dieser schieren Masse einander ähnelnder Produkte liegt es, dass der Durchschnittskäufer heute 40 Sekunden braucht, um sich für einen Softdrink zu entscheiden, während er vor sieben Jahren dazu nur 25 Sekunden brauchte. Angesichts einer irritierenden Menge nahezu gleicher Produkte greifen viele Kunden zu den hochpreisigen Artikeln in der Hoffnung, mehr zu bekommen, wenn sie mehr ausgeben. Nehmen Sie zum Beispiel Designer-Jeans: Es spielt keine Rolle, dass Denim ursprünglich ein robuster, billiger Stoff für Arbeitshosen war, es interessiert nicht, dass die meisten Jeans in Ausbeuterbetrieben hergestellt werden – der Durchschnittskunde ist bereit, bis zu 150 Euro für eine »exklusive« Jeans zu bezahlen, denn er glaubt, das fette Preisschild böte eine Garantie dafür, dass diese Hose unter den Tausenden anderen irgendwie ... besser ist. Dadurch fühlt er sich in seiner Wahl bestätigt.

Und während wir uns noch mit unserer Entscheidung herumquälen, kann es passieren, dass wir etwas ganz anderes kaufen. Beim Einkaufen im Internet wird dieses Phänomen »Wilfing« genannt (Abkürzung von What Was I Looking For). Jeder vierte britische Internetnutzer verbringt fast ein Drittel seiner Online-Zeit mit ziellosem Surfen – das entspricht in zwei Wochen einem vollen Arbeitstag. Shopping-Seiten sind der stärkste Wilfing-Magnet, sagen Forscher und warnen: »Obwohl die Leute mit einer bestimmten Absicht online gehen, haben sie nun so viel Auswahl und Ablenkung, dass viele ihre ursprüngliche Absicht vergessen und stundenlang zielloses Wilfing betreiben.«

Dass auch überflüssiger Plunder (etwa eine »Kuhfell«-Hülle für Laptops) unter die Leute gebracht werden will, ist ein weiterer absurder Grund für die große Auswahl. Zudem gibt es bereits so viele Nischenprodukte, dass gute, einfache und robuste Waren längst nicht mehr so brauchbar erscheinen. Da kommt die Erfindung der »Limited Editions« mit besonderen »Extras« gerade recht. Dank ihr schaffen es die Marketingstrategen, in unseren Steinzeithirnen die grässliche Vorstellung eines drohenden Mangels zu wecken, während wir in Wahrheit von Überfluss umgeben sind. Dies ist eine typische Angst der »Ersten Welt«, in der gut situierte Damen über Leichen gehen, um ein Kleid zu ergattern, nur weil es von irgendeinem Star beworben wurde. Durch die Erfindung immer neuer technischer Zusätze sorgen die Hersteller dafür, dass jede Tranche von gestern noch brandneuen Produkten umgehend von der Nachfolgegeneration eingeholt und überholt wird. Die Freude am Kauf hält kaum bis vor die Ladentür an, und der Artikel, zu dessen Herstellung jede Menge wertvoller Ressourcen verbraucht wurden, endet schon bald im Wertstoffhof, wo er mittels eines ebenfalls Energie fressenden Prozesses recycelt wird, oder wir verstauen ihn in der hintersten Ecke unseres Schranks, weil wir Spielzeug der vergangenen Saison für völlig veraltet halten.

Unser Gehirn trägt zusätzlich zur Verwirrung bei, denn es kombiniert die bestmöglichen Merkmale verschiedener Produkte. Daraus entsteht ein imaginäres, superausgestattetes Übermodell, gegen das jede echte Option nur zweite Wahl sein kann. Also müssen wir wieder Lebenszeit opfern, um das nächste, geringfügig bessere Teil ausfindig zu machen. Und sollte das Angebot des Herstellers uns nicht genügen, wie wäre es dann, selbst aktiv zu werden? In der Autowelt liegt »custom-made« im Trend. Maserati bietet bei seinem Quattroporte vier Millionen Varianten für »ein individuelles, exklusives Design« und liefert damit lediglich ein extremes Beispiel. Es gibt eben nur eine begrenzte Anzahl von Möglichkeiten, wie man ein Auto gestalten kann – deshalb locken die Hersteller nun potenzielle Käufer mit der Aussicht darauf, die Farbe des Becherhalters selbst zu bestimmen, quasi als Ausdruck individueller Freiheit und Persönlichkeit. Zunächst wirkt das befreiend, als könnte nun der geniale Autodesigner zum Vorschein kommen, der immer schon in Ihnen schlummerte, aber andererseits haben Sie wieder die Qual der Wahl, und wenn Sie sich für einige Varianten entscheiden, haben Sie leider die knapp vier Millionen anderen nicht genutzt – und vermutlich Ihren kostbaren Maserati ruiniert. Sie haben Ihre Chance vertan, das Höchstmaß an Freude aus ihm zu gewinnen.

Genug Auswahl? In heimlichen Phantasien von Größenwahn, in denen ich das alleinige Sagen habe (ich weiß, auch Sie kennen das), würde ein Anzug, wie ihn der ehrwürdige Vorsitzende Mao trug, eine zentrale Rolle spielen. Jeder müsste ständig in der grauen Uniform herumlaufen. Allerdings würde ich in meiner Retro-Despotenwelt den Bürgern die Freiheit gewähren, Knöpfe in verschiedenen Farben und Formen zu wählen – sie vielleicht sogar an ungewöhnlichen Stellen anzunähen. Das sollte den Menschen genug Raum geben, ihren persönlichen Stil auszudrücken, ohne dass die Dinge aus dem Ruder laufen würden (obwohl die Gefahr besteht, dass die extremen Knopf-Fans sich schon bald zu feindlichen Splittergruppen zusammenschließen würden).

Mein Mao-Anzug-Plan könnte wie ein unverschämter Affront gegen unsere Kultur anmuten, in der die Freiheit der Wahl herrscht, doch laut Forschern der Cornell University sind viele unserer modernen Wahlmöglichkeiten nicht viel sinnvoller als das Austauschen der Knöpfe an einem Uniformrock. Die Cornell-Psychologen meinen, dass freie Auswahl dort nützlich ist, wo man sich zwischen zwei völlig unterschiedlichen Gegenständen entscheiden muss, aber wann wäre diese Auswahl jemals in der Shopping-Mall gegeben?

Die Forscher bildeten zwei Testgruppen. Der einen Gruppe sagten sie, die Probanden würden entweder Schokolade oder einen üblen Geruch zu riechen bekommen, die andere Gruppe durfte zwischen beidem »wählen«. Es stellte sich heraus, dass die Testpersonen, die immerhin die Möglichkeit erhielten, zwischen Schoko und Mief zu wählen, weitaus froher waren als jene, die nehmen mussten, was sie bekamen. Doch ließ man die Probanden zwischen zwei Dingen wählen, die sich kaum voneinander unterschieden, beispielsweise zwei Sorten Kaffee (verglichen mit zwei ganz verschiedenen Getränken), waren die Personen ohne Wahlmöglichkeit ebenso zufrieden mit ihrer Tasse Kaffee wie die anderen, die sich ihr Gebräu aussuchen durften. Die Cornell-Forscher schließen daraus, dass wir, obwohl wir eine halbe Ewigkeit mit der Entscheidung zwischen verschiedenen Marken verbringen können, doch unterschwellig wissen, dass unsere Wahl keinen großen Unterschied macht.

Das klingt irgendwie seltsam. Könnte es tatsächlich sein, dass die meisten Alternativen, zwischen denen wir uns tagtäglich entscheiden sollen, in Wahrheit nichts weiter sind als eine praktische Erfindung, um unseren Geist zu zerstreuen? Wenn Sie dies für sich herausfinden wollen, gibt es einen einfachen, kostenlosen Weg: Sie müssen nur durch den nächstgelegenen Konsumtempel spazieren, durch ein Einkaufszentrum. Meine Mall heißt Churchill Square. Sie kennen die Szenerie – weiße Wände, glitzernde Auslagen, gedämpfte Musik, glänzende Marmorimitatböden, dunkel gewandete Securityleute und eine wimmelnde Menge. Die Mall ist ungefähr 200 Meter von meinem Zuhause entfernt, und normalerweise begebe ich mich nur viermal im Jahr dorthin, um eine neue Packung Kontaktlinsen zu kaufen. Doch dieses Mal befand ich mich auf einer Mission! Ich wollte aufpassen wie ein Luchs, ich wollte mich genau umsehen in den Geschäften, die Kleidung verkaufen mit dem Versprechen, dass die äußere Gewandung das wahre Selbst befreit. Nachdem ich zehn Boutiquen durchstreift hatte, schmerzten meine Füße wie nach einer Museumstour, und ich näherte mich der Erkenntnis, dass nach Abzug einiger winziger Unterschiede alle Läden so ziemlich das Gleiche anboten: T-Shirts und Jeans und Cargohosen und Turnschuhe und Gymnastikanzüge und Baseballkappen und den T-Shirt-Schnitt, der dieses Jahr »in« ist.

Natürlich habe ich bisher ein wichtiges Element unterschlagen, das für die Auswahl in den meisten modernen Malls wesentlich ist: das Markenversprechen. Abgesehen von Details wie Preisgestaltung und Stilrichtung hat die ungeheure Angebotspalette auch etwas Neues hervorgebracht: die Vorstellung, dass wir *sind*, was wir *kaufen* – ich wähle, also bin ich. Marken werden sorgfältig dahingehend entworfen, dass Menschen sich mit ihnen identifizieren; sie sollen glauben, dass ihr Lieblingslabel genau die gleichen menschlichen Werte vertritt wie sie selbst. Es ist beinahe so, als ob man mit einem eindrucksvollen guten Kumpel herumhängt. Unser Steinzeithirn ist darauf gepolt, sich zu anderen

Menschen und Tieren in Beziehung zu setzen – und dieser menschliche Drang nach Beziehung scheint sich nun immer mehr unbelebten Objekten zuzuwenden. Wir sind es gewöhnt zu vermenschlichen. Viele Leute sprechen von »ihm«, wenn sie ihr Auto meinen, und geben »ihm« Kosenamen. Ebenso sind wir geneigt, Marken eine Persönlichkeit zuzusprechen.

Die Marktforschung zeigt, dass wir sogar dem Irrglauben verfallen können, die Marke nähme uns gegenüber eine emotionale Haltung ein; deshalb entwickeln wir eine enge »primäre« Beziehung zu ihr, die der Beziehung zu einem Ehepartner, Freund oder Verwandten ähnelt. So kann Markentreue zu einer ganz neuen und bizarren Kategorie falscher Entscheidungen führen, sobald man versucht, zwischen verschiedenen Produkten zu wählen: Unterbewusst glauben wir, dass wir Lebenspartner wählen.

Die Macht der Marke erlaubt einem Geschäft in der Churchill Square Mall, auf allen Regalen die gleiche Art von Turnschuhen anzubieten, während der Laden nebenan stapelweise unterschiedliche Jeansmodelle verkauft, die aber alle von derselben Marke sind. Wer sie kauft, ist überzeugt, dass er damit seine Einzigartigkeit ausdrückt. Tritt man jedoch einen Schritt zurück und betrachtet die Käufer aus einiger Entfernung, dann wirkt die Summe all dieser zeitraubenden Minikonflikte, dieser hochgesteckten Ziele für unsere ungemein wichtige, fragile Individualität bemerkenswert einheitlich. Alle sehen im Grunde gleich aus, sie kleiden sich gleich, und sie sprechen und handeln mehr oder weniger gleich.

Da kam mir plötzlich ein Gedanke: Wenn alle Optionen mehr oder weniger auf das Gleiche hinauslaufen – selbst was die Preise angeht –, könnte man dann nicht die Wahl dem Zufall überlassen und aufs Geratewohl kaufen? Wetten, dass man dann genau den postmodernen Mix lässiger Freizeitklamotten bekommt, den auch die anderen tragen – und sicherlich am Ende nicht schlechter aussehen wird? Also beschloss ich, wie ein

Buddhist nichts zu wollen und mich auf keine Marke einzuschießen. Ich betrat das nächstgelegene Geschäft und steuerte den erstbesten Kleiderständer an, als der Verkäufer schon auf mich zutrabte. »Kann ich helfen?«, fragte er (ganz offensichtlich zielt so eine Taktik nicht darauf ab, Kleidung zu verkaufen, sondern Ladendiebe abzuschrecken). »Ja, bitte. Ich suche eine Hose.« Mein junger Kaufentscheidungsgehilfe lächelte und sagte: »Klar! Welcher Stil?« »Ach, einfach irgendeiner«, erwiderte ich. »Was würden Sie mir denn empfehlen?« Es ehrte den Burschen, dass er nur ein wenig die Augen verdrehte, bevor er auf einen Ständer mit Cargohosen wies. »Na, da sind zum Beispiel die Cargos. Hab grad ein paar neue Farben reinbekommen. Sonst hab ich noch eine große Auswahl an Jeans. Sind hauptsächlich da drüben an der Wand, alle möglichen Stile. Und die Shorts sind zum größten Teil da drüben ... und dort hinten. Alle brandneu in dieser Saison.« Dann lächelte er sein gewinnendstes Lächeln.

»Ausgezeichnet«, erwiderte ich. »Aber welche spezielle Hose würden Sie mir zum Kauf empfehlen?« Ich bot dem Verkäufer also das, was man im Fußballerjargon ein leeres Tor nennt. Und der Torhüter lag im Koma. Will sagen: Ich hätte gekauft, was immer er mir vorgeschlagen hätte. Aber darauf fiel der Bursche nicht herein. »Alles tolle Klamotten, Kumpel«, meinte er. »Warum guckst du nicht zuerst bei den Cargos? Alle klasse. Schau dich in Ruhe um. Ich bin sicher, du findest was, was dir gefällt. Bis dann.« Und fort war er und ward nicht mehr gesehen.

Nun, überlegte ich beim Verlassen des Geschäfts, das hat also nicht funktioniert. Vielleicht dachte der Verkäufer, ich wolle ihm einen unsittlichen Antrag machen. Vielleicht hätte ich nicht »Hose« sagen sollen. Mir lag jedoch an der Fortsetzung meines Experiments, deshalb wählte ich nun ein Kleidungsstück, dem kein Ruch perverser Lüste anhaftet: Schuhe. Die müsste man ja schon auspeitschen, um als Fetischist zu gelten. »Suchen Sie etwas Bestimmtes?«, fragte der Verkäufer.

»Keinen bestimmten Stil«, erwiderte ich. »Was würden Sie mir empfehlen?« Er sah mich an. »Entweder einen Freizeitschuh oder einen Herrenschuh.« »Schön«, sagte ich. »Und welchen würden Sie empfehlen?« ... »Unter den Freizeitschuhen oder den Herrenschuhen?«, vergewisserte er sich. »Ja, genau. Welchen würden Sie empfehlen?« »Freizeitschuh oder Herrenschuh?« ... »Genau, welchen würden Sie empfehlen?« Endlich begriff er. »Das hat mich noch nie jemand gefragt. Warum schauen Sie sich nicht um?« Er nickte zu den Herrenschuhen hinüber. »Überlegen Sie, was Ihnen gefällt. Dann komme ich, um Sie zu beraten.« So ist das also. Wenn man einen modernen Mao-Anzug möchte, muss man vermutlich auch wieder auswählen. Und wir werden es nicht erleben, dass die Regierung einen Auswahl-Guru ernennt, der unsere Auswahl zurechtstutzt. Newt Gingrich, ehemaliger konservativer Sprecher des US-Repräsentantenhauses, hat einmal gesagt: »Wenn man in einen Wal-Mart spazieren und zu den Kunden sagen würde: ›Seid ihr nicht völlig deprimiert, weil es hier sage und schreibe 258 000 Artikel zur Auswahl gibt? Sollte man diese unerträgliche Menge nicht reduzieren?‹, dann würden sie einen für verrückt erklären.«

Aber betrifft uns das in irgendeiner Form, abgesehen davon, dass wir durch diese mit Angeboten vollgestopfte Welt allmählich zu sorgenvollen Umstandskrämern werden, die alle das gleiche übertreuerte Zeug kaufen, das sowieso nicht lange hält? Da wir praktisch veranlagt sind, haben wir gelernt, den Stürmen an Offerten, die von Zeit zu Zeit über uns hereinbrechen, zu begegnen, indem wir bestimmte Informationen ausblenden. Leider oft die falschen. Verbraucher wenden diese Taktik beispielsweise bei Nährwertangaben an, wie Tamar Kasriel vom Henley Centre entdeckte. Stellen Sie sich vor, Sie stehen vor dem Supermarktregal und müssen aus einer Unmenge bunt verpackter Lebensmittel auswählen ... Lesen Sie dann noch die Nährwertangaben auf der Rückseite? Diese erweitern die Wahlmöglichkeiten, und deshalb tendieren wir dazu, die wertvollen Zusatzinformationen zu ignorieren und uns allein auf das aufregende Logo, die Marke und das Bild vorn auf der Packung zu verlassen. Und das obwohl Nährwertangaben oft unverzichtbare Fakten über unsere Nahrung liefern. »Wenn es um die Gesundheit geht, interessiert die Leute meistens nur, dass die Nährwertangabe auf der Rückseite der Verpackung *steht*«, sagt Kasriel. »Häufig lesen sie sie nicht einmal. Es gibt ihnen ein Gefühl der Sicherheit, dass sie da ist.« Selbst dann, wenn hinten draufstehen würde: »Enthält genug Salz und Fett, um Ihre Arterien platzen zu lassen.«

Ebenso neigen wir dazu, uns die Ohren zuzuhalten und »Tralala, ich hör dich nicht« zu singen, wenn wir mit einer anderen schwierigen Entscheidung konfrontiert werden, dem Abschluss einer Rentenversicherung. Rein gewohnheitsmäßig erfindet die Versicherungsbranche neue Angebote im Überfluss. Laut einer Kapitalanleger-Studie von Shlomo Benartzi, Professor für Rechnungswesen an der University of California, hat eine zu große Auswahl an Versicherungen fatale Auswirkungen auf die Urteilskraft. Wenn wir mit zu vielen Anlagemöglichkeiten konfrontiert werden, tendieren wir zu dem Finanzplan, der uns am durchschnittlichsten erscheint, statt alles penibel durchzurechnen und das für unsere Lebensumstände Passendste auszuwählen. Und unser Verlust wird von Finanzberatern, Hypothekenbrokern und Versicherungsmaklern abgeschöpft.

Das ist allerdings nur die Nahaufnahme. In einem größeren Kontext hat das Versprechen der unbegrenzten Auswahl viel verheerendere Wirkungen. Es fördert eine Kultur der Passivität. Das Konsumversprechen, dass »immer noch eine bessere Wahl« existiere, ermutigt uns zu glauben, dass, egal was wir sind, tun oder besitzen, irgendwo noch etwas ganz Wunderbares auf uns wartet. Trifft man hingegen eine Wahl und bindet sich, so ruft das die grässliche Angst hervor, alle anderen Möglichkeiten ausgeschlossen zu haben – vermutlich genau die, welche unsere tiefsten Bedürfnisse wirklich befriedigt hätten. So sind wir wieder bei Homo expetens – dem »wollenden Menschen« –

angelangt, dem begehrenden Hominiden, der in weniger als 60000 Jahren den größten Teil des Planeten in Besitz nahm, weil er die besseren Dinge immer hinter dem nächsten Hügel und jenseits des Flusses vermutete. Erwartungen haben keine Grenzen. Doch ab einem gewissen Punkt bringen sie uns nicht mehr weiter. Und dieser Punkt ist bereits erreicht. Wir begeben uns in einen Teufelskreis. Kaum haben wir eine Wahl getroffen, fangen wir an zu grübeln: Hmm, was ist mit dem Glück? Eigentlich bin ich ein wenig enttäuscht. Lieber die Erwartungen wieder höher stecken. Und was Besseres anvisieren.

Wir lassen uns immer mehr vom Schmetterlings-Prinzip leiten. Das neueste Beispiel ist die amerikanische Firma Blik, die eine ganze Reihe von Tapeten unter dem Werbeslogan »Wandgrafik für alle, die sich nicht entscheiden möchten« anbietet. Diese übergroßen dekorativen Abziehbilder sind im Grunde schlichte Aufkleber und können auf Wände geklebt werden – und wenn man das Muster nicht mehr sehen mag, zieht man sie einfach wieder ab. Tapetenwechsel, wann immer man möchte. Die gesamte Innenarchitekturbranche, die Lifestyle-Magazine (und was sonst noch so dranhängt), alle reden heute von »Farben und Stoffen *dieser Saison*«, als müsste man auf einer Couch der vorigen Saison vor Langeweile sterben. Ebenso verhält es sich mit dem Urlaub: Warum an den Urlaubsplänen vom letzten Monat festhalten, wenn sich unversehens ganz neue Möglichkeiten auftun? Die Online-Reiseagentur Ebookers.com erfand kürzlich eine Versicherung, die finanziellen Ausgleich im Fall des Nichtzustandekommens einer Reise garantiert. Ciaran Lalley, Geschäftsführerin der britischen Zweigstelle, nennt dies »Unlustdeckung« und lobt die Versicherung als »perfekte Lösung für Leute, die einen Horror vor Entscheidungen haben«.

Wenn es schon schwerfällt, sich auf Tapeten, Sofas oder Urlaubsreisen festzulegen, was ist dann mit der womöglich weit bedrückenderen Aussicht auf eine langjährige sexuelle Beziehung mit einem anderen Menschen? Das Office for National

Statistics hat einen neuen Trend ausgemacht, für den es schon ein eigenes Akronym gibt: LAT (Living Apart Together; Partnerschaften in getrennten Haushalten). Hier haben sich zwei Menschen für eine Beziehung »entschieden«, wollen aber nicht zusammenleben. Schätzungen für Großbritannien belaufen sich auf zwei Millionen LATs in einer Gesamtbevölkerung von rund 60 Millionen. (In Deutschland läuft zurzeit eine Feldstudie zu diesem Thema.) Und was die Ehe angeht: Immer mehr amerikanische Bräute wollen den Eheschwur »bis dass der Tod uns scheidet« nicht leisten und geloben stattdessen lieber: »solange unsere Ehe dem gemeinsamen Wohl dient«.

Abgesehen von LAT gibt es ein weiteres neues medienfreundliches Akronym für die epidemische Ausbreitung serieller Oft-Entscheider, Lifestyle-Tauscher und Entscheidungsvermeider: Yeppies – Young Experimenting Perfection Seekers (junge experimentierende Perfektions-Sucher). Konfrontiert mit immer mehr Lifestyle-Optionen ähneln sie der Märchenfigur Goldilocks in einem riesigen Zimmer voller Haferbrei-Schüsselchen: Der Reihe nach probieren sie aus jedem und können sich einfach nicht entscheiden. Der Begriff »Yeppies« wurde von der Anthropologin Kate Fox vom Social Issues Research Centre geprägt. Ihrer Meinung nach wissen Yeppies nicht genau, wie sie ihre ehrgeizigen Ziele erreichen sollen, deshalb leben sie ihr Leben wie im Selbstbedienungsladen, probieren mal diesen und mal jenen Job, diese oder jene Beziehung aus und suchen nach dem erfüllendsten Lebensstil. Als Yeppies schieben sie die großen Lebensentscheidungen hinaus, bis alle Wahlmöglichkeiten ausgeschöpft sind. Vermutlich wird es bald als normal gelten, wenn Menschen bis Mitte 30 noch keinen Lebensentwurf haben, prophezeit Fox. »Das mysteriöse Etwas, nach dem Yeppies suchen, kann auch durchaus unerreichbar sein. Aber sie hegen hohe – manche würden sagen, unrealistische – Erwartungen und hüpfen von Job zu Job oder von Laufbahn zu Laufbahn und suchen verzweifelt nach dem perfekten Beruf.«

Durch Ausprobieren verschiedener Berufe, Frisuren und Lebensstile wollen Yeppies lernen, was ihnen liegt, worin sie gut sind; letzten Endes wollen sie herausfinden, wer sie eigentlich sind. Fox' Studie deutet an, dass sie genug Flexibilität besitzen, um die Richtung zu wechseln und etwas ganz anderes zu beginnen, wenn das Bestehende nicht funktioniert; somit besteht wenig Gefahr, dass sie in einer unbefriedigenden Existenz hängen bleiben. Doch gleichzeitig fehlt ihnen ein Fixpunkt, und sie neigen dazu, in allen Lebensbereichen Entscheidungen aufzuschieben. Dieser Trend (zusammen mit den hohen Lebenshaltungskosten) erklärt zum Beispiel, warum junge Menschen heutzutage länger im Elternhaus wohnen bleiben. Mehr als 40 Prozent der jungen Männer zwischen 24 und 29 Jahren und ein Viertel der Frauen in derselben Altersgruppe sind die neuen Nesthocker. (Zum Vergleich: In Deutschland lebten 2004 laut Statistischem Bundesamt 47 Prozent der 24-jährigen Männer noch bei den Eltern sowie 44 Prozent der 22-jährigen Frauen.[8]) Was bleibt auch dem Jurastudenten, der eigentlich Romane schreiben möchte, oder dem jungen Vermessungsingenieur, der am liebsten monatelang mit dem Rucksack durch Südamerika trampen würde, anderes übrig? Wir alle haben leider die Qual der Wahl.

Im Übrigen muss man gar nicht jung sein, um in dieser fatalen Schleife festzuhängen. Nehmen Sie zum Beispiel meinen Freund Paul. Ich kenne ihn von klein auf, doch nun geht er allmählich auf die 40 zu und hat, wie eine alarmierend hohe Zahl seiner früheren Mitschüler, immer noch nicht herausgefunden, was er wirklich aus seinem Leben machen will. Er ist Teilzeit-Künstler und betreibt von zu Hause aus eine kleine Marketingfirma, arbeitet aber hauptberuflich bei einer Versicherung, von der er schon seit zehn Jahren halbherzig loszukommen versucht. Folglich hat er sich nicht sonderlich angestrengt, seine Fähigkeiten zu entwickeln. Doch was Pauls Problem am besten illustriert, ist seine Beziehung zu Frauen. Paul ist groß, dunkel, charmant, witzig und einfühlsam, kommt also bei Frauen gut an.

Seit seiner Jugend hatte er eine Menge Beziehungen, doch keine davon hat gehalten. Seine intelligente kleine Tochter aus einer dieser gescheiterten Beziehungen wächst nun allmählich zum Teenager heran und sähe es gern, wenn er sich mal entscheiden würde. Aber Paul hat in den vergangenen zehn Jahren nicht einmal mit einer Frau zusammengelebt. Und seine Tochter war wirklich traurig, als Pauls letzte lange Beziehung nach vier Jahren zu Ende ging.

Auch Paul war bestürzt. Er meint, es sei immer dasselbe alte Problem, das er inzwischen gut kennt. »Ich weiß, dass es falsch ist. Dass es dumm ist. Aber ich denke immer, dass erst die nächste Frau diejenige ist, die ich wirklich will. Ich betrete ein Zimmer und weiß, dass ich am liebsten mit jeder anwesenden Frau eine Beziehung beginnen würde. Heutzutage lege ich es zwar nicht mehr so darauf an, aber natürlich färbt diese Haltung auf jede meiner Beziehungen ab. Denn mein Kopf ist niemals ganz dabei. Nie habe ich das Gefühl, angekommen zu sein, weder bei einer Frau noch in einem Job oder im Leben überhaupt. Ich weiß, dass ich älter werde und dass es allmählich etwas erbärmlich wirkt, aber ich habe immer noch das Gefühl, als wäre die nächste Gelegenheit die bessere. Die einzige, die wahre.«

Für die Recherchen zu diesem Buch hatte ich mir vorgenommen, Paul ins Gewissen zu reden, dass er sich einmal für einen längeren Zeitraum einer Sache komplett widmen solle – dann werde man ja sehen, was dabei herauskäme. Doch als ich ihn besuchte, erzählte er mir, dass er und seine (nicht feste) Freundin der letzten drei Monate beschlossen hätten, ihre (nicht feste) Beziehung zu beenden und nur noch gute Freunde zu sein. Paul sah etwas betrübt, aber einigermaßen gefasst drein, deshalb wollte ich nicht auf meinem Vorschlag bestehen.

Die mannigfachen Möglichkeiten unserer Gesellschaft voll auszuschöpfen, kann einen in die absurdesten Lebenslagen bringen. Ein extremes Beispiel ist der irakischstämmige Millionär und Geschäftsmann Sam Hashimi, der durch Geschlechtsumwandlung zur blonden Samantha wurde, später jedoch beschloss, wieder ein Mann sein zu wollen, nämlich Charles Kane, der Inbegriff des wackeren Engländers. Alles begann damit, dass 1997 Sams Immobilienimperium zusammenbrach und als Folge davon seine Ehe geschieden wurde. Die Kinder blieben bei der Mutter. Sam bekam eine schwere Depression und fand, sein Leben sei nur zu retten, wenn er ein vollkommen anderer Mensch würde – eine Frau. Und eine Blondine dazu. Er fand auch einen Chirurgen, der sich bereit erklärte, die fast 50000 Euro teure Geschlechtsumwandlung vorzunehmen. Doch keine vier Jahre waren vergangen, als Samantha ihren Entschluss bereits bereute. Seitdem hat sie/er hart daran gearbeitet, wieder ein Mann zu werden. »Um ehrlich zu sein, ich habe meinen Penis vermisst«, meint er. Nun heißt Sam Charles und hat zwei schmerzhafte OPs zur Wiederherstellung seiner Männlichkeit über sich ergehen lassen: Unter anderem ließ er sich die Brustimplantate wieder entfernen.

Wie können wir uns vor der gewaltigen Welle von Lifestyle-Optionen retten? Eine Antwort lautet, dass wir einfach aufhören, eine Auswahl zu treffen (obwohl das natürlich schon wieder eine Wahl bedeutet). So machen es die Mitglieder der »Voluntary Simplicity«-Bewegung, einer kleinen, aber wachsenden Gruppe von Menschen, die dem Konkurrenzkampf und der städtischen Hetze entfliehen wollen. Sie schätzen das Leben auf dem Land, wo nur regionale, ethisch korrekte, nachhaltige und erneuerbare Güter zur Auswahl stehen, wo weniger Druck herrscht und eine schlichtere Einstellung zum Leben. Die Wurzeln dieser von allem Überflüssigen befreiten Existenz reichen zurück bis in die griechische Antike und zu Epikur, der betonte, man müsse sich an den einfachen Dingen des Lebens erfreuen, etwa an gutem Essen und guten Freunden. In neuerer Zeit wurde diese Philosophie von dem Amerikaner Henry Thoreau vertreten, der 1854 das Buch *Walden oder Leben in den Wäldern* veröffentlichte. Als Pionier des Öko-Journalismus baute sich Thoreau ein

Blockhaus am Walden-See in Massachusetts, kilometerweit vom nächsten Nachbarn entfernt, und lebte dort länger als zwei Jahre. Er ernährte sich nur von seiner Hände Arbeit, während ein steter Strom von Leuten bei ihm ein und aus ging und etwas über das Einsiedlerdasein erfahren wollte.

Der Wunsch nach dem einfachen Leben war auch Thema in *The Good Life*, einer beliebten englischen TV-Comedyserie der 70er Jahre. Darin startete das reizende, weltfremde Ehepaar Tom und Barbara Good im Londoner Vorort Surbiton den kuriosen Versuch, sich selbst zu versorgen. Nachdem das hämische Lachen verstummt war, nahm der Autor Duane Elgin diese Sehnsucht extrem ernst und veröffentlichte 1981 sein Buch *Voluntary Simplicity: Toward a life that is outwardly simple, inwardly rich*. Das Buch wurde ein Erfolg, und Elgins Forderung, ein paar Gänge herunterzuschalten, fand großen Widerhall. Inzwischen gehört sein Konzept zu den Idealen unserer umweltbewussten Gesellschaft. Viele von uns probieren es aus, kaufen auf Bauernmärkten und werden Abonnenten bei einem Ökolieferservice.

Aber wenn man mehr will, als sich hin und wieder an der vermeintlichen Einfachheit des bäuerlichen Lebens zu erfreuen, dann ist das unter Umständen mit erheblichen Schwierigkeiten verbunden – es sei denn, man hat als Banker oder Broker ordentlich Geld gescheffelt. Deirdre Shaw, Wissenschaftlerin an der University of Glasgow, hat sich ausgiebig mit Menschen befasst, die das einfache Leben praktizieren. »Sein Leben so zu organisieren, dass es einfach ist, ist sehr komplex«, lautet ihr Fazit. Das größte Problem sind die finanziellen Mittel. Man benötigt schlicht Geld, um in der westlichen Welt des 21. Jahrhunderts den Zwängen des Alltags zu entkommen. Heutzutage kann man sich nicht einfach eine Blockhütte am See bauen, und man braucht schon eine beträchtliche Summe, um sich in Großbritannien einen hypothekenfreien Landsitz mit ökologisch angebauten heimischen Rosen leisten zu können. »Um überhaupt in der Lage zu sein, sein Leben radikal zu vereinfachen«, sagt

Shaw, »muss man vorher eine Menge besessen und verdient haben.« Deirdre Shaw ist Mitglied in dem irgendwie militant klingenden Centre for Anti-Consumption Research. Sie fügt hinzu, dass man noch eine weitere Voraussetzung mitbringen müsse, um ländliche Einfachheit zu praktizieren: die Fähigkeit, von Zeit zu Zeit auszubrechen. »Die Vereinfachungs-Profis haben gelernt, viel Geld zu machen, und wenn es nötig wird, wissen sie genau, wo sie wieder Geld herbekommen.«

Der Rest von uns (ebenfalls Superreichen, verglichen mit dem globalen Durchschnittseinkommen) wird sich einfach der Herausforderung stellen müssen, die das Übermaß an Angeboten in unserer Gesellschaft bedeutet. (Wenn alle in das Idyll des einfachen Landlebens entfliehen würden, wären die Städte bald entvölkert und das Land überlaufen.) Für uns gibt es nur eine Lösung im Sinne des Genughabens: Wir müssen uns auf konstruktive Weise dem Konsumzwang entziehen, indem wir Selbstbeschränkung üben. Bis vor Kurzem war es völlig normal, dass Ressourcen knapp sind, und von Wahlfreiheit konnte lange keine Rede sein. Für unsere Vorfahren lag die wahre Weisheit im Leben darin, sich mit dem Vorhandenen zu bescheiden.

Doch heute brauchen wir angesichts der Überfülle einen anderen Ansatz: Wir müssen unsere Palette an Möglichkeiten auf das beschränken, was uns wirklich bereichern kann. Rufen wir also »Genug Auswahl!« und vergessen den Rest. Das ist, zugegeben, ziemlich viel verlangt. Eine solche Haltung erfordert Selbstvertrauen, Selbsterkenntnis und Entschlossenheit. Doch die Alternative besteht darin, dass wir alle zu klagenden, gestressten und zornigen Wesen in einer Welt des glitzernden Überflusses werden, die ihre persönlichen und planetaren Ressourcen im Teufelskreis des Konsums verfeuern.

Wir haben *genug* Auswahl

Kopf oder Zahl?

Wenn Sie ob der Wahl zwischen zwei Möglichkeiten – sei es im Leben oder im Laden – in einem Dilemma sind, lautet die bestechend einfache Lösung, eine Münze zu werfen. Es geht nicht darum, ob bei dem Wurf Kopf oder Zahl herauskommt, sondern um Ihre Reaktion auf das Ergebnis. Wenn es Sie eher enttäuscht oder wenn Sie sofort denken: OK, aber das ist nur die zweitbeste Möglichkeit, dann sollten Sie sich für das andere entscheiden. Sie haben soeben eine Ihrer geheimen Vorlieben entdeckt. Dies ist eine Art Seelengräbertum, eine Weissagung, eine sehr abgespeckte Version von Tarot oder I Ging.

Weniger ist mehr

Vermeiden Sie unnötigen und sinnlosen Umtausch, indem Sie in kleineren Geschäften einkaufen, die nicht genug Fläche für ein überbordendes Angebot haben. Wenn es unabhängige Händler sind, umso besser: Mit etwas Glück kennen die Inhaber ihre Branche und bieten nur ausgesuchte Waren an, die Ihnen die vielen Zwickmühlen des Tages ersparen.

Machen Sie den Sechs-Monate-Test

Wenn wir mit zu vielen Wahlmöglichkeiten konfrontiert sind, verlieren wir leicht den Überblick. Eine spontane

Entscheidung erscheint uns plötzlich gefährlich, und ihre Tragweite wächst ins Unermessliche. In der Rückschau wundern wir uns dann oft, wie uns eine so triviale Entscheidung schlaflose Nächte bereiten konnte. Eine Möglichkeit, in einer solchen Minikrise einen klaren Kopf zu behalten, ist es, die Perspektive zu wechseln. Fragen Sie sich: Wird diese Wahl mir in sechs Monaten noch wichtig erscheinen? Wenn nicht, dann lohnt es kaum, sich derart mit der Entscheidungsfindung zu quälen.

Hüten Sie sich vor dem Köder der ethisch-moralischen Wahl

Händler wiegen uns gern in dem Glauben, wir hätten mit der Wahl eines bestimmten Artikels eine ethisch korrekte Entscheidung getroffen. Etiketten mit öko-dies und ethisch-das werden massenweise von den Herstellern eingesetzt, um Käufer anzulocken. Natürlich sollten wir darauf achten, dass die Dinge, die wir kaufen, so umweltschonend wie möglich hergestellt sind, aber wenn Sie zum Beispiel auf einem Etikett »CO_2-arm hergestellt« lesen, steht in Wahrheit dahinter: »Nun greif schon zu. Es macht gar nichts, wenn du es nur ein- oder zweimal trägst. Wir haben doch die Atmosphäre geschont.«

Bleiben Sie locker

Unsere emotionale Widerstandskraft ist oft sehr viel größer, als wir annehmen. Wir bewegen uns auf einer bestimmten Ebene der Zufriedenheit, zu der wir am liebsten immer wieder zurückkehren. Die moderne Kultur jedoch möchte aus uns Kontroll-Freaks machen; wir sollen glauben, dass jede einzelne Entscheidung für unseren weiteren Lebensweg immens wichtig ist. Doch wie sang einst John Lennon? »Life is what happens when you're making other plans.« Warum also in Panik verfallen, wenn wir mehrere Optionen haben, wo doch die Wahl vermutlich kaum Auswirkungen auf unser Leben hat?

Lassen Sie Ihr Ego an der Ladentür

Trennen Sie Ihr Ego von Ihren Kaufentscheidungen. Häufig definieren wir uns über die Entscheidung für einen bestimmten Gegenstand. Judith Williamson, die Autorin von *Decoding Advertisements*, sieht es noch ein wenig anders: »Shopping verleiht einem ein Gefühl von Macht und Wahlfreiheit, das einem sonst im Leben fehlt.« Wie traurig.

Worauf es ankommt

Statt uns von flüchtigen Extras das Hirn vernebeln zu lassen, sollten wir nach dem einen unerlässlichen Merkmal Ausschau halten: der Nachhaltigkeit. Denn schließlich sollen Dinge, die wir kaufen, halten, sie sollen reparaturfähig sein und nicht den Launen des Herstellers unterliegen. Darüber hinaus sollten auch unsere Lebensentscheidungen nachhaltig sein, Entscheidungen, denen wir uns von ganzem Herzen verschreiben können, anstatt der Konsumentenmaxime zu folgen: »Wenn es nicht funktioniert, kann ich ja immer noch ...«

Legen Sie absurde Kriterien fest

Begegnen Sie den absurden Abstufungen der Scheinauswahl, indem Sie selbst absurde Kaufkriterien festlegen: Sagen Sie sich, Sie wollen nur Dinge kaufen, die beispielsweise drei Vokale im Namen haben oder deren Etiketten lediglich die Farben Rot und Schwarz tragen.

Geben Sie sich zufrieden mit dem, was gerade gut genug ist

Es gibt eine vernünftige Alternative zu dem Drang, immer das Optimum haben zu müssen. Lassen Sie sich nicht von der illusorischen Aussicht auf das Allerbeste die Freude am Zufriedenstellenden verderben. Vielleicht ist Ihr Leben gerade jetzt so gut, wie es nur werden kann – und Sie dürfen einfach dafür dankbar sein. Und vielleicht (aber nur vielleicht) ist ein T-Shirt ebenso gut wie das andere.

6. GENUG GLÜCK

> *Sie hatte Freunde, die ernsthaft mit Yoga begonnen hatten*
> *oder Antidepressiva schluckten oder Survival-Expeditionen*
> *in die Wildnis unternahmen, wo man Trinkwasser gewinnt,*
> *indem man Tau auf Plastikplanen sammelt.*
> *Sie verstand, dass sie sich selbst nicht genug waren.*
> *Dass sie fürchteten, nicht glücklich genug oder wertvoll genug*
> *oder hübsch genug zu sein – und nicht genug, um eine Leere auszufüllen.*
>
> Jean Thompson, »Wide Blue Yonder«

Neulich stieg ich morgens an der London Bridge aus meinem Pendlerzug und erblickte über der Menschenmenge ein großes Plakat mit einer mehrfach geklonten Schönen. Jeder Klon tanzte vor Freude. Es war eine Werbung für den Chiphersteller Intel, und der Slogan darunter verkündete: »More Computing Means More You.« Ich stellte mir vor, wie die Werbetexter einander zu diesem zündenden Slogan gratulierten, einem Slogan, der auch meine Seele dazu bringen sollte, auf Bahnsteig 4 vor Freude zu tanzen und zu singen: »More Me, More Me.« Modernen Egoisten muss die Aussicht auf mehr Ich als die wunderbarste aller Möglichkeiten erscheinen, die eine materielle Welt bieten kann. Für die Träume des Konsumenten ist sie der Anreiz schlechthin. Mir hingegen ging der Slogan den ganzen Tag nicht aus dem Kopf, weil mir alle möglichen seltsamen Fragen dazu einfielen.

Wollte ich wirklich *mehr Ich* haben? Ein kurzer Blick auf meine Gesamtpersönlichkeit überzeugte mich, dass ich von manchen Teilen weiß Gott genug habe – und von einigen Charaktereigenschaften wie Geltungsbedürfnis, Argwohn, Selbstmitleid und nagendem Neid sogar zu viel. Ob irgendein Mensch mehr von mir ertragen könnte? Meine Frau würde vermutlich spontan ausrufen: »Genug Ehemann!« Und überhaupt, wie um alles in der Welt sollte es denn sein, dieses mysteriöse »More Me«? Würde es sich auch nur ein Quäntchen anders anfühlen als das, was ich bereits bin? Philosophisch, semantisch und vor allem seelisch gesprochen glaube ich nicht daran. Ich bin nur dieses eine Ich – grenzenlos, und doch begrenzt. So jedenfalls fühlt es sich von innen an. Und so wird es vermutlich bleiben. Folglich war die Botschaft des »More Me« an mich verschwendet.

Aber die auf dem Plakat verheißene Ego-Vervielfachung, gekoppelt mit der Möglichkeit, einen neueren, schnelleren Computer zu bekommen, könnte sehr wohl die verschwommenen Sehnsüchte einiger meiner Pendlerkollegen ansprechen. Vielleicht ist es sogar *die* frohe Botschaft unserer Zeit: Endlich wird unser Gefühl des Nichtgenügens behoben werden. Wir alle werden ein Logo tragen: »Ich arbeite fleißig an der Vervielfachung meines Selbst.« Im 15. Jahrhundert allerdings wäre Intels griffiger Slogan als Ausspruch des Teufels verdammt worden, damals lautete die politisch korrekte Formel »Weniger Ich«. In seiner berühmten Schrift *Nachfolge Christi* drängte der Augustinermönch Thomas von Kempen die Gläubigen, entweder alle Rudimente des Stolzes abzulegen oder sich auf eine Reise in die Verdammnis gefasst zu machen: »Achte ich mich jedoch gering, steige ich in mein Nichts hinunter, löse ich mich von aller Selbstverhimmelung und erniedrige ich mich bis zum Staub, der ich bin, dann neigt sich mir deine Gnade gnädig zu, und dein Licht nähert sich meinem Herzen, sodass alle Selbstüberhebung im Grunde meines Nichts endgültig erlischt.«

In Sack und Asche zu gehen oder ein härenes Hemd zu tragen ist heute glücklicherweise aus der Mode (obwohl ich wette, dass Kempen einen stattlichen Ego-Kick aus seiner Selbsterniedrigung zog). Inmitten unseres ganzen modernen Alltagstrotts dürfen wir es uns von Zeit zu Zeit mit uns selbst richtig gut gehen lassen. Da ist natürlich die Versuchung groß, solche Phasen des inneren Einklangs auszudehnen, bis das Glück auf Erden zum Dauerzustand wird. Uns treibt die Hoffnung an, dass das moderne Leben mit seiner Überfülle und seiner überlegenen Technologie uns zu immer mehr (glücklichem) Selbst verhilft.

Bislang wurde dieser Anspruch nicht eingelöst, aber immerhin ist ein neuer Lifestyle-Sektor entstanden: die »Erfüllungsbranche«. Ein blühendes Gewerbe mit der Botschaft, es sei doch ganz leicht, mehr Selbstachtung, Selbstbewusstsein, Zufriedenheit und Freude zu gewinnen.

Die Verheißungen der Erfüllungsbranche sind so allgegenwärtig geworden, dass man Gefahr läuft, als Trottel abgestempelt zu werden, wenn man ihre elementaren Lehrsätze ablehnt. Selbstredend waren Menschen immer bestrebt, bestimmte Dinge zu verbessern. Aus diesem Grund haben wir den aufrechten Gang entwickelt und halten beim Kauen höflich den Mund geschlossen. In der frühviktorianischen Zeit wurde von jungen Damen erwartet, weibliche »Vollendung« zu erreichen, indem sie in Handarbeiten, Musik, Tanz und Fremdsprachen brillierten (moderne Evolutionspsychologen würden diese Fertigkeiten möglicherweise als sublimierte Zurschaustellung der genetischen Fortpflanzungseignung bezeichnen). Und Bücher über persönlichen Erfolg sind schon seit geraumer Zeit der Renner: Pionier auf diesem Gebiet war ein Mann mit dem sprechenden Namen Samuel Smiles. Dieser Junge aus Schottland hatte zehn Geschwister, verlor früh den Vater, wurde zu einem bedeutenden Industriellen und gab einem ganzen Genre den Namen, als er 1859 seinen Bestseller *Die Selbsthülfe in Lebensbildern und Charakterzügen* veröffentlichte. Es folgten drei weitere Rückgratstärker: *Der Charakter*, *Sparsamkeit* und *Die Pflicht*. Die Bücher des weißbärtigen Patriarchen predigten das viktorianische Evangelium harter Arbeit mit Sätzen wie: »Es lässt sich allgemein konstatieren, dass Männer, die ständig über ihr Missgeschick klagen, nur die Früchte ihrer eigenen Nachlässigkeit, ihrer Misswirtschaft und ihrer Sorglosigkeit oder ihres fehlenden Eifers ernten.« Nichtsdestotrotz wusste Smiles auch genau, welche positiven Botschaften sich glänzend verkaufen, wie folgendes Beispiel belegt: »Ich bin so glücklich wie ein Mann nur sein kann, denn die ganze Welt scheint mir wohl gesinnt!«

Im 19. Jahrhundert waren Werke zur Selbstvervollkommnung in den USA sehr willkommen, hauptsächlich als Ratgeber für den Aufbau der neuen Nation. Angeblich trug jeder junge Mann, der in den Westen ging, einen Abdruck von Ralph Waldo Emersons berühmtem Essay »Self-reliance« bei sich und hatte sich Emersons Ermahnung zu Herzen genommen, »mit seinem Planwagen einem Stern zu folgen«. Im 20. Jahrhundert begann Napoleon Hill, der in bester Tradition des amerikanischen Traums in einer bescheidenen Blockhütte in den Bergen geboren worden war, seine Selbsthilfekarriere mit der Veröffentlichung des klassischen Erfolgsbuches *The Law of Success*. Als Nächstes verfasste er *Denke nach und werde reich*, das in den 30er Jahren zum populären Klassiker wurde: ein onkelhaftes Handbuch voller verworrener Ratschläge für das Leben, für die Liebe und dafür, wie man einen ansprechenden Lebenslauf schreibt. Nicht vergessen dürfen wir das Standardwerk der Selbsthilfe-Literatur: *Wie man Freunde gewinnt. Die Kunst, beliebt und einflussreich zu werden* (1936) von Dale Carnegie, einem Mann, der in seinem Leben auf allen Ebenen gescheitert war, als Farmer, Lehrer, Journalist, Schauspieler, Schriftsteller, Ehemann und Investor. Er lädt uns ein, von der Weisheit zu profitieren, die er aus seinen Misserfolgen gezogen hat, und eine seiner wichtigsten Botschaften lautet: »Zwing dich zu lächeln!«

Im Lauf der Jahre legten die Selbsthilferatgeber immer mehr Gewicht auf das Glück. 1952 verfasste Norman Vincent Peale den Bestseller *Die Kraft positiven Denkens*. Darin rät er dem Leser, bessere Laune zu haben, es sich zur »Gewohnheit zu machen, glücklich zu sein«. In den 50er Jahren wurde Glück noch als hilfreiche, gewinnbringende Eigenschaft verkauft, doch in den 70ern war Glück bereits etwas, auf das man einen Anspruch hatte. Seitdem ist die Latte immer höher gehängt worden, und heute scheint es, als sei Glück eine Pflicht. Der offizielle Wohlfühlkönig und Berater der britischen Regierung, Lord Layard, schreibt in seinem Buch *Die glückliche Gesellschaft. Kurswechsel für*

Politik und Wirtschaft: »Glück ist dieses übergreifende Ziel, weil es anders als alle anderen Ziele ganz offensichtlich gut ist.« Also keinen Streit, bitte: Das Glück ist unser höchster Lebenszweck.

Unversehens ist ein ganzes literarisches Genre entstanden, basierend auf dem G-Wort, man denke nur an Titel wie *Der Glücks-Faktor, Der Weg zum Glück, Ins Glück stolpern* oder schlicht *Glück*. Aber hilft eine derartige Flut von Aufforderungen den Menschen tatsächlich, glücklicher zu sein? Verkündigungen im Sinne Layards verstärken den wachsenden sozialen Druck, dass du nicht ins System passt, wenn du nicht entschlossen oder erfüllt oder fröhlich genug bist. Und wenn du nicht danach strebst, dich zu verbessern, glücklicher zu werden, dich emotional mehr zu engagieren oder generell mehr Selbst zu gewinnen, dann muss etwas an dir verkehrt sein. Willst du etwa hinter den anderen zurückbleiben?

Die Glücksindustrie drängt uns dazu, uns als Menschen neu zu erfinden – was eine neuerliche Jagd nach immer mehr auslösen kann: Ich will noch mehr als die fantastische Karriere, die teuren Sachen, das schöne Heim, den makellosen Partner, den Top-Urlaub und all die anderen Ausdrucksformen des bestmöglichen Lifestyles. Reichen diese Dinge nicht, damit es uns besser geht, dann müssen wir eben »lernen, wie wir uns besser fühlen«. Es besteht kaum Gefahr, dass wir demnächst mit einer Verknappung der Produkte rechnen müssen, die ebendies versprechen. Mein Schreibtisch in der *Times*-Redaktion (wo ich unter anderem eine Kolumne namens »Psyche« redigiere) ächzt bereits unter der Last von Lebenshilfebüchern, -CDs und -DVDs: Übungsleitfäden, Yoga- und Meditationstechniken, spirituelle Wege, erstaunliche Offenbarungen, positive Psychologie, Ratgeber von Gurus und unverdauliche Machwerke von Prominenten. Jeden Morgen kommt die Post und erhöht die schwankenden Stapel um weitere zwei bis fünf Zentimeter Lesestoff. Ich laufe ernstlich Gefahr, von einer Ratgeber-Lawine zerschmettert zu werden.

Wer weiß, vielleicht ist eines dieser Bücher genau das richtige. Vielleicht *Sie können Ihr Leben verändern* oder *Setzen Sie Ihre Umgebung in Erstaunen* oder gar *Sie können haben, was Sie wollen?* Wenn das zu anmaßend klingt (und wohin mit dem ganzen Zeug?), wie wäre es dann mit *Entstressen Sie Ihr Leben in sieben einfachen Schritten?* Vielleicht sind aber sieben Schritte schon zu viel? Dann schwenken wir doch einfach um auf *Gestaltwandler: Verändern Sie Ihr Leben in einem Tag*. Genau, ein Tag – und keine Minute länger.

Diese Instant-Ratgeber werden mit allen Problemen immer schneller fertig, und die Versprechungen blähen sich immer mehr auf. Warum sollte man übrigens einen ganzen Tag auf die Änderung seines Lebens verschwenden? Könnte die ganze Angelegenheit doch in einem Aufwasch morgens erledigt werden, damit wir den Nachmittag freihaben, um unser neu gewonnenes Glück zu genießen. Ich warte noch auf *Räumen Sie in einer Minute Ihr Leben auf*. Aber vielleicht geht es ja gerade in diesem Moment in Druck.

Was kann man schon anderes erwarten, als dass die Erfüllungsbranche von sofortiger Veränderung geradezu besessen ist, hat sie sich doch erst vor Kurzem selbst neu erfunden. Die aggressive Vermarktung von Glück, wie wir sie heute kennen, begann im Grunde erst Ende der 60er Jahre, als Amerikas Jugend es müde wurde, die Welt verändern zu wollen, und sich stattdessen darauf verlegte, sich selbst zu verändern. Unvermittelt galt: »Das Private ist das Politische.« Es ist sicher kein Zufall, dass zu diesem Zeitpunkt auch die Drogen der Gegenkultur einem Wandel unterlagen: von Alkohol und Speed, die einen wild und aggressiv machen und auf die Straße treiben, zu Cannabis und LSD, die Zugang zum eigenen Unterbewussten verschaffen, zu Träumen und Visionen, welche vorher nur durch geduldige Meditation zugänglich waren.

Rasch wuchs das Interesse an Esoterik und Selbstheilung. Und bald erkannten Akademiker wie Carl Rogers und Nathaniel Branden die Möglichkeiten der neuen Bewegung. Branden schrieb 1969 *Psychology of Self-esteem*, einen echten Longseller. Rogers entwickelte sein Konzept der »bedingungslosen Wertschätzung«, das ursprünglich eine Methode war, um Kinder selbstbewusster zu machen. Ende der 70er Jahre setzten in den USA viele Schulen Persönlichkeitstraining auf den Stundenplan. Unterrichtsprogramme wie die *Esteem Builders* der Erziehungspsychologin Michele Borba führten zu mehr als tausend Standardübungen, zum Beispiel das »Ich Liebe Mich«-Training, in dem die Schüler Sätze vervollständigen und sich einprägen müssen – etwa »Ich bin ... begabt«, »... schön« oder Ähnliches. Diese Art glühender Selbstaffirmation ist zum Credo der Selbsthilferatgeber geworden.

In nur vier Jahrzehnten ist die massenhafte Vermarktung des Selbstbewusstseins zu einem viele Milliarden schweren Industriezweig geworden, mit einem Pantheon von Bestsellerautoren wie John Gray, Stephen R. Covey, Deepak Chopra, Werner Tiki Küstenmacher und Eva-Maria Zurhorst. Das gemeinsame Jahreseinkommen allein der drei Erstgenannten liegt im zweistelligen Millionenbereich. Man erwartet, dass der gesamte Sektor im Jahr 2008 mehr als acht Milliarden Euro einbringen wird. Wo viel Geld im Spiel ist, tummeln sich auch viele Scharlatane; das wiederum ruft Kritiker wie Steve Salerno auf den Plan, den Autor von *Sham*, der Pfusch, Schwindel und zwielichtige Geschäftemacherei rund um die Glücksbewegung anprangert. So etwas gibt es wohl in jeder schnell wachsenden Branche, schließlich sind wir alle nur Menschen. Es soll nicht heißen, dass der Selbsthilfesektor in Bausch und Bogen zu verdammen ist. Aber inzwischen zeichnet sich hier eine neue Strömung ab. Unter den Millionen von Konvertiten und Jubelrufern wächst die Zahl der Desillusionierten, die sich nach und nach zu Wort melden. Einst folgten sie dem Ruf zur Selbstoptimierung und haben hart an sich gearbeitet, doch nun argwöhnen sie, dass die unablässige Jagd nach Fröhlichkeit auch ihre Schattenseiten haben könnte.

Nehmen Sie zum Beispiel David Granirer, einen aus Vancouver stammenden Anwalt, der sich als eingetragenes Mitglied der Neurotikerliga und als klein geratenen, kahlköpfigen Loser bezeichnet (Fotografien scheinen dies zu bestätigen). Granirer erzählt, er habe 20 Jahre vergeudet und Tausende von Dollars für Workshops und Bücher ausgegeben, in denen die Geheimnisse materiellen Überflusses und nie versiegender Freude propagiert wurden. »Ich habe an meiner Selbstaktualisierung gearbeitet«, berichtet er. »Ich habe Affirmationen gesagt, habe mir Überfluss bildhaft vorgestellt, mich nach meinem Spirit Guide ausgerichtet, mit meinem Totemtier Zwiesprache gehalten, habe meditiert, gesungen und bin ins Licht getanzt. Und nach all diesen Anstrengungen bin ich kein bisschen reicher, attraktiver, gesünder oder zufriedener als zuvor. Ich habe weder meinen inneren Frieden noch die wahre Seligkeit gefunden. Ich bin immer noch so neurotisch wie früher.«

Granirer hat seiner Selbstoptimierung den Rücken gekehrt und den Spieß umgedreht. Er hat sein eigenes Buch geschrieben: *The Happy Neurotic: How Fear and Angst Can Lead to Happiness and Success*. Glückliche Neurotiker, so Granirer, lernen mit ihren negativen Gefühlen umzugehen und sie auf produktive Weise zum Aufbau ihres Selbstwertgefühls zu nutzen. »Statt sich dafür zu schelten, dass sie nicht die Ideale persönlichen Wachstums verkörpern, nehmen glückliche Neurotiker ihre angsterfüllte und neurotische Art, die Dinge zu erledigen, mit Humor.«

David Granirer ist nicht der einzige Abtrünnige der Lebensbereicherungsbewegung. Jennifer Louden rief den 15. Mai 2007 zum ersten International Freedom from Self-Improvement Day aus, um Selbsthilfefans zu ermutigen, die Bücher mal aus der Hand zu legen. Louden ist Autorin von sechs Büchern zum Thema, darunter *Tu dir gut! Das Wohlfühlbuch für Frauen*, *Comfort Secrets for Busy Women* und das kürzlich erschienene *The Life Organiser: a Woman's Guide to a Mindful Year*. (Ich kann mich des Verdachts nicht ganz erwehren, dass Ms Louden vor allem sich selbst damit hilft.) Sie ist eine attraktive Frau mit flotter Frisur, die sich auf ihrer Homepage als »persönlicher Coach und soziale Beobachterin« vorstellt. In einem Augenblick der Erleuchtung habe sie erkannt, was der Selbstoptimerungsbewegung fehle. Danach habe sie den Schritt von »einer viel gelesenen Selbsthilfeautorin zu einer kulturellen Führerin und Lebensratgeberin« vollzogen, berichtet sie. »Eines Tages meditierte ich, und plötzlich manifestierte sich die Idee: Was wäre, wenn wir alle einmal für 24 Stunden aufhören würden, jemand anderes sein zu wollen? Das müsste doch ein Gefühl sein wie Ferien vom Ich. Denn wenn Selbstverbesserung tatsächlich funktionieren würde, müssten wir inzwischen alle unabhängige, mehrsprachige, schlanke Milliardäre sein. Aber im Grunde unseres Herzen wissen wir, dass wir alles haben, was wir brauchen, und wenn wir uns jeden Augenblick so akzeptieren, wie wir sind, dann sind wir endlich auf dem schnellsten, billigsten und tatsächlich einzigen Weg zum wahren Glück.«

Da gibt es nur ein Problem: Menschen wie Granirer und Louden, die die bisherigen Methoden ablehnen, drängen uns nur wieder neue Strategien zur Glücksfindung auf. Ein anderes Etikett, aber das gleiche Ziel. Anscheinend muss die Freudenjagd endlos weitergehen, zu verlockend ist die Aussicht auf Beute. Außerdem droht im Hintergrund ein Tabu: Wer das Versprechen auf immer größeres Glück ablehnt, verletzt damit eine der Grundlagen unserer westlichen Kultur. Und das darf nicht sein. Der Blick auf die menschliche Evolution offenbart allerdings: Es ist ein Trugschluss zu glauben, dass man dem eigenen Glück deutlich nachhelfen könnte. Wir haben keine Standardeinstellung für »glücklich sein«. Glück ist keine Auslegware, die man nur von Staub und Unrat befreien muss, um es sich darauf bequem zu machen.

Man kann nicht einmal behaupten, dass Glück etwas uneingeschränkt Gutes ist. Als Psychologen die Lebensgeschichten von 1216 Kindern nachverfolgten, deren Persönlichkeiten im

Jahr 1922 beurteilt worden waren, stellten sie fest, dass die glücklichsten von ihnen früher gestorben waren als die weniger glücklichen. Die Studie ergab, dass die besonders glücklichen Kinder als Erwachsene eher Alkohol tranken, rauchten und Risiken eingingen – möglicherweise, weil ein positives Weltbild Gefahren geringer erscheinen lässt. Das Fazit der Psychiater: »Obwohl sich gezeigt hat, dass Optimismus und Lebensbejahung sich positiv auf die Bewältigung kleinerer Krisen auswirken, sind die Langzeitwirkungen einer fröhlichen Disposition komplexer und möglicherweise nicht nur günstig.«

Die dürren Fakten besagen, dass Glück lediglich eine Anpassung der Evolution ist. Es soll in bestimmten Situationen unsere Chancen auf Überleben und Fortpflanzung erhöhen. Glück verleitet uns, nach manchen Dingen zu streben und andere zu meiden. Doch ebenso verhält es sich mit unseren weniger geliebten Gefühlen, mit Langeweile, Unzufriedenheit und all den anderen negativen Emotionen: Sie sollen ebenfalls in bestimmten Situationen unsere Chance auf den nächsten Beischlaf oder das nächste Frühstück erhöhen. Menschen fühlen Glück, Quallen tun das nicht. Menschen fühlen Langeweile, Unzufriedenheit und Traurigkeit, Quallen nicht. Wie der Genetiker Theodosius Dobzhansky einmal gesagt hat: »In der Biologie ergibt nichts einen Sinn, es sei denn, man betrachtet es im Licht der Evolution.« Wenn ein Gefühl in uns haust, dann deshalb, weil die Evolution es so wollte – weil es einen evolutionären Nutzen hatte. Unseren inneren Bauplan zu verleugnen oder ungeliebte Seiten von uns zu verdrängen, ähnelt – nach einem alten Spruch – dem Versuch eines nackten Mannes, sein Hemd auszuziehen.

Welchen Nutzen könnten nun unsere negativen Eigenschaften haben? Dieser Frage nachzugehen ist geradezu unmodern geworden, während wir verzweifelt versuchen, aus der positiven Psychologie Gold zu spinnen. Doch es ist längst kein Geheimnis mehr, dass uns eine Prise Pessimismus zu einer realistischeren Einschätzung der Welt verhilft. Psychologen nennen das

»depressiven Realismus«. Dieser trifft häufig ins Schwarze, weil das Leben im Allgemeinen kein Zuckerschlecken ist. Menschen mit einer leicht pessimistischen Einstellung können bessere Prognosen stellen als blauäugige Optimisten: Tests zeigten, dass die Optimisten in erschreckender Weise dazu neigen, ihren Erfolg, ihren Status und ihre Chancen überzubewerten. Außerdem kann eine gewisse Dosis Hypochondrie sehr gesund sein: Wir sind dazu geschaffen, uns um uns selbst zu sorgen. Unsere jungsteinzeitlichen Vorfahren waren dauernd auf der Hut vor giftiger Nahrung und ansteckenden Krankheiten.

Der winzige evolutionäre Vorteil, den der depressive, hypochondrische Höhlenmensch gegenüber seinem sorglosen Nachbarn hatte, führte dazu, dass im Lauf von Jahrmillionen die Sorglosen öfter jung starben und die Ängstlichen gediehen und sich vermehrten. Wer permanent glücklich ist, hat kein Interesse an Veränderung. Er entwickelt sich nicht. Chronisch fröhliche Steinzeitmenschen hätten grinsend rumgegangen, während ihre Wunden schwärten, ihre Vorräte verdarben und ihre Kinder von Bären gefressen wurden. Wenn man aber nie so ganz glücklich ist, versucht man ständig, sich und die Welt zu verbessern.

Randolph Nesse, Professor für Psychiatrie an der Michigan University, meint, dass Depression nicht nur während unserer Evolution wichtig war, sondern auch heute noch hilfreich sein kann. Depressionen treten oft an einem Punkt im Leben auf, an dem wir innehalten und unseren Kurs überdenken sollten, erklärt er. Das ist immer dann besonders nützlich, wenn einem etwas wahrhaft Niederschmetterndes zustößt, zum Beispiel der Verlust der Arbeit oder das Ende einer Beziehung. Dann sorgt der gesunde Teil der menschlichen Erfahrung dafür, dass wir zur Ruhe kommen, trauern, grübeln und manches neu bewerten können. Doch leider sind Ärzte zunehmend bestrebt, uns mithilfe von Antidepressiva möglichst rasch aus der Rekonvaleszenz zu entlassen. Anlässlich einer Studie an 8000 Menschen, bei denen eine Depression diagnostiziert und behandelt worden war, berichtete die US-Zeitschrift *Archives of General Psychiatry*, dass ein Viertel dieser Patienten gar nicht klinisch depressiv war, sondern eine Lebenskrise erlebt hatte, beispielsweise durch den Tod eines nahen Angehörigen. Diesen Menschen sollte Zeit zugestanden werden, damit sie ihren Schmerz verarbeiten können, hieß es in dem Bericht – was natürlich nicht im Sinne der Arzneimittelkonzerne ist, die vor allem an steigenden Verkaufszahlen ihrer Trauer dämpfenden Pillen interessiert sind.

Depressionen mit der chemischen Keule zu bekämpfen, führt unter Umständen zu seltsamen Nebenwirkungen. Wenn schüchterne, depressiv veranlagte Menschen ihre Hemmungen mit Prozac wegschlucken, kann es zu einer Verzerrung unserer gesellschaftlichen Strukturen kommen, ja sogar zu einem gewaltigen Auf und Ab der Finanzmärkte. Börsenmakler neigen zu Überlastung und schlucken Antidepressiva, doch die Glückspillen könnten bewirken, dass sie aggressiver und unbekümmerter mit Wertpapieren handeln. Durch Mittel wie Prozac steigen die Serotoninwerte im Gehirn rasch an, und ein Nebeneffekt ist, dass man beispielsweise stärker nach einem hohen Status hungert. Forschungen zeigen, dass der Anführer einer Affenhorde doppelt so viel Serotonin im Blut hat wie die anderen Mitglieder der Gruppe. Wenn der Oberaffe seine Position einbüßt, sinken seine Serotoninwerte sofort ab. Theoretisch könnte jeder andere Affe der Horde zum Chef werden, wenn man ihm ein Antidepressivum verabreichte, das seinen Serotoninspiegel erhöht. Das Klima an manchen hoch dotierten Arbeitsplätzen könnte noch rauer werden, wenn alle vom Leben gebeutelten Prozac-Süchtigen Oberaffe werden möchten.

Wer jedoch glaubt, gar keinen Anspruch auf die Position des Oberaffen zu haben, leidet vermutlich unter einem zu geringen Selbstwertgefühl, dem Schreckgespenst der positiven Psychologie. Alles unterhalb eines überschäumenden Selbstwertgefühls wird ja heute als krankhaft und gefährlich betrachtet. Bereits 1984 schrieb Nathaniel Branden, dass er sich kein »einziges psychologisches Problem vorstellen« könne, »von Angst und Depression über Angst vor Intimität und Erfolg bis hin zu Misshandlung des Ehepartners oder der Kinder, das sich nicht auf Minderwertigkeitsgefühle zurückführen lässt«. Brandens Credo fand rasch breite Anerkennung: Wir alle haben das Bedürfnis, uns mehr zu mögen. Es klingt wie eine von Lord Layards Thesen über die »ganz offensichtlich guten« Dinge.

Und wer wollte dem widersprechen? Wer ist so kühn, sich für farblose Ideale wie ein bescheidenes Maß an Selbstwertgefühl einzusetzen? Es ist ein Mann namens Nicholas Emler, Psychologieprofessor an der Surrey University in Guildford. Emler hat das zur Verfügung stehende wissenschaftliche Material – Zehntausende psychologische Studien – untersucht und ist zu dem Ergebnis gekommen, dass die Selbstwert-Bewegung sich gründlich irrt. »Sogar in Regierungsverlautbarungen steht, dass die Menschen mehr Selbstbewusstsein haben sollten«, sagte Emler auf einer Konferenz in Edinburgh. »Man nimmt an, dies sei die Lösung für die Bekämpfung von Verbrechen, Missbrauch, Gewalt und was es sonst noch so gibt. Sogar unrentable Bankkunden, unproduktive Angestellte und Missernten werden auf zu wenig Selbstbewusstsein zurückgeführt.« Aus sämtlichen Studien lassen sich jedoch keine stichhaltigen Beweise dafür herausfiltern, dass geringes Selbstwertgefühl zu unsozialem Verhalten führt. Im Gegenteil: Menschen, die sich selbst hoch einschätzen, neigen am ehesten zu Gewalt und sind äußerst risikobereit, da sie sich für unverwundbar halten. Demgegenüber ist ein starkes Minderwertigkeitsgefühl tatsächlich schädlich, aber nur für den Menschen, der darunter leidet, für alle anderen nicht.

Darüber hinaus gibt es etwas Elementares in der menschlichen Natur, das sich für sämtliche den Selbstwert steigernden Bücher, Kurse, Initiativen und Bewegungen als Hemmschuh erweist, meint Emler: Die Forschung zeigt, dass es sehr schwer ist, am erworbenen Selbstwertgefühl eines Erwachsenen etwas zu ändern. »Der Selbstwert kann als Reaktion auf gewisse Lebensereignisse leicht auf- oder absteigen, aber jedes Individuum hat seinen eigenen Gradmesser, und der aktuelle Wert bewegt sich um die einmal erworbene Marke.« Studien an Zwillingen deuten an, dass unsere Gene darauf den stärksten Einfluss haben. Selbst bei Kindern lassen sich besonders hohe oder niedrige Grade des Selbstbewusstseins extrem schwer durch positive oder negative Erfahrungen verändern. »Schüler mit großem Selbstbewusstsein reden ein Versagen klein, um ihre hohe Selbsteinschätzung zu erhalten: Sie rechtfertigen sich mit Pech, Vorurteilen oder dass sie es nicht richtig versucht haben«, berichtet Emler. »Noch auffälliger ist aber, dass Schüler mit Minderwertigkeitsgefühlen von schulischem Erfolg nicht aufgemuntert werden. Traurigerweise betrachten sie eine gute Leistung als Zufallstreffer und schätzen sich selbst nach wie vor als Person mit geringen Fähigkeiten ein.« Emler zieht daraus den Schluss, dass eine überzogene Selbsteinschätzung ebenso schädlich ist wie eine zu niedrige. »Menschen mit großem Selbstbewusstsein ignorieren sämtliche Ratschläge, und Menschen mit starken Minderwertigkeitsgefühlen merken nicht einmal, dass man ihnen Ratschläge geben will. Es sind daher die Menschen in der Mitte zwischen beiden Extremen, die zuhören und auswerten und, im Großen und Ganzen, vernünftig auf die Beeinflussung durch andere reagieren.«

Augenblicke, in denen man sich minderwertig fühlt, können sogar eine lebensrettende Botschaft enthalten. Wenn es in der Arbeit oder in einer Bar zu einer Konfrontation kommt, wissen die Kontrahenten meistens ganz genau, wer der Stärkere ist. Sie messen ihre Stärke an der Breite ihrer Schreibtische oder an der Größe ihrer Muskeln. Wenn Gefahr besteht zu unterliegen, ist es oft besser zurückzuweichen. Auch Tiere beherrschen dieses Verhalten, das Biologen »resource-holding potential« oder kurz RHP nennen (kleine Hunde im Park haben, wie es scheint, nie etwas davon gehört).

Diese Strategie klingt vernünftig, besonders wenn man sie auf moderne Unternehmen überträgt, wo das Selbstwertgefühl der Angestellten den ganzen Tag über wie ein Jojo auf- und abschwingt, je nachdem, mit wem man gerade auf engem Raum zusammen ist. Nun kann ich mir endlich erklären, warum es mir während meiner Zeit in der Redaktion nie etwas ausgemacht hat, neben einem Praktikanten vor dem Urinal zu stehen. Doch ein Ereignis vor einigen Jahren hat sich in mein Gedächtnis eingebrannt: Der Herausgeber höchstselbst stand neben mir – und obwohl ich mich furchtbar anstrengte, brachte ich nichts heraus. Kein Tröpfchen. So groß ist die Macht des Respekts.

Vielleicht besteht unser aktuelles Problem mit schwachem Selbstbewusstsein nicht nur darin, dass es existiert und dass man sich mies dabei fühlt. Vielleicht liegt es an unserer Kultur, die unser Selbstwertgefühl permanent niederknüppelt, statt uns (wie die Selbsthilferatgeber fordern) gehörig den Bauch zu pinseln. Wieder einmal müssen wir uns ins Gedächtnis rufen, dass unsere im Pleistozän entwickelten Hirne dazu neigen, alles, was wir auf einer Leinwand oder in einer Zeitschrift sehen, für ein Geschehen zu halten, das sich in Laufnähe des steinzeitlichen Stammes abspielt. Sonst würden wir es nicht so aufregend finden. Unsere Gehirne waren ursprünglich darauf geeicht, Fähigkeiten, Status und Attraktivität an höchstens ein paar Hundert Stammesmitgliedern zu messen. In den archaischen Jäger-Sammler-Kulturen war es jedem Einzelnen möglich, eine Nische zu finden, in der man mit seinen Fähigkeiten brillieren konnte und gerühmt wurde. Heute gibt es immer irgendwo auf der Welt einen Menschen, der viel klüger und berühmter ist als man selbst.

Außerdem sehen wir jeden Tag Bilder der schönsten Frauen und der reichsten Männer. Im Vergleich zu diesen Glücklichen fühlt sich unser Steinzeithirn erbärmlich minderwertig, besonders wenn die Medien diese Menschen noch glänzender aussehen lassen, als sie tatsächlich sind. Es fehlt der Warnhinweis: »Diese Fotos sind gründlich retuschiert worden, damit die Leute so toll aussehen. Sie führen ein Leben im Vakuum, in dem sie ständig vor fotografierenden Paparazzi paradieren, und sehnen sich nur deshalb nach dem Auftritt im Rampenlicht, weil sie im Grunde ihres Herzens hyperneurotisch und unsicher sind. *Warnung*: Versuchen Sie nicht, ihnen nachzueifern.« Stattdessen wird uns unablässig eingeredet, dass wir, wenn wir nur ein wenig an uns arbeiten würden, mit diesen sagenhaften Leuten mithalten könnten. In einer Kultur des immer glücklicher werdenden Ichs wird es paradoxerweise immer schwerer, sich wenigstens gleichwertig zu fühlen.

Trotzdem sollen wir unverdrossen lächeln ... Das *Journal of Clinical Psychiatry* veröffentlichte 2002 einen Aufsatz mit dem Titel »The tyranny of the positive attitude«. Darin wurde gefragt: »Könnte es sein, dass allein der Druck, immer glücklich und optimistisch zu sein, zu einigen Formen des Unglücks beigetragen hat?« Glück ist oft ein flüchtiger Zustand der Selbstvergessenheit, der sich einstellt, wenn man so sehr in etwas vertieft ist – ob Makramee oder Modelleisenbahnbau –, dass man überhaupt nicht merkt, wie die Zeit vergeht. Man vergisst sich selbst, weil man sich nicht mit seinem Ego und seinen Sorgen beschäftigt. Dieser Zustand lässt sich nicht erzwingen – tut man es aber doch, riskiert man eine Art Selbsthilfe-Psychose, ähnlich dem Zwang zu überprüfen, ob man den Herd angelassen hat. Ängstlich achtet man auf jedes kleinste Anzeichen von Freude, und wenn sie partout nicht aufkommen will, wird man zum emotionalen Hypochonder. »Frage dich, ob du glücklich bist, und du hörst auf, es zu sein«, sagte schon John Stuart Mill.

Eine neue Studie über die Ehe zeigt einen anderen Grund auf, warum die Jagd nach dem Glück so oft ins Leere geht. Ab einem gewissen Grad an Zufriedenheit kann die Glückslatte kaum noch höher gehängt werden. Die Studie basiert auf einer Umfrage unter mehr als 3000 Menschen. Diejenigen, die an einer Depression litten, erfuhren nach ihrer Hochzeit den größten psychologischen Auftrieb, selbst wenn ihre Ehe später nur durchschnittlich glücklich war. Eine Hochzeit bringt einem traurigen Menschen auf der Depressionsskala 7,56 Punkte ein, während ohnehin glückliche Menschen nur ein Plus von 1,87 Punkten erfahren. Glücksjäger erreichen irgendwann zwangsläufig einen Punkt, der paradoxerweise um ein Weniges über ihrem vernünftigen Maß an Genug liegt; der Versuch, noch glücklicher zu werden, zeitigt dann solche minimalen Ergebnisse, dass ihre Stimmung völlig untergraben wird und sie auf der Glückskurve wieder weit nach unten rutschen. Leider neigen Selbstoptimierer in solchen Fällen dazu, ihre Anstrengungen zu verdoppeln – was sehr deprimierend und sehr teuer werden kann.

Tatsächlich deutet der größte Teil der psychologischen Forschung darauf hin, dass die Persönlichkeit eines Erwachsenen sich nicht mehr tief greifend verändert. Falls man nicht gerade unter einer klinisch nachweisbaren Störung leidet, ist die Persönlichkeitsentwicklung mit etwa 25 Jahren weitgehend abgeschlossen. Der Beton ist ausgehärtet und lässt uns ein Leben lang in unseren Gewohnheiten, Einstellungen, Lösungsansätzen und sonstigen Mustern feststecken, die wir als unser Selbst betrachten. Ob Sie einen Riesenlottogewinn einfahren oder bei einem Unfall beide Beine verlieren – Studien zeigen, dass die Lebenseinstellung ein Jahr später mehr oder weniger die gleiche ist wie vor dem Ereignis. Das war's. So sind wir. Und deshalb müssen wir lernen, als Individuen unser ganz eigenes Maß an Glück zu finden.

Ungeachtet all dessen drängen wir weiter auf der Suche nach dem Nonplusultra, weil unser innerer Homo expetens es so will. Wir müssen sogar schon neue, exklusive psychologische Bedürfnisse erfinden, die es zu erfüllen gilt. Deshalb haben Psychologen fleißig daran gearbeitet, Abraham Harold Maslows berühmte Bedürfnispyramide aufzustocken.

Der Psychologieprofessor Maslow entwickelte ein hierarchisches Modell der wichtigsten Bedürfnisse und Wünsche des

Menschen. Dieses Modell ist jedem vertraut, der ein wenig Psychologie, Soziologie oder irgendeine andere -ologie studiert hat, und wird allgemein als nützliches Konzept akzeptiert. Die unterste Stufe der Bedürfnispyramide enthält die absoluten Grundlagen für das Überleben, während die fünfte, oberste, Stufe sämtliche spirituellen und intellektuellen Erfahrungen umfasst, die sich der Mensch nur wünschen kann. Maslow war der Auffassung, die unerfüllten Bedürfnisse auf den unteren Stufen der Leiter hinderten einen Menschen daran, die nächste Sprosse zu erklimmen. Wie er betonte, vergisst ein Mensch, der am Verdursten ist, ganz schnell den Durst, wenn ihm die Luft zum Atmen ausgeht.

Als Maslow in den 50er Jahren des 20. Jahrhunderts seine Pyramide entwickelte, sahen die Stufen folgendermaßen aus:

1. Körperliche Grundbedürfnisse: Luft, Nahrung, Wasser, Unterkunft, Wärme, Sexualität, Schlaf

2. Sicherheitsbedürfnisse: Wohnung, Arbeit, Sicherheit, Ordnung, Gesetze, Grenzen, Stabilität

3. Soziale Bedürfnisse: Gruppenzugehörigkeit, Familie, Partnerschaft, Beziehungen

4. Soziale Anerkennung: Selbstachtung, Errungenschaften, Kontrolle, Unabhängigkeit, Status, Macht, Prestige, Verantwortung

5. Selbstverwirklichung: Talententfaltung, Individualität, persönliches Wachstum, Suche nach Grenzerfahrungen

Doch schon bald beschlossen die Experten, dass die Pyramide nicht vollständig war. In den 70er Jahren, kurz nach Maslows Tod, wurden zwei weitere Stufen aufgelegt: kognitive Bedürfnisse (das Verlangen nach Wissen und Bedeutung) sowie ästhetische Bedürfnisse (Erkennen von und Suche nach Schönheit, Ausgewogenheit, Form usw.). Doch auch das war noch nicht genug. Also kam in den 90er Jahren eine achte Stufe hinzu: Bedürfnisse der Transzendenz. Das bedeutet vermutlich »anderen zur Selbstverwirklichung verhelfen« und klingt, als wäre es das höchste der Gefühle, als Psychotherapeut, Lifecoach, Rebirthing-Führer oder Gemeindepfarrer zu arbeiten.

Ich bin sicher, wir werden es erleben, dass die Pyramide noch weiter wächst. Denn unsere heutige Gesellschaft und Maslows Bedürfnishierarchie scheinen in einem fundamentalen Punkt nicht übereinzustimmen: Maslows Pyramide hört, da sie nun mal eine Pyramide ist, an der Spitze auf. Diese Spitze markiert den Punkt, an dem ein Mensch zufrieden sein sollte – für Maslow der Punkt des Genughabens. Doch in unserer modernen Kultur enden die Linien der Pyramide nicht an der Spitze, sondern überkreuzen sich und gehen weiter. Sie streben immer weiter auseinander und schaffen so eine immer größere Fläche, auf welche die ausufernden Wünsche der nimmersatten Menschen projiziert werden können.

Vielleicht hatte der alte Maslow diese Möglichkeit übersehen, weil er ein idealistischer Intellektueller war. Er wurde Anfang des 20. Jahrhunderts als erstes von sieben Kindern einfacher, aber ehrgeiziger russisch-jüdischer Eltern geboren. Diese drängten ihn zu einer akademischen Laufbahn. Maslow war eher ein einsamer Bücherwurm, der sich nur widerwillig zum Jurastudium überreden ließ. Dann jedoch fand er seine wahre Berufung und wechselte zur Psychologie. Er studierte bei seinem ersten Mentor, Professor Harry Harlow, an der Wisconsin University und begann mit der Untersuchung des Dominanzverhaltens und der Sexualität von Primaten (damals eine wissenschaftliche Disziplin, nicht mit stundenlangem Glotzen von *Big Brother* zu vergleichen). Maslow setzte sein Studium an der Columbia University fort und fand in Alfred Adler, einem der frühesten Anhänger Freuds, seinen zweiten Mentor.

Später ging er ans Brooklyn College in New York und gewann dort zwei weitere Mentoren, die Anthropologin Ruth Benedict und den Gestaltpsychologen Max Wertheimer. Maslow fand die beiden beruflich und menschlich so beeindruckend, dass er begann, sich Aufzeichnungen über ihr Verhalten zu machen. Diese »wunderbaren Menschen« lieferten die Grundlage für Maslows Forschungen über geistige Gesundheit und menschliches Potenzial und wurden seine Vorbilder für »selbstaktualisierende Menschen«, der Inbegriff voll entwickelter Persönlichkeiten. Maslow verallgemeinerte aus seinen Beispielen, dass selbstaktualisierende Menschen unter anderem dazu neigen, sich auf Probleme außerhalb ihres Ichs zu konzentrieren, und klare Vorstellungen davon haben, was wahr und was verrückt ist. Selbstaktualisierende Menschen seien spontan und kreativ und ließen sich nicht zu sehr von gesellschaftlichen Konventionen binden. »Was ein Mensch vermag und sein kann, das muss er erreichen. Das nennen wir Selbstaktualisierung«, erklärte Maslow.

Also fußt Maslows Konzept von dem, was erstrebenswert ist, auf seiner Verehrung für eine bestimmte Sorte von unkonventionellen, nicht materialistisch eingestellten und liberalen Intellektuellen, die sein Schicksal zum Besseren gewendet hatten – und nicht auf oberflächlichen, geltungssüchtigen, machthungrigen Prominenten und Politikern, wie sie heute als Krone der Schöpfung gelten.

Unsere Kultur ermutigt uns sicher nicht dazu, mit einem Platz im oberen Teil der Pyramide zufrieden zu sein. Stattdessen wird uns vorgegaukelt, dass jenseits der Spitze, in der Sphäre der ausufernden Wünsche, die Post abgeht. Während wir unsere Ziele immer höher stecken, bemängeln wir immer etwas Neues. Vaginas sind ein gutes Beispiel dafür. Lih Mei Liao, Psychologin am University College London, berichtete neulich im *British Medical Journal*, dass die Nachfrage nach kosmetischen Eingriffen im Genitalbereich, genannt genitalplastische Chirurgie, erstaunlich gestiegen sei. Die Anzahl an Schamlippenverkleinerungen in Großbritannien hat sich in den letzten fünf Jahren verdoppelt, trotz der Risiken, die dieser Eingriff mit sich bringt, zum Beispiel dem Verlust der sexuellen Empfindsamkeit.

Um herauszufinden, warum Schönheitschirurgie am Geschlechtsteil so stark nachgefragt wird, interviewte Lih Mei Liao

Frauen, die sich der OP unterzogen hatten. Sie erfuhr, dass eine wachsende Zahl von Frauen in der westlichen Welt mit Form, Größe oder Proportionen ihrer Scham nicht einverstanden sind. Meistens möchten die Patientinnen eine möglichst flache Vulva; nichts soll über die Labia majora oder äußeren Schamlippen hervorragen, »obwohl es durchaus nicht ungewöhnlich ist, wenn die inneren Schamlippen oder die Klitoris über die Labia majora hinausragen«, betont Lih. Manche Frauen brachten Fotos mit, um das gewünschte Erscheinungsbild zu illustrieren, doch diese Bilder waren »meistens aus der Werbung, oder Pornofotos, die vermutlich digital bearbeitet wurden«. Solche Bilder können figurbewusste Frauen zu einer ganz neuen Sorge veranlassen: »Sieht mein Vorne-Unten nicht zu dick aus?«

Lih und ihre Kollegin Sarah Creighton vom Elizabeth Garrett Anderson Institute for Women's Health warnen, dass das in den Medien verbreitete Körperbild jungen Frauen, die auf der Suche nach Photoshop-Perfektion sind, ernstlich schaden kann. »Der Begriff dessen, was normal ist, wird immer weiter eingeengt, oder das Normale wird mit dem Idealisierten verwechselt. Genitalchirurgie könnte die Maßstäbe des gesellschaftlich Akzeptierten weiter einengen und die Nachfrage nach Eingriffen ansteigen lassen.«

Vaginas sind nur der verrückte Gipfel unserer Bemühungen, unser physisches Selbst weit über die Grenzen des Genügenden hinaus zu verbessern – ein Prozess, der sich oft genug in sein Gegenteil verkehrt, denn wer sich unschuldige Körperteile aussucht, um seine tiefinnere Unzufriedenheit zu kompensieren, ekelt sich womöglich am Ende erst recht vor sich selbst. Am häufigsten betrifft dies Menschen, die sich der Jagd nach einem Gesundheitsideal verschrieben haben. Eine dem American College of Sports vorgelegte Studie besagt, dass Frauen, die viel Fitnesstraining betreiben und Magazine mit Fotos von hyperdurchtrainierten Frauen lesen, mehr Symptome von Angst und Depression aufweisen als Frauen, die Zeitschriften ohne entsprechende Bilder lesen.

Aber der Trend findet sich nicht nur bei Erwachsenen. Das Gefühl, nicht glücklich genug zu sein, macht auch vor den Kindern nicht Halt: Eine Umfrage unter australischen Kindern im Alter zwischen 7 und 14 Jahren ergab, dass die Mädchen vor allem dünner und beliebter bei den Jungen sein wollten, sie wünschten sich eine andere Haarfarbe und reine Haut. Es steht zu befürchten, dass sie als Erwachsene noch unzufriedener sein werden, da besonders Kosmetikhersteller diese Art Unsicherheit schüren, um wettbewerbsfähig zu bleiben. Ständig sucht die Branche nach neuen Makeln und bietet Mittelchen zu deren Beseitigung an. Noch ist es keiner Kosmetikfirma eingefallen, einen Conditioner für Ohrläppchen zu erfinden, aber Marks & Spencer haben kürzlich zur Bildung einer weiteren Neurose beigetragen, indem sie ein brandneues Anti-Aging Nail Treatment herausbrachten. Ein Mittel, das »den Nägeln hilft, jünger auszusehen«, wie der Beipackzettel triumphierend verkündet. Ob wohl jemals ein Mann auf diesem Planeten gedacht hat: Wow, diese Frau sieht toll aus. Aber, Moment mal, sie hat ja Fingernägel wie ein altes Weib ...?

Professor Anthony Elliot, Experte auf dem neuen Gebiet der extremen Reinvention, glaubt, viele Konsumenten seien heutzutage so versessen darauf, ihren Körper und ihre Persönlichkeit aufzupeppen, dass es nur in Depressionen oder Gefühlskrisen enden kann. Manche begehen aus Verzweiflung über ihr vergebliches Bemühen sogar Selbstmord. Soziologieprofessor Elliott ist ein liebenswürdiger Aussie, der die absurden Auswüchse dieses Phänomens durchaus mit Humor betrachten kann. Doch als wir gemeinsam überlegen, wie man das Problem angehen soll, gibt er zu: »Sich selbst neu zu erfinden ist so alltäglich geworden, dass es schon schwer ist, darüber zu reden, ohne als trübsinniger Griesgram dazustehen.« Elliott glaubt, dass wir auf der Schwelle zu einer Ära stehen, in der Vorher-Nachher-Shows, Selbsthilferatgeber, Promikult, Jobangst und Konsumzwang einen nie da gewesenen Druck erzeugen, die eigene Persönlichkeit umzukrempeln.

Manche der schlimmsten Verführer kommen laut Elliot ganz unschuldig (oder zumindest langweilig) daher: TV-Shows wie das Gartenverschönerungs-Quiz *Garden Invaders* auf BBC 2 oder *10 Years Younger* auf Channel 4, wo mithilfe der plastischen Chirurgie zehn gelebte Jahre aus dem Gesicht einer Frau gelöscht werden. Elliott warnt: »Wenn die Leute Prominenten nacheifern wollen oder ständig Vorher-Nachher-Shows sehen, glauben sie am Ende tatsächlich, sie müssten sich verbessern.« Auch hier lockt die trügerische Hoffnung auf mehr Glück.

In mancher Hinsicht ist Selbst-Transformation tatsächlich niemals einfacher gewesen. Nehmen Sie zum Beispiel Ihren Namen – eines der ersten Dinge, die Sie über sich selbst lernen, ein Grundstein Ihrer Identität. Doch was ist, wenn Sie Ihre Identität nicht mögen? Dann ändern Sie Ihren Namen – was 2007 in Großbritannien 50000 Personen taten, wie der UK Deed Poll Service bestätigt. Zehn Jahre zuvor hatten lediglich 270 Briten von dieser Möglichkeit Gebrauch gemacht. Heute hingegen geht es ganz einfach und schnell: Die Formulare gibt es im Internet, man füllt sie aus – voilà! – schon hat man sich ein neues Warenzeichen zugelegt. Oder mögen Sie Ihre Figur nicht? Warum dann den emotionalen Krampf einer Diät ertragen, wenn Sie sich den Speck einfach absaugen lassen können? Von 2005 bis 2006 hat sich die Zahl der Britinnen, die einen derartigen Eingriff vornehmen ließen, nahezu verdoppelt. Missfällt Ihnen sonst irgendetwas an Ihrem Gesicht oder Ihrem Körper? Eine Umfrage unter den Mitgliedern der British Association of Aesthetic Plastic Surgeons ergab, dass sie im Jahr 2006 rund 30000 Liftings, Implantationen und Verkleinerungen vorgenommen haben, ein Drittel mehr als im Jahr davor. (Zum Vergleich: 2006 wurden der Gesellschaft für Ästhetische Chirurgie zufolge in Deutschland rund 140000 Schönheits-OPs durchgeführt.[9])

Es ist dieser vermeintlich schnelle Weg zum Glück, der Elliott, dem Autor von *The New Individualism: The Emotional Costs of Globalization*, besonders zu schaffen macht. »In unserer Gesellschaft muss alles schnell gehen, ganz anders als etwa zur Zeit Freuds. Damals unterwarfen sich die Menschen einem langen Prozess der Selbsterkenntnis, gingen vier- bis fünfmal wöchentlich zur Psychoanalyse, und das fünf Jahre oder länger«, erzählt er. »So läuft das heute nicht mehr. Wenn ich mein Gesicht oder meinen Namen, die Garanten für meine Identität, in Rekordzeit verändern kann, wie wirkt sich das auf die Seele aus?« Elliott befragte sechs Jahre lang Menschen, die sich radikalen Veränderungen unterzogen hatten, und kam zu dem Ergebnis, dass alle in unterschiedlichem Maß geschädigt waren. Sie litten unter Verwirrung und Angst bis hin zu schwerer Depression, und es gab zwei Fälle von Selbstmord. Dies könnte erklären, warum Frauen mit Brustimplantaten ein dreifach erhöhtes Risiko haben, sich das Leben zu nehmen. Es liegt nicht an den Implantaten, die etwa eine obskure Silikonpsychose auslösen, sondern daran, dass viele dieser Frauen unter einem schwachen Selbstbild leiden.

Radikale Selbstverschönerung kann noch in einem tieferen Sinne schaden: als Auslöser eines Prozesses, den Douglas Coupland, Autor von *Generation X*, »Denarration« nennt. Seiner Meinung nach ist der moderne Konsument so darauf fixiert, vermeintlich schlechte persönliche Eigenschaften auszumerzen oder zu verbessern, dass ihm leicht die eigene Lebensgeschichte abhandenkommt. Er wird zu einem Haufen von zufälligen Besonderheiten ohne seelischen Zusammenhalt, ohne ein »Ich«, das erzählen könnte, denn seine Identität zerfällt in halbherzig gestaltete Stücke und fragwürdige Sehnsüchte. Als Beispiel für Denarration nennt Coupland Marilyn Monroe, eine leere Wesenheit hinter einer wunderschönen Fassade. Als die Frau, die früher Norma Jean Mortensen hieß, tot in ihrem anonym-modischen Heim aufgefunden wurde, waren die einzigen persönlichen Habseligkeiten in ihrem Schlafzimmer ein Stapel Handtaschen und Geldbörsen.

Ein weiteres Paradox bei der Jagd nach persönlicher Perfektion: Um festzustellen, wie gut wir sind, müssen wir uns immer mit anderen vergleichen, und schon schlittern wir hinein in das nächste Wettrüsten, das wir nicht gewinnen können. Selbstverwirklichung ist wie Einkommen und Besitz zum großen Teil ein statusträchtiges Gut, das uns vor allem deshalb einen Kick verschafft, weil der Nachbar es nicht hat. Wir wollen nicht nur unser persönliches Glück steigern, sondern glücklicher sein als der Nächste. In einem Oscar Wilde zugeschriebenen Zitat heißt es: »Wann immer ein Freund oder Kollege von mir Großes erreicht, stirbt ein kleiner Teil von mir.« Aber schon rein mathematisch ist es ein Ding der Unmöglichkeit, dass wir alle überdurchschnittlich gut sind. Wenn wir um jeden Preis glücklicher und besser sein wollen als die anderen, steuern wir geradewegs darauf zu, unglücklicher und schlechter zu sein. Diesen Widerspruch erkannten bereits Gilbert und Sullivan in ihrer Oper *The Gondoliers* aus dem Jahr 1889: »When everybody is somebody, then no one's anybody.«

Wie vorauszusehen war, leugnen die Glückssucher hartnäckig jeden Zusammenhang zwischen der raschen Zunahme klinischer Depressionen und dem exponentiellen Wachstum der Erfüllungsbranche. Festhalten können wir aber, dass die weit verbreitete Suche nach dem Glück keineswegs zu einem beispiellosen inneren Wachstum der Menschen geführt hat, im Gegenteil: Nun sind sie so unglücklich, dass sie psychologische oder pharmazeutische Hilfe brauchen. Laut Statistiken des Staatlichen Gesundheitsdienstes wurden 2006 mehr als 31 Millionen Rezepte für Antidepressiva ausgestellt, ein Rekord und im Vergleich zum Vorjahr eine Erhöhung um sechs Prozent. (Zum Vergleich: In Deutschland wurden 2004 jeden Tag rechnerisch über 3,3 Mio. Tagesdosen an Psychopharmaka verabreicht.[10])

Zwar wissen wir nicht, wie viele Menschen in Großbritannien für Therapiestunden bei einem Psychotherapeuten zahlen – denn die überwiegende Mehrheit dieser Therapeuten ist nicht registriert –, aber wir wissen, dass ihre Zahl sprunghaft steigt. Phillip Hodson von der British Association of Counselling and

Psychotherapy, einer der größten der ungefähr 30 Therapeutenvereinigungen im Vereinigten Königreich, gibt an, dass sein Verband mittlerweile 30000 geprüfte Psychotherapeuten in seinen Listen führt: »In den vergangenen zehn Jahren ist unsere Zahl pro Jahr um 10 Prozent gewachsen. Das ist eine unglaubliche Steigerungsrate, die ich übrigens für untragbar halte, denn wenn es so weitergeht, wird bald jeder Brite ein Psychotherapeut sein.«

Wenn Selbsthilfe nicht hilft, wenn Selbstwertsteigerung niemandes Selbstwert erhöht, wenn Therapie nicht heilt, wenn die Jagd nach Glück unglücklich macht, dann sollten wir vielleicht eine Alternative in Betracht ziehen. Wir sollten den Weg des ausreichenden Glücks suchen, wir sollten realistisch sein und unsere Erwartungen zurückschrauben, wir sollten dem Versprechen immer größerer Seligkeit Lebewohl sagen. Einen derartigen Anti-Ehrgeiz zu praktizieren, kann in unserer Welt des »More Me« extrem ehrgeizig wirken, denn wir müssen gegen eine Woge üppig wuchernder sozialer Erwartungen anschwimmen. Dennoch lassen sich bereits erste Anzeichen des Widerstandes ausmachen – zumindest unter den Müttern. Es begann 2004, als die amerikanische Werbetexterin Muffy Mead-Ferro sich schlicht weigerte, den Riesenstapel Erziehungsbücher zu lesen, die sie vor der Geburt ihres ersten Kindes geschenkt bekommen hatte. Die pränatale Bibliothek, so erkannte sie, sei eine allzu wirksame Vorbereitung darauf, was von einer Alphamutter erwartet wurde, mit dem Ziel eines perfekten Systems von Mutterschaft: das perfekte Baby, das perfekte Kinderzimmer, perfekte Mutter-Kind-Interaktionen und eine wie aus dem Ei gepellte, stets perfekte Mutter.

Statt sich mit einer Litanei unerfüllbarer Erwartungen zu peinigen, wählte Muffy den Weg der Rebellion und wurde selbst zur Schriftstellerin. Sie schrieb *Aus dem Bauch raus. Bekenntnisse einer gelassenen Mutter*, ein humorvolles Buch über das Gegenbild der ewig milchbekleckerten Mutter mit dem schreienden Kind.

»Ein Grund für unseren gnadenlosen Elternwettbewerb liegt in der Werbung«, sagt Mead-Ferro. »Man kommt sich ja wie ein Verlierer vor, wenn das Kind nicht Geige spielen oder lesen kann, bevor es in den Kindergarten kommt. Aber wissen Sie was? Es ist völlig in Ordnung, den Spieß umzudrehen. Dieses Spiel muss man nicht mitspielen.« Und ihre Tochter Belle entwickelte sich prächtig, obwohl sie nicht in der Gebärmutter mit Mozart berieselt worden war. Auch ihr kleiner Bruder Joe war nicht geschädigt. Muffys Buch verkaufte sich ein paar Jahre lang gut, und sie hatte durch die Verbreitung ihrer Botschaft eine Art Nebenjob gewonnen. »Man kann es als Eltern auch übertreiben«, teilte sie der Presse mit. »In den letzten zehn Jahren hat sich Elternschaft verändert. Sie ist vom Wettbewerbsgedanken beherrscht und aggressiver geworden.«

Die Welt nahm von diesen Gedanken jedoch kaum Notiz. Der Wettbewerb um die Elternschaft wurde immer härter und von Marketingstrategen eifrig unterstützt. Im Dezember 2006 beispielsweise erhielt ich eine Pressemitteilung der Supermarktkette Asda. Darin hieß es, die Zeiten des törichten, amateurhaften Eigenbaus eines Hirten- oder Schafskostüms für das Weihnachtsstück in der Schule seien nun vorbei. »Wettbewerbsorientierte Eltern, denen daran gelegen ist, ihre Kinder im Krippenspiel wie Hollywoodstars aussehen zu lassen, tragen maßgeblich dazu bei, dass die Verkaufszahlen für aufwendig geschneiderte Kostüme in die Höhe schnellen«, tönte es. »Von den traditionellen Requisiten – Geschirrtücher, Alufolie und Goldlamé – schwenken sie um zu gekauften, geschneiderten Outfits, damit ihre Kinder vor Hunderten von Freunden, Familienangehörigen und konkurrierenden Eltern großartig aussehen.« Ich glaube, beim Ausdruck »konkurrierende Eltern« verschluckte ich mich an der Hackfleischpastete.

Asdas Krippenspielkostüme verkauften sich inzwischen besser als Erwachsenenkleidung, hieß es triumphierend in der Pressemitteilung. Die Supermarktkette war durch einen Massenansturm gehetzter, statusgieriger Mums und Dads dazu gezwungen worden, bei ihren Lieferanten weitere 30 000 Kostüme zu bestellen, darunter auch Krippenspielrequisiten wie Schafe mit »modischer, maßangefertigter weißer Wolle und realistisch aussehenden Ohren«. Engelskostüme aus »durchsichtiger weißer Spitze« waren der Renner. »Die Konkurrenz ist so stark«, erklärte Asdas Pressesprecher Ed Watson, »dass die Hauptfiguren mancher Aufführungen vermutlich eher wie Angelina Jolie und Brad Pitt aussehen werden und nicht wie Josef und die Jungfrau Maria.« Wie nett. Das dürfte das Ende der anheimelnden Weihnachtsgeschichte von kindlicher Unschuld und Friede auf Erden sein.

Und das Ende der sorglosen Kindheit, dank geltungssüchtiger Eltern, deren Hauptsorge darin besteht, für ihre Kinder alles perfekt zu machen – eine Sorge, die sie überdies dazu treibt, das Leben ihrer Kinder mit Förderkursen vollzupacken. Das widerspricht jedoch den jüngsten Erkenntnissen, beispielsweise den neuen Richtlinien der American Academy of Pediatrics. Diese erinnern die Eltern daran, was das Beste für die kindliche Entwicklung ist: freies, scheinbar zielloses Spiel ohne Druck, das keinem erzieherischen Zweck folgen muss.

Ruth Coppard, Diplomkinderpsychologin in Barnsley, South Yorkshire, ist ebenfalls der Meinung, dass die Kindheit nicht so sehr von Zwängen geprägt sein sollte. »Wenn man Kinder einem strikten Stundenplan unterwirft, bringt man ihnen gar nicht so viel bei«, sagt sie. »Man stelle sich so einen Tagesablauf vor: Zuerst einen voll belegten Schultag, dann in den After School Club, anschließend zur Entspannung ein paar Brownies naschen und vor dem Schlafengehen noch eine Stunde Chorsingen. In den Medien werden ja Dinge wie Selbstverteidigungskurse für Krabbelkinder angepriesen, und Eltern können ehrlich behaupten, dass sie doch nur das Beste für ihre Kinder wollen, aber oft ist die eigentlich wertvolle Zeit für Kinder diejenige, die sie zwischen den ganzen Aktivitäten im Auto verbringen. Zudem kann die Überbeschäftigung dazu führen, dass die Kinder im späteren Leben permanent gelangweilt sind. Sie schaffen es nicht, Freunde einzuladen, weil sie kaum Zeit dazu hatten. Sie haben nicht gelernt zu *sein*, denn sie mussten dauernd etwas *tun*.« Die Gesamtsumme dieser Alpha-Elternschaft könnte darin bestehen, dass eine ganze Generation überdrehter Aktivitätssucher heranwächst, die im Alter von 25 Jahren einsame, gelangweilte Neurotiker sind – und es bleiben, selbst wenn sie noch so viele Selbsthilferatgeber lesen.

Aber es scheint sich etwas anzubahnen. Muffy ist nicht mehr die einzige einsame Ruferin in der Wüste. Tatsächlich läuft sie Gefahr, von einer Masse »Beta Mum«-Autorinnen überrollt zu werden. Rene Syler, ehemals Anchorwoman bei CBS, schrieb *Good-Enough Mother: The Perfectly Imperfect Book of Parenting*, und Katie Allison Granju, Online-TV-Produzentin, hat soeben *Let Them Run with Scissors: How Overparenting Hurts Children, Parents and Society* veröffentlicht. In Großbritannien brachte die Zeitungskolumnistin Fiona Neill *The Secret Life of a Slummy Mummy* (in Deutschland unter dem Titel *Alles so weit im Griff* erschienen) heraus und die Werbefachfrauen Trisha Ashworth und Amy Nobile veröffentlichten *I Was a Really Good Mom Before I Had Kids*. Dazu gibt es die neue Monatszeitschrift für die lässige Mama, *Hybrid Mom*, die ihre Zielgruppe als »erwachsene Frauen« definiert, »die unrealistische Vorstellungen über Mutterschaft abgelegt haben«.

Gewiss könnte dies alles auch auf eine Massenverblendung in den Verlagen hindeuten, aber möglicherweise liegt tatsächlich etwas in der Luft: Wenn Mütter dagegen rebellieren, dass sie ihren Kindern das Virus des »Nie Genug« einimpfen sollen, dann zeigen sich hier vielleicht die Anfänge einer Kultur des Genughabens, mit Menschen, die das Ideal eines immer perfekteren Glücks gegen ein schlichtes »Gerade gut genug« eintauschen. Elternschaft ist die am meisten unter Druck stehende Verwerfungslinie in unserer Überflussgesellschaft. Falls wir jemals zu einer Lebensweise übergehen wollen, die unsere persönlichen

Ressourcen schont, dann könnten wir hier damit beginnen. Vielleicht setzt sich die Linie von den Beta-Müttern zu ihren Beta-Kindern und weiter fort, vielleicht werden sogar die Beta-Väter dazu angeregt, mit weniger Arbeit zufrieden zu sein. Das mag heute noch sehr optimistisch klingen, aber wie sieht die Alternative aus? Sollen wir bis in alle Ewigkeit dem Phantom vom wachsenden Glück nachjagen?

Glück ist Teil einer evolutionären Täuschung, die uns im Leben vorantreiben soll. Das *Streben* nach dauerhaftem Glück ist uns angeboren, es zu *finden* steht nicht auf dem Plan. Solange wir gesund durchs Leben gehen, reisen wir von Ziel zu Ziel, von einer Unzufriedenheit zur nächsten, angetrieben von einem chaotischen Gewirr aus positiven und negativen Gefühlen. Mit dieser menschlichen Eigenart spielt ein englischer Roman, der so alt ist, dass wir den Staub vom Einband pusten müssen. Obwohl Samuel Johnson 1759 seinen *Rasselas, Prinz von Abessinien* in nur einer Woche schrieb (er brauchte dringend Geld), kann dieses Buch durchaus als Parabel auf unsere Ära der Unzufriedenheit dienen. Der Held Rasselas lebt königlich im Tal des Glücks, und materiell mangelt es ihm an nichts. Doch seine Seele dürstet nach anderen Erfahrungen. So begibt er sich mit seinen Gefährten auf die Suche. Im »Streben nach Glückseligkeit« (Johnson prägte diesen Begriff, der Eingang in die amerikanische Unabhängigkeitserklärung fand) reist er durch Ägypten, um die beste Lebensweise zu finden. Doch letztlich kann nichts seinem Anspruch genügen.

So geht es auch uns. Doch der Prinz hat immerhin seinen weisen Lehrer Imlac zum Gefährten. Der alte Philosoph besitzt ein sehr feines Gespür für das Genughaben. Als er die überwältigenden Grabmale der Pharaonen zu Gesicht bekommt, nennt er sie Denkmäler, die geschaffen wurden »um jenem Hunger der Fantasie zu genügen, der unaufhörlich über das Leben herfällt«. Und er stellt die entscheidenden Fragen: »Doch zu welchem Ergebnis sollen wir bei der Suche nach dem Glück kommen, wenn im Leben das Glück selbst die Ursache des Unglücks ist? Warum sollen wir nach etwas trachten, was immer unsicher sein wird?«

Am Ende der Geschichte kommen Johnsons Reisende wieder ins Tal des Glücks; sie sind klüger geworden, aber nicht glücklicher. Was haben der Prinz und seine Gefährten nun gelernt? Imlac ist der Meinung, der Mensch solle bescheiden sein und sich am Tag erfreuen, statt sich Sorgen zu machen, ob er auf dem Weg zur Perfektion sei: »Während Ihr das Rechte im Leben sucht, versäumt Ihr zu leben.«

Diese Lektion muss unsere Kultur dringend lernen. Seit der industriellen Revolution versuchen wir uns selbst davon zu überzeugen, dass Wissenschaft und Technik (und nachfolgend Shopping und Selbsthilfe) ein magisches Portal erschaffen könnten, durch das wir nur zu schreiten brauchten, um alles Negative hinter uns zurückzulassen. Doch so ist es nicht gekommen. Wir schlagen uns immer noch mit unserem Ego herum, unserem Kummer, den Ängsten, unserem Perfektionismus und einer furchtbaren Eifersucht, kurz, mit all den negativen Eigenschaften, die uns zu dem machen, was wir sind. Glück ist nur eine Facette unseres Lebens und eine flüchtige, launische dazu.

Was würde wohl geschehen, wenn wir tatsächlich über Glück und Freude bestimmen könnten? In Will Fergusons satirischem Roman *Glück* wird ein Selbsthilferatgeber veröffentlicht, der das Undenkbare möglich macht: Alle werden glücklich. Mit dem Ergebnis, dass die Weltwirtschaft zusammenbricht. Die Leute hören auf, Dinge zu kaufen, weil sie nicht mehr glauben, dass der Konsum ihnen zu einem besseren Gefühl verhilft. Der Held des Romans hat dies kommen sehen: »Unser ganzes Land basiert auf den menschlichen Schwächen«, mahnt er. »Friseursalons. Männliche Midlife-Crisis. Konsumrausch. Unser gesamter Lebensstil beruht auf Selbstzweifeln und Unzufriedenheit. Wenn die Menschen je wirklich glücklich wären, wirklich zufrieden mit ihrem Leben, wäre es katastrophal.«

Für unser persönliches, gesellschaftliches und ökologisches Gleichgewicht brauchen wir genau diese Art katastrophischer Mäßigung des übermäßigen Strebens nach Glück. Selbst wenn dieser Zustand nicht als Ergebnis eines allgemeinen Ausbruchs von Freude zustande kommt, können wir ihn erreichen, indem wir die Messlatte der Zufriedenheit anlegen. Der nächste Schritt in der sozialen Evolution unserer Spezies besteht darin, das Paradox des Glücks zu begreifen. Dauerhaftes Glück ist nicht das Ziel, sondern der Weg. Und es wäre für alle Beteiligten einfacher, wenn wir ihm nicht mehr so verbissen hinterherjagen würden.

Wir sind glücklich *genug*

Nur für alle Fälle: Wie Sie herausfinden, ob Sie therapiesüchtig sind

- Verkünden Sie Ihre Gefühle sachlich und voller Stolz: »Ich bin wütend, und mir geht es gut dabei« oder »Ich bin aufgeregt, aber das ist schon in Ordnung«?
- Verkünden Sie stolz Ihre Therapietermine? »Tut mir leid, ich kann morgen nicht zum Lunch kommen, hab einen Termin bei meinem Therapeuten.«
- Dienen Sie Freunden oft als Ersatztherapeut? Therapiesüchtige sagen nicht: »Ich weiß genau, wie dir zumute ist.« Stattdessen sagen sie Dinge wie: »Könnte das was mit deiner Mutter zu tun haben?«
- Vergleichen Sie sich positiv mit Woody Allen, wie zum Beispiel mit dem Satz: »Bin ich etwa Woody Allen oder was?«
- Geben Sie sich Punkte für diesen Fragebogen?

7. GENUG WACHSTUM

Wem genug zu wenig ist, dem ist nichts genug.

Epikur

»Sind wir jetzt da? Sind wir jetzt da?«, ruft es unablässig vom Rücksitz der menschlichen Evolution. Wie ungeduldige Kinder stellen unsere uralten Instinkte immer wieder die gleichen Fragen: Sind wir jetzt glücklich genug? Sind wir informiert genug? Sind wir beschäftigt genug, satt genug, endlich reich genug? Säße der Wirtschaftsweise des 20. Jahrhunderts, Lord Maynard Keynes, am Steuer, dann würde er vermutlich ein wenig ungehalten erwidern: »Verdammt noch mal, ja! Und jetzt raus mit euch und genießt die Aussicht!«

John Maynard Keynes war maßgeblich an der Überwindung der Massenarbeitslosigkeit im Großbritannien der 30er Jahre beteiligt, nachdem die traditionelle Ökonomie versagt hatte. Er würde unsere heutige Welt betrachten und lapidar verkünden: »Fiskalisches Problem gelöst. Lasst uns zu den interessanten Dingen kommen.« Auf dem Höhepunkt der Weltwirtschaftskrise hatte er prophezeit, dass wirtschaftliches Wachstum den Weg zu einer glänzenden Zukunft eröffnen werde, zu einer emanzipierten Welt, deren Grundzüge er in dem Essay *On the economic possibilities for our grandchildren* skizziert hatte. Keynes' Ziele waren bescheiden, aber elementar: In drei Generationen (also ungefähr jetzt), so sagte er voraus, werde das »ökonomische Problem« gelöst sein. Dieses Problem bestand für Keynes schlicht darin, die begrenzten Ressourcen der Erde gerecht zu verteilen, damit jeder Mensch genug zur Befriedigung seiner

Grundbedürfnisse und wichtigsten Wünsche hätte. Sobald wir diesen historischen Wendepunkt hinter uns gelassen hätten, könnten wir laut Keynes endlich frei sein, um die Potenziale der menschlichen Existenz auszuloten. Wir würden blühen und gedeihen, Kunst und Kultur würden boomen und Schönheit und Freundschaft zu höchster Vollendung gelangen.

Für Keynes war die Wirtschaft ein dreckiges Spiel, und Geldverdienen und -ausgeben hielt er für eine erbärmliche Verpflichtung, welche die Menschheit so rasch wie möglich überwinden sollte. Sobald wir »aus dem Tunnel der wirtschaftlichen Notwendigkeit ans Tageslicht« gekommen seien, prophezeite Keynes, »können wir wieder einige der wichtigsten und sichersten Grundsätze von Religion und traditioneller Tugend befolgen – in der Gewissheit der Überzeugung, dass Habgier ein Laster ist, Wucher ein Vergehen und die Liebe zum Geld verachtenswert ... Wir werden einmal mehr lernen, die Ziele den Mitteln vorzuziehen und das Gute dem Nützlichen. Wir werden die Menschen ehren, die uns lehren, wie wir die Stunde und den Tag tugendhaft und gut nutzen können.«

Keynes scheint die Möglichkeit übersehen zu haben, dass wir, kaum dass das »ökonomische Problem« gelöst war, unsere neu gewonnene Freiheit lediglich nutzen würden, um uns erneut in Ketten zu legen – mit der Jagd nach immer mehr Besitztümern, Berühmtheit, Glück, Pseudo-Information und sonstigem Überfluss. Aber Keynes war auch alles andere als ein volkstümlicher Mensch. Dieser elitäre Eton-Absolvent war eine sehr komplexe Persönlichkeit, einer dieser »altmodischen, *von Natur aus* verkorksten Kerle« (um eine Selbstbeschreibung des Poeten Philip Larkin zu gebrauchen), und genau der kreative, unkonventionelle Problemlöser, den Abraham Maslow so bewundernswert fand. Keynes konnte unglaublich launisch sein. Auf das Memo eines Beamten des Colonial Office antwortete er beispielsweise: »Ich stimme jedem Punkt zu, wenn ihm ein ›nicht‹ vorangestellt wird.«

Keynes war nicht nur ein reizbares Genie, sondern auch ein wichtiges Mitglied der Bloomsbury Group, jenem Bohemezirkel von Künstlern, Kritikern und Schriftstellern wie Virginia Woolf oder Roger Fry, der Wegbereiter einer freizügigen nach-viktorianischen Welt sein wollte – was zu der Annahme führte, dass jedes Mitglied des Bloomsbury-Kreises mit jedem anderen Bloomsbury-Mitglied ins Bett stieg. Als junger Mann unterhielt Keynes eine homosexuelle Beziehung zu dem Biografen Lytton Strachey. Abwechselnd buhlten beide um die Aufmerksamkeit des Künstlers Duncan Grant. Dieser wiederum streifte oft mit Strachey durch die verrufenen Viertel Londons und schloss Bekanntschaft mit Prostituierten. Später heiratete Keynes eine russische Tänzerin, Lydia Lopokova, und in den 40er Jahren führte er den Vorsitz in der Vorgängerorganisation des Arts Council, dem Council for the Encouragement of Music and the Arts.

Was Keynes in seinem oben erwähnten Essay prophezeite, stellt eine überidealisierte Vision des Genug dar, einen Zirkel der Tugend, der ungefähr so funktionieren soll: Sobald wir weniger Konsumpropaganda aufnehmen und uns nicht mehr so gehetzt und sorgenvoll fühlen, werden wir spüren, dass wir in materieller Hinsicht genug haben und deshalb weniger ausgeben, wünschen und verdienen müssen. Als Folge davon werden wir Zeit und Energie für erfüllendere Beschäftigungen haben. Und bald werden wir ein neues Gleichgewicht finden, das zu unserer persönlichen Ökologie passt.

Auf diesem extrem simplen Level funktioniert die Idee fantastisch – bis man versucht, Keynes' Theorie auf Homo expetens zu übertragen, der voller Bedürfnisse ist. Wirtschaftliche Voraussagen wären überhaupt zutreffender, wenn ihnen nicht diese lästigen, komplexen, unberechenbaren Menschen in die Quere kämen. Dieses Problem hat die klassische Wirtschaftswissenschaft lange behindert. Um ökonomische Entscheidungen in mathematischen Formeln fassbar zu machen, musste man voraussetzen, dass wir sowohl rational als auch vorhersagbar handeln. Seit

Beginn des 19. Jahrhunderts benutzt man das Modell des *Homo oeconomicus*, der sich durch unveränderliche Vorlieben und stabile Stimmungen auszeichnet und der nur rationale Entscheidungen zu seinem Vorteil trifft. Sollte Ihnen jemals so ein Musterexemplar über den Weg laufen, zeigen Sie es sofort an! Dieser Narr ist für Theorien verantwortlich, die uns helfen vorauszusagen, wie sich der Weltmarkt entwickeln wird, aber nicht erklären können, woher der stete Drang nach immer nutzloseren Besitztümern kommt.

Es muss einen besseren ökonomischen Weg für die Lösung des menschlichen Problems geben. Wir haben bereits an vielen Beispielen gesehen, wie sehr unsere archaischen Hirne durch die Neonwelt überreizt werden. Sie entwickeln immer neue Bedürfnisse, und so erfinden wir immer mehr Dinge, die man unbedingt haben muss. Der amerikanische Marketing-Guru Victor Lebow, früher Vorstandsmitglied bei Fabergé, beschrieb 1950 diesen Trend im *Journal of Retailing*, als ein bis dahin beispielloser Reichtum in den Taschen der Amerikaner klimperte: »Unsere außerordentlich produktive Wirtschaft erfordert, dass wir den Konsum zu einem Lebensstil machen, dass wir Kauf und Nutzung von Waren zu Ritualen umformen«, dass wir spirituelle und Ich-Bedürfnisse im Konsum ausleben«, sagte er. »Wir müssen konsumieren, verbrauchen, abtragen und ersetzen, und das in ständig wachsendem Maß.«

Die Konsumspirale der Nachkriegszeit war gut für die Hersteller, doch nicht unbedingt gut für die Menschen oder unseren Planeten, wie sich rasch herausstellte. In den 70er Jahren entstand eine Vielfalt an Ideen, wie sich unser exponentielles Wachstum eindämmen ließe. Die beiden berühmtesten erschienen in Buchform: E. F. Schumachers *Small Is Beautiful: Die Rückkehr zum menschlichen Maß* und *Grenzen des Wachstums*, die hochintellektuelle Publikation der Wirtschaftsweisen des Club of Rome. In ihr wurde eine Grundannahme der herkömmlichen Wirtschaftstheorie infrage gestellt: die Hypothese, dass die Erde unerschöpfliche Ressourcen habe, die für unseren Wohlstand zur Verfügung stünden. Seitdem wächst unser Bewusstsein dafür, dass das Ökosystem der Erde fragil ist, dass unbegrenztes Wachstum unmöglich ist, und dass wir jedes Mal, wenn wir Geld verdienen oder etwas konsumieren, die Welt für unsere Kinder ein wenig unbewohnbarer machen. In den späten 80er Jahren stellte selbst das Boulevardblatt *Sun* einen eigenen Ökojournalisten ein. Heutzutage zeigen sogar die hartnäckigsten Konsumenten Splitter von Ökobewusstsein. Warum hat sich dann immer noch nichts geändert? Warum ist unsere Kultur immer noch von Wachstum, von Wünschen, von immer mehr Produktion und Konsum bestimmt – während wir doch wissen, dass dieses Verhalten vermutlich in die Katastrophe führt?

Die Wirtschaftswissenschaft versucht seit Langem, den Zwang zu mehr Wirtschaftswachstum zu erklären. Einer der frühesten Ansätze ist das Say'sche Theorem, das im Grunde nichts weiter erklärt, als dass das Angebot die Nachfrage bestimmt. Der Franzose Jean-Baptiste Say formulierte es Anfang des 19. Jahrhunderts, in der Frühzeit der industriellen Revolution, als Kohle zur Energieerzeugung genutzt wurde und den Wohlstand vieler europäischer Förderländer begründete. Den so gewonnenen Reichtum gaben die Nationen für mehr Industriegüter aus Eisen aus, was dazu führte, dass mehr Güter aus Eisen hergestellt wurden, was wiederum mehr Kohle zur Energieerzeugung erforderte. Mithilfe des Say'schen Theorems können wir besser verstehen, warum wir viele unnötige Dinge kaufen, sobald wir ein bisschen Geld übrig haben, und warum wir das Licht zu Hause brennen lassen, wenn der Strompreis gerade niedrig ist. Doch das ist nur die sichtbare Seite unseres Verhaltens, über die Tiefenmotivation sagt das Theorem wenig aus. Natürlich verfügte Say nicht über einen MRI-Scanner, mit dem er das menschliche Gehirn beim Abwägen ökonomischer Entscheidungen beobachten konnte. Wir Heutigen beginnen dank dieser Scanner zu erfassen, wie unsere Kultur einerseits unsere steinzeitlichen

Instinkte stimuliert und andererseits unser rationales Denken umgeht. Wir stecken sozusagen in zwei Hirnen fest, und die höher entwickelten Bereiche werden oft übergangen.

Ein hervorragendes Beispiel für diese kognitive Dissonanz landete just an dem Tag, als ich diesen Abschnitt schrieb, in unserem Briefkasten. Auf Seite drei unserer Tageszeitung, dem *Brighton and Hove Leader*, standen zwei Artikel übereinander. Der obere mit der Schlagzeile »Schülerprojekt mit Öko-Touch« zeigte die 18-jährige Katie Kuhrt mit ihrer Jahresabschlussarbeit: »Windmühlen aus Eierkartons und Bonbonpapier sollen die Menschen zum Nachdenken über Müll und die Notwendigkeit von Recycling anregen«, tönte der erste Absatz. Mit einem Foto der hübschen jungen Frau war er natürlich ein erstklassiger Verkaufs-Aufmacher und gleichzeitig der Versuch, auf der aktuellen Ökowelle mitzureiten. Darunter jedoch stand der wichtigere Artikel: »Markenhersteller stehen in den Startlöchern, um sich Platz am Meer zu sichern«. Bereits im ersten Absatz lamentierte der Reporter: »Laut einer Studie der Stadtverwaltung lässt sich Brighton and Hove jährlich Konsumausgaben in Höhe von 1,2 Mrd. Pfund entgehen.« Offenbar gibt es in der Stadt immer noch nicht genug Raum für Geschäfte. 170 zusätzliche Einzelhändler können ihre Läden aus Platzmangel nicht eröffnen. Vielleicht könnten wir ein Konferenzzentrum abreißen und dafür Läden bauen?

Kein Mensch beim *Leader* schien den ökologischen Widerspruch bemerkt zu haben. Es ist aber auch schwer, diesen ganzen Rettet-die-Erde-Kram für Gehirne in Begriffe zu fassen, die ursprünglich auf das Überleben im Pleistozän eingestellt waren und nicht darauf, ihre Rolle im Ökosystem der Erde zu verstehen. Um die Verwirrung noch weiter zu treiben, haben wir zusätzlich das erstaunlich schnelle Wachstum unserer Wirtschaft erfunden. In der Steinzeit gab es lediglich ein paar Hundert handelbare Produkte, und Kapitalinvestitionen waren auf Werkzeuge wie Faustkeile beschränkt. In modernen Städten aber kann man zehn Milliarden verschiedene Dinge kaufen. Die meisten davon kamen in den letzten 250 Jahren auf, gleichzeitig mit dem System, das sie entwickelt, herstellt und verkauft. Das alles war ein bisschen viel für unsere arme alte Hardware. Die Methode, mit der unser Gehirn versucht, alldem einen Sinn abzugewinnen – und dabei häufig seltsame, defensive und kurzsichtige Lösungen hervorbringt –, ist Forschungsthema einer sehr jungen Disziplin namens Neuroökonomie.

David Laibson, Wirtschaftsprofessor an der Harvard University, hat das Problem der höheren und der niederen Hirnfunktionen gründlich studiert. Er untersuchte, welche Schwierigkeiten Arbeitgeber damit haben, bei ihren Angestellten Beiträge zur privaten Firmenpensionskasse zu erheben. Selbst wenn manche Chefs anbieten, Arbeitgeberbeiträge in gleicher Höhe einzuzahlen, hegen die Angestellten dennoch starke Vorbehalte gegen solche Angebote. Laibson meint, dass Menschen Geldanlagen einerseits als bedrohlich und befremdlich empfinden und andererseits stark dazu neigen, Dinge aufzuschieben: Man wertet die Gegenwart höher als die Zukunft und verschiebt diffizile Aufgaben wie Finanzplanung – oder tief greifende Veränderungen zur Rettung der Umwelt – in eine ungewisse Zukunft. Laibson glaubt, dass dieses Verhalten durch die Kombination höherer und niederer Operationssysteme in unserem Gehirn zustande kommt. Das archaische limbische System steuert unsere Emotionen, es arbeitet intuitiv und reagiert sehr schnell. Im Gegensatz dazu befähigt uns der präfrontale Kortex – das rationale System, das sich im Lauf der Evolution darüber lagerte – zu Selbstkontrolle und dem Entwurf komplexer Pläne. Laut Laibson wissen wir noch nicht genau, wie die Auseinandersetzung zwischen diesen beiden Systemen funktioniert, aber es scheint, dass bei der Entscheidung langweiliger ökonomischer Fragen oft das primitive Hirn mit seiner Ich-will-es-sofort-Taktik gewinnt.

Auch bei Kaufentscheidungen scheint es so zu sein, dass unser Verhalten ganz simpel von Schmerz oder Freude bestimmt wird – als säßen uns wie in gewissen Werbespots ein Engelchen und ein Teufelchen auf den Schultern. Dies ermittelten Hirnforscher an der Carnegie Mellon University in Pittsburgh beim Gehirnscan: Die Probanden sollten eine Kaufentscheidung treffen, während sie in der Röhre steckten und blitzartig Bilder von einem Videobildschirm zugespielt bekamen. Zuerst wurde ein Objekt – beispielsweise eine DVD oder eine Pralinenschachtel – gezeigt, anschließend der Preis. Die Versuchspersonen hatten vier Sekunden Zeit für ihre Entscheidung. Um den Test realistischer zu gestalten, wurden den Probanden Gutscheine im Wert von 40 Dollar gegeben, mit denen sie ihrer Kauflust frönen konnten – und das Restgeld durften sie behalten.

Die Forscher fanden heraus, dass in verschiedenen Stadien des Versuchs andere Hirnregionen aktiviert waren. Der Nucleus accumbens, der belohnende Stimuli wie Essen, Drogen und Gelderwerb verarbeitet, war am aktivsten, während ein Bild des Produkts aufblitzte. Je begehrenswerter das Produkt war, desto stärker leuchtete er auf. Doch mit Erscheinen des Preises wurden andere Teile des Gehirns aktiv. Überhöhte Preise führten zu vermehrter Aktivität des Inselkortex, einer Hirnregion, die mit der Erwartung von Schmerz, Aufregung und Verlust verbunden ist. Außerdem stellten die Forscher hier stärkere Aktivität fest, wenn die Probanden sich gegen den Kauf eines Gegenstandes entschieden. Selbstkontrolle tut weh.

Doch nicht nur Schmerz und Freude entscheiden in diesem Spiel. Holländische Wissenschaftler berichten, dass unsere rationalen Versuche, Attraktivität und Wert eines Konsumgegenstandes abzuwägen, noch stärker zum Scheitern verurteilt sind, wenn er von einem berühmten Fachmann angepriesen wird. Die Studie zeigte, dass in diesem Fall der dorsale Nucleus caudatus aktiviert wurde, der mit Vertrauen und Lernen assoziiert wird. Außerdem leuchteten Hirnareale auf, die für das Langzeitgedächtnis zuständig sind. Und leider sind wir darauf geeicht, attraktiven Fremden in ökonomischen Fragen mehr zu vertrauen als weniger attraktiven. In einem entsprechenden Experiment machten die Probanden am Computer ein Verhandlungs-Spiel, das lediglich auf gegenseitigem Vertrauen aufgebaut war; ihre Mitspieler konnten sie nur als Fotografien auf dem Monitor sehen. Die Spieler, die von den Psychologen als am attraktivsten eingeschätzt wurden, waren auch diejenigen, die am meisten Vertrauen bei ihren Mitspielern erwarben; folglich konnten die »Hübschen« bei diesem Spiel bedeutend mehr gewinnen. In der Wissenschaft heißt dieser Effekt »Schönheitsbonus«.

All diese Gehirnuntersuchungen führen uns zu dem wissenschaftlich untermauerten Schluss, den wir bereits die ganze Zeit vermutet hatten: Wir sind Versager, wenn es um langfristige, praktische Entscheidungen über wichtige ökonomische Probleme geht. Das könnte erklären, warum wir uns so hartnäckig gegen jede Änderung unseres ökonomischen Verhaltens wehren, obwohl sie zur Rettung unserer persönlichen Ökologie und der Ökologie des Planeten beitragen könnte. Vor Kurzem ergab eine BBC-Umfrage, dass die Hälfte der Einwohner in vielen Teilen Großbritanniens auch jetzt noch nicht gewillt sind, mit einer einschneidenden Änderung ihres Verhaltens den CO_2-Ausstoß zu verringern. Unzählige andere möchten gern glauben, dass es bereits genügt, die alten Zeitungen zum Papiercontainer zu bringen, um den Schaden zu beheben, den sie der Umwelt mit Neuwagen und Flugreisen zufügen. (Zur Situation in Deutschland: Kurz vor der Klimakonferenz auf Bali ergab die ARAG Deutschland Trend-Umfrage unter Angehörigen der oberen Mittelschicht, dass 68,7 Prozent nationale Maßnahmen zum Klimaschutz ablehnen. Differenziert wird das Ergebnis jedoch durch die leitenden Angestellten, die zu 53,4 Prozent befürworten, dass 2008 etwas Konkretes für den Klimaschutz getan wird.[11])

Oftmals handeln wir nicht einmal andeutungsweise klug, wenn wir uns für das scheinbar ökologisch Verträgliche entscheiden wie etwa beim Kauf eines Toyota Prius mit Benzin/Elektro-Hybridantrieb. Eine Toyota-Studie im Mai 2007 in den USA listete 24 000 Menschen auf, die das Gefährt als Drittwagen für die Familie gekauft hatten. Ein dritter Klotz aus aufwendig hergestelltem Metall, der das Klima aufheizt und kostbare Ressourcen verbraucht. Aber er ist ja *öko*. Also alles bestens. Warum nicht gleich einen Aufkleber erfinden, den man sich stolz auf die Karosserie seiner Spritschleuder pappen kann: »Mein anderes und mein drittes Auto sind nicht so umweltschädlich.«

Der Versuch, unseren Verstand mit diesen Dingen zu belästigen, scheint also leider völlig nutzlos zu sein. Der Demokratie zuliebe sollte man natürlich fortfahren, die höheren Hirnfunktionen der Wähler mit wohl erwogenen Argumenten anzupeilen, warum wir uns alle ökologisch bewusster verhalten sollten. Die Untersuchungen zeigen aber, dass wir gleichzeitig gegen die Instinkte des primitiven Hirns ankämpfen müssen, denn dort werden die meisten ökonomischen Entscheidungen getroffen, und dort richtet die Werbung seit Jahren großen Schaden an. Wir müssen etwas finden, das unseren Steinzeithirnen angenehm ist.

Die größte Chance bietet womöglich der menschliche Herdeninstinkt. Wir sehen uns selbst gern als autonome Individuen, doch unser Verhalten belegt das Gegenteil: Eine der neuesten Theorien über Schwankungen an den Aktienmärkten fokussiert auf den Trieb des Menschen, sich in Zeiten der Unsicherheit zur Herde zusammenzuschließen, und das oft mit widersinnigen Ergebnissen. Robert Prechter, Leiter des Socionomics Institute in Georgia, nennt seine Theorie »patterned herding« – unbewusstes Herdenverhalten. Seiner Meinung nach neigen selbst die abenteuerlustigsten Investoren angesichts eines unruhigen Marktes dazu, nach Sicherheit in der Menge zu suchen, wie es ihnen der unbewusste Herdentrieb eingibt. Wenn der Preis einer Aktie steigt, steigt auch die Nachfrage. Fällt er jedoch, wollen nicht mehr viele kaufen. Dies ist das Gegenteil dessen, was in einem Lebensmittelgeschäft oder Schuhgeschäft geschieht. Außerdem widerspricht es der ökonomischen Theorie der Börse: dass man am meisten verdient, wenn man bei Tiefstand kauft und zu höchsten Preisen verkauft.

Dieses Herdenverhalten erklärt auch, warum an jedem Feiertag Tausende von Londonern den Drang verspüren, nach Brighton zu fahren. Sie wissen ganz genau, dass sie zwei Stunden im Stau stehen werden, eine Stunde lang einen Parkplatz suchen und weitere Stunden in einer Menge gleichfalls gehetzter Feiertagsausflügler nach Fish and Chips anstehen werden. Danach geht es wieder nach Hause. Aber alle tun es, weil es eben alle tun.

Vor mehr als 150 Jahren wurde der schottische Dichter und Journalist Charles Mackay auf dieses Phänomen aufmerksam und fragte sich, inwieweit der menschliche Herdentrieb für kollektiven Wahn bei Anlagen und Investments verantwortlich ist. Mackay, ein strikter Rationalist, verfasste sein bahnbrechendes Werk über Massenpsychologie – *Zeichen und Wunder. Aus den Annalen des Wahns* –, »um die Geschichte der auffälligsten dieser Verblendungen nachzuzeichnen. Man wird sehen, dass Menschen Herdenwesen sind und auch so denken, dass sie herdenweise dem Wahn verfallen – aber nur langsam und einer nach dem andern wieder zu Verstand kommen.« Das Buch ist immer noch lieferbar.

Unter Mackays mannigfachen Beispielen menschlichen Schafherdenverhaltens findet sich der Ausbruch der »Tulpomanie« in den Niederlanden im Jahre 1624, als wilde Spekulationen um die neuartigen und seltenen Tulpenzwiebeln den Preis der Blume in astronomische Höhen trieben. Es folgte der unausweichliche Crash, und Tausende von Holländern, die unter normalen Umständen eher Geizhälse waren, machten Bankrott. Mackay berichtet auch detailliert über das stark überkaufte Mississippi-Projekt von John Law, einem geschickten Manipulator, dessen Aktienbetrug fast die Volkswirtschaft Frankreichs im 18. Jahrhundert ruiniert hätte. Ferner ist da die »Südseeblase«, ein Börsenschwindel der Handelsgesellschaft South Sea Company, der im Jahr 1720 London erschütterte und zu einer katastrophalen Rezession führte.

Wir ahmen einander sowohl sozial als auch finanziell nach, Gähnen und Lachen sind nicht umsonst so ansteckend. Das Gähnen wird als Gruppenaktivität aus einer Zeit angesehen, als wir noch im Stammesverband ums Lagerfeuer hockten. Wenn der Anführer gähnte, war dies das Zeichen für die anderen, in die Falle zu gehen. Wenn in Fernsehshows das bekannte Lachen aus der Konserve ertönt, haben wir den Beweis für ein anderes Kunstwerk der Evolution. Lachen ist eine synchrone Handlung, die meistens ansteckend wirkt und unter anderem dazu dient, einen Gruppenkonsens aufzubauen. Auch negative Gefühle werden weitergegeben, sie wirken sogar noch ansteckender. In einer Menge beispielsweise pflanzen sie sich in Wellen fort, ein Phänomen, das »emotionale Ansteckung« genannt wird. Zahlreiche Untersuchungen am Arbeitsplatz zeigen, dass ein Einzelner mit seiner negativen Einstellung eine ganze Gruppe anstecken kann. Vermutlich ist auch dies eine Anpassung, die einst unser Überleben sicherte: Wir mussten auf Anzeichen der Angst bei anderen achten, um der lauernden Gefahr im hohen Gras zu entkommen.

Der Herdentrieb bringt uns sogar dazu, im Gleichschritt zu marschieren. Als im Juni 2000 die Millennium Bridge, jene futuristische, 320 Meter lange Fußgängerbrücke zwischen der City of London und der trendigen Bankside, feierlich eröffnet wurde, musste sie rasch und zur großen Beschämung der Verantwortlichen wieder geschlossen werden, weil sie begonnen hatte, unkontrolliert zu schwingen. Die Brücke hatte sämtliche Standards in puncto Gewicht- und Windbelastbarkeit erfüllt, nur die Belastungen durch Fußgänger waren nicht geprüft worden. Die Konstrukteure hatten nicht damit gerechnet, dass die Fußgänger unbewusst versuchen würden, ihre Schritte einander anzugleichen. Als die Schwingungen der Brücke zunahmen, verfielen immer mehr Menschen in Gleichschritt – wieder einmal möglicherweise der Mechanismus der Zusammenrottung, um sich zu verteidigen. Eine methodische Untersuchung dieses Ereignisses im Wissenschaftsmagazin *Nature* legt die Erklärung nahe, dass Menschen in einer Menge automatisch in synchrone Bewegungen verfallen, weil dieses Phänomen der Anordnung von Objekten im Universum zugrunde liegt und an so unterschiedlichen Dingen wie Neuronen und Glühwürmchen beobachtet werden kann. Doch wie können wir es schaffen, auch das Genughaben synchron zu praktizieren? Der gute alte Sozialneid könnte uns dabei helfen. Ein neuer Lifestyle ist ebenso ansteckend wie Gähnen, Marschieren oder schlechte Laune. Unser Gehirn ist auf Anpassung eingestellt. Wir sehen es ja im Kaufhaus, wo wir trotz aller Propaganda, »unsere Individualität auszudrücken«, mehr oder weniger die gleichen Kleidungsstücke wählen. Denn was wir wirklich ausdrücken wollen, ist nicht: »Ich bin anders als du«, sondern: »Ich bin genauso wie du – nur besser«. Der menschliche Herdeninstinkt treibt uns an, Menschen zu suchen, die denken wie wir, er drängt uns, mit Gleichgesinnten Gruppen zu bilden, seien es Fußball-Fanclubs oder Buchclubs, und Menschen außerhalb unserer Gruppe als verdächtig anzusehen. Die meisten Menschen verspüren sogar eine körperliche Abneigung dagegen, an den Rand geschoben oder ausgestoßen zu werden. Kürzlich haben die Neurowissenschaften entdeckt, dass soziale Ablehnung genau die Zonen im Gehirn aktiviert, die für die Schmerzempfindung zuständig sind. Das Schmerzzentrum des Gehirns scheint eine Hyperempfindlichkeit gegenüber sozialer Verbannung entwickelt zu haben, vermutlich deshalb, weil der Ausschluss aus dem Stamm in prähistorischer Zeit einem Todesurteil gleichkam.

Diese Angst hat dazu geführt, dass wir uns ständig so verhalten, als stünden wir auf dem Laufsteg. Wir müssen miteinander konkurrieren, um einen guten Eindruck zu machen, denn mit Flirten, Freundschaft und Schmeicheleien gewinnen wir Lächeln, Unterstützung und das soziale Gütesiegel unserer Stammesgenossen. Ein geringer sozialer Status hingegen nagt an unserer Seele: Eine Langzeitstudie von Regierungsbeamten zeigte, dass nicht die hochrangigen, gestressten Manager Gefahr laufen, eines frühen Todes zu sterben, sondern die geplagten Underdogs. Menschen am unteren Ende etablierter Arbeitshierarchien haben ein dreimal höheres Risiko, vorzeitig zu sterben, als Menschen an der Spitze, und nicht etwa deshalb, weil sie ärmer sind oder ungesünder leben. Ähnliche Muster finden sich bei wilden Pavianen in der ostafrikanischen Serengeti. Schuld trägt die soziale Spannung. »Was den rangniederen Tieren wirklich Angst macht, ist nicht der Angriff eines Leoparden oder die Sorge, vielleicht von einem Leoparden angegriffen zu werden. Angst macht ihnen die Vorstellung, von einem ranghöheren Männchen aus einer Entfernung von einem Meter angegähnt zu werden«, sagt Professor Robert Evans von der British Columbia University, der die Untersuchung durchführte.

Dieses Zwillingsgleis von Freude und Furcht ist es, das uns »gut angepasst« auf dem vorherrschenden sozialen Gleis hält. Beliebt und angesehen zu sein, hebt unseren Spiegel an Wohlfühlhormonen. Eine gewisse Dosis sozialer Angst und Scham spielt jedoch eine wichtige Rolle, um die meisten Menschen auf gesellschaftlich akzeptierten Bahnen zu halten. Die Angst, ausgegrenzt zu werden, und der Wunsch nach Anerkennung sind so mächtig, dass wir, je nach der Regierungsform, unter der wir leben, entweder als Wächter in einem Internierungslager arbeiten oder nach einer humanitären Katastrophe Blut spenden.

Um eine Veränderung im Sinne des Genughabens zu bewirken, müssen wir diesen menschlichen Zwang umdrehen und unsere Statussymbole radikal auswechseln. All dieses Schau-her-ich-bin-der-Oberaffe-Getue dient zurzeit lediglich dazu, mehr materielle Güter zu bekommen, obwohl wir davon doch nun wirklich genug haben. Welchen Sinn hat es, um materiellen Reichtum zu konkurrieren, wenn jeder in dieser Hinsicht überversorgt ist? Es muss doch ökologisch verträglichere Möglichkeiten geben, um unseren Mitmenschen zu zeigen, wer der Coolste und der Cleverste ist. Der soziale Rivale, der in jedem von uns lauert, will nicht einfach nur Dinge besitzen, er will, dass auch andere Herdenmitglieder sie begehren, aber nur unter Schwierigkeiten ergattern können. Glänzend polierte Feuersteine, schnelle rote Autos, gelassene Zufriedenheit ... Mit den beiden ersten Statussymbolen haben wir's ausprobiert, vielleicht wäre es an der Zeit, es mal mit dem dritten zu versuchen. Legen wir einfach nicht mehr so viel Wert auf Menge und Marken, sondern auf die Qualität unserer gesamtmenschlichen Erfahrung. Das ist natürlich genau die antimaterialistische Botschaft, welche die Weisen schon seit Jahrhunderten predigen. Aber ihr Appell richtete sich bislang immer nur an unsere höheren Hirnfunktionen.

Es funktioniert viel besser, sich auf sein persönliches ökologisches Gleichgewicht zu konzentrieren, denn der Appell an unser primitives Gehirn ist unmittelbarer. Dieser Teil des Gehirns begreift schneller und ist mehr am eigenen Wohlergehen als an der globalen Öko-Geschichte interessiert (für die wir ja »Opfer« bringen sollen, die sich als nutzlos erweisen, falls nicht alle mitmachen). Außerdem besteht die nicht zu unterschätzende Gefahr, dass Umweltpredigten von wohlmeinenden Prominenten zu einem Rückschlag führen. Dann leisten die Menschen zwar ein Lippenbekenntnis zu ökologischem Bewusstsein, lehnen es letztendlich jedoch ab, weil »öko sein« nur als weiterer erschöpfender Punkt auf unserer Liste erstrebenswerter Lifestyle-Ziele vorkommt. Persönliche Öko-Coolness sollte unmittelbarer und befriedigender sein.

Wie die Werbung wohl weiß, ist es am wirksamsten, an das Primitivhirn des Konsumenten und an sein Eigeninteresse zu appellieren. Eine Philosophie des Genughabens könnte sich durchsetzen, wenn wir ihr das Markenzeichen »anspruchsvoll« verleihen, wenn wir nichtmaterielle Güter wie ein Geschenk verpacken, um den menschlichen Drang nach Bewunderung, Coolness und Oberaffentum zu befriedigen. Es könnte funktionieren, weil Werte wie Zeit, Raum, Muße, Ausgeglichenheit, Energie und Autonomie bereits den Rang von Statussymbolen besitzen, da sie immer seltener und kostbarer werden. Zwar können wir sie nicht kaufen – Kaufen würde Zeit, Raum, Muße, Ausgeglichenheit, Energie und Autonomie in Anspruch nehmen –, aber wir können diese Werte befreien, indem wir die Philosophie des Genughabens praktizieren. Die neue Formel für Angeber sollte also lauten: »Mir geht's besser als dir, weil meine persönliche Ökologie im Gleichgewicht ist – weil ich weiß, dass ich genug habe.« Diese Art demonstrativer Lifestyle-Veränderung taucht bereits hie und da auf, in Form eines Öko-Standesbewusstseins. Eine ökologisch bewusste Lebensweise wird zum sozialen Statement, zu einer Wir-gegen-die-anderen-Philosophie. In der Mittelschicht herrscht zunehmend die stillschweigende Übereinstimmung, dass anständige, gebildete, sozial engagierte Menschen Müll recyceln und auf dem Biomarkt einkaufen, während schlechte, dumme, gewöhnliche Leute das nicht tun. Natürlich ist das eine widerlich elitäre Haltung, und wir sollten über kurz oder lang danach streben, solche boshaften Regungen aus der menschlichen Seele zu verbannen. Doch bevor es so weit ist, müssen wir unsere persönlichen Ressourcen und die unseres Planeten retten. Nachhaltige, lebenserhaltende Praktiken wie die Philosophie des Genughabens müssen hip und anspruchsvoll aussehen, ohne den leisesten Hauch einer Predigt mit erhobenem Zeigefinger.

Eine einfache Übung ist es, unsere Wohlstandssymbole und ihre Besitzer als geschmacklos, selbstzerstörerisch und bemitleidenswert hinzustellen. Selbst ein Touch subversiven Verhaltens mag angebracht sein. Ich zum Beispiel biete Fahrern von protzigen Geländewagen beim Einparken lautstark meine Hilfe an, ob sie wollen oder nicht. Meistens wollen sie überhaupt nicht. Ich bin ihnen extrem lästig, nicht zuletzt deshalb, weil sie fürchten, alle Umstehenden würden sie auslachen.

Es besteht Hoffnung, dass die Welt des Überflusses zunehmend unter der Last ihrer eigenen Widersprüche ächzt. In unserer Kultur breitet sich Unbehagen aus angesichts der Dinge, die wir begehren sollen – weshalb viele Symbole des gesellschaftlichen Aufstiegs nicht mehr als das verkauft werden, was sie im Grunde sind, und ihre Realität verschwiegen wird. Hypothekenbanken werben für ihre Produkte nicht mit Bildern von Menschen, die bis tief in die Nacht arbeiten müssen, um sich die Backsteinkästen leisten zu können. Automobilhersteller werden sich hüten, wütende Autofahrer im morgendlichen Stau zu zeigen. Die Güter werden so dargestellt, als böten sie genau die Vorteile, die ein ökologisch vernünftiger Lebensstil sichern würde: Zeit, Raum und Freiheit. Wenn Sie auf der Straße eine Plakatwerbung sehen, auf der eine schöne Frau im Lotussitz meditiert, handelt es sich natürlich nicht um Reklame für Meditationskurse, sondern mit diesem Inbegriff der Entspannung werden Raumsprays, Duschgels oder – wie im Fall der Plakatwand in meiner Nähe – ein neuer Apartmentblock verkauft. Und der Block wird seine Käufer finden, nicht wegen des Komforts, sondern wegen der Ruhe, die man dort vielleicht finden kann. Keynes' großartiger ökonomischer Traum der materiellen Befreiung und der Hinwendung zu höheren Ebenen der menschlichen Existenz ist letztlich doch wahr geworden – aber nur auf den Plakatwänden.

Besteht irgendeine Chance, dass die Welt des Überflusses eines Tages unter der Last ihrer eigenen überzogenen Versprechen in sich zusammenfällt wie ein riesiges Lifestyle-Soufflé? Von unserem heutigen Standpunkt aus scheint der Fall dieses Monolithen, des alles durchdringenden Konsumismus, unvorstellbar. Aber auch andere -ismen sind zusammengebrochen: Der Kommunismus ist gefallen, der Sozialismus und der Faschismus. Es ist verführerisch, darauf zu hoffen, dass wir in ein paar Jahrzehnten eine emotional nachhaltige Welt bewohnen werden, in der Konsumismus-Studenten unser hedonistisches Streben nach immer mehr Dingen ebenso amüsiert betrachten wie wir die verrückten Charleston-Tänzer der 20er Jahre.

Aber was wird in der Zwischenzeit geschehen? Was würde aus unserer ausschließlich auf Wachstum gegründeten Wirtschaft, wenn wir plötzlich alle anfingen, nach der Maxime des

Genughabens zu leben? Würde der Markt zusammenbrechen? Diese Frage ist wohl letzten Endes der finanztechnische Elefant im Öko-Porzellanladen. Als absolut Unbedarfter in Sachen Wirtschaft glaubte ich, es wäre ein Leichtes, ein paar Entwürfe für ein Modell nachhaltiger Wirtschaft zu finden. Doch meine Suche in ökologischen Strategiepapieren, Konferenzprotokollen und auf den verschiedensten Websites förderte seltsamerweise kein solches Modell zutage. Ich rief einige Umweltökonomen an. Keiner wollte mir sonderlich helfen, man begnügte sich damit, in abstrakten Grundsatzbegriffen über zwischenstaatliche Strategieforen und Positionsbegründungen zu reden. Doch alle verwiesen mich auf einen Mann, auf Tim Jackson, Professor für Nachhaltige Entwicklung an der Surrey University in Guildford. Er sei der ideale Fachmann für meine Fragen.

Jackson ist Wirtschaftswissenschaftler und hat die Psychologie des umweltverträglichen Konsums studiert; überdies sitzt er in der Sustainable Development Commission, einer im Jahr 2000 eingesetzten Regulierungsbehörde der britischen Regierung. Jackson äußert Zweifel daran, dass eine große Anzahl von Menschen ihr Verhalten spontan ändern könnte. Stattdessen findet er, dass vor allem Politiker die Aufgabe haben, uns vom Drang nach immer mehr Konsum und Produktion abzubringen. Fröhlich einigen wir uns darauf, in diesem Punkt nicht einig zu sein. Aber was wäre, wenn wir einen Zauberstab hätten und eines Morgens aufwachten, nur um festzustellen, dass plötzlich alle Menschen in Großbritannien nachhaltig und umweltschonend leben? Jacksons Offenheit ist entwaffnend: »Das ist die schwerste Frage von allen. Vor Kurzem habe ich sie unserer Kommission vorgelegt und bekam von einem Beamten des Finanzministeriums zu hören, die Veränderung zu einer wirklich nachhaltigen Lebensweise könnte bedeuten, dass wir wieder in Höhlen leben. Die Regierung reagiert in dieser Frage höchst gespalten. Immer wieder redet sie den Menschen ein, doch das Auto stehen zu lassen und weniger zu konsumieren. Aber wenn das jeder tun würde, wären wir in einer Lage wie Ruderer ohne Paddel mitten auf dem Fluss. Unsere derzeitige Wirtschaft hängt von Konsumsteigerung ab.«

Jackson schweigt einen Moment, dann seufzt er und fährt fort: »Es ist extrem schwierig, für diese Diskussion politischen Raum zu finden. Jedes Mal wird sie im Keim erstickt, weil es gilt, die wirtschaftliche Stabilität zu berücksichtigen. Immer wieder heißt es: ›Wir müssen die Wirtschaft unter allen Umständen schützen.‹ Die Situation in Osteuropa während des Zusammenbruchs der Sowjetunion hat ja deutlich gezeigt, wie es um das Glück der Menschen in Zeiten einer rückläufigen Ökonomie bestellt ist. Aber auch wenn ich keine Antwort habe, glaube ich doch, dass es das einzige Problem ist, an dessen Lösung zu arbeiten sich wirklich lohnt. Ich allein besitze auf keinen Fall das Know-how, um mit einer Lösung aufzuwarten. Sie ist erstaunlich schwierig. Sie wird eine kulturelle Veränderung erfordern, die ihre Eigendynamik mitbringt.«

Dann hellt sich Jacksons Miene ein wenig auf. »Es besteht eine Möglichkeit, dass diese Eigendynamik bereits entsteht, etwa durch Initiativen wie Live Earth [das Rockkonzert] und das wachsende Interesse an emotionalem Wohlbefinden. Die OECD (Organisation für wirtschaftliche Zusammenarbeit und Entwicklung) hat ein Programm mit dem Titel ›Jenseits des Bruttosozialprodukts‹ aufgelegt – plötzlich ist man also willens, diese Fragen auf einem sehr hohen Niveau zu stellen. Wenn es eine Veränderung geben soll, dann könnte alles sogar sehr schnell gehen.«

Schnell sollte es wirklich gehen. Denn jenseits der komplexen und irgendwie entmutigenden Argumente zugunsten der Wirtschaft lauert eine einfache Wahrheit: Wir bewegen uns in rasendem Tempo auf den Punkt zu, an dem unser Planet genug von uns hat. Die Erde scheint bereits unseren aktuellen Verbrauch nicht ertragen zu können, geschweige denn endloses Wachstum. Um das ökologische Konto wieder auszugleichen, brauchen wir weniger Verbrauch oder weniger Menschen oder weniger von beidem. Sonst stoßen wir an die Grenzen. Sir Geoffrey Palmer, Ex-Premier von Neuseeland, gibt zu bedenken, dass der Begriff »nachhaltige Entwicklung« ein Widerspruch in sich sein könnte. »Entweder man hat Nachhaltigkeit, oder man hat Entwicklung, doch beides gleichzeitig geht nicht.«

Wir stehen am Abgrund. Nehmen wir nur die Bevölkerungszahlen. Im Jahr 1000 gab es auf der Erde ungefähr 270 Millionen Menschen, die durchschnittlich 24 karge Lebensjahre mit geringem Konsum zu erwarten hatten. Heute sind wir mehr als sechs Milliarden und konsumieren so viel wir können, bei einer durchschnittlichen Lebenserwartung von 67 Jahren. Die Vereinten Nationen sagen voraus, dass die Weltbevölkerung im Jahr 2050 das Anderthalbfache von heute betragen wird, dann werden wir also neun Milliarden sein und haben wahrscheinlich das Höchstmaß der Belastbarkeit unseres Planeten erreicht.

Als der Umweltforscher Mathis Wackernagel, der das Konzept des ökologischen Fußabdrucks (der Messung der individuellen und der betrieblichen CO_2-Emissionen) entwickelte, die wirtschaftliche Nutzung des Planeten maß und mit seiner »Tragfähigkeit« verglich, kam er zu dem Schluss, dass die Menschheit gegenwärtig bereits 20 Prozent mehr Ressourcen verbraucht, als die Biosphäre der Erde hergibt. Nach Wackernagels Messung stimmte die Nutzung zum letzten Mal in den 80er Jahren mit den Ressourcen überein. Seitdem leben wir auf Pump. Ein Bericht des Ökologen Helmut Haberl von der Universität Klagenfurt kommt nun zu dem Schluss, dass wir beispielsweise ein Viertel aller Pflanzen verbrauchen. Und in manchen Regionen der Erde werden bis zu 63 Prozent der Energie verbraucht, die von Pflanzen erzeugt wird – Energie, die der Biomasse in Zukunft fehlt.

Dieser Prozess führt zu vermehrtem Artensterben und zur Ausbreitung von Wüstengebieten. Wenn wir den Fehler begingen, statt fossiler Energie Biokraftstoffe für unsere Autos, Heizungen und Ferienflüge zu nutzen, könnte sich unsere Energiebilanz weiter verschlechtern, meint Haberl. Biokraftstoffe klingen zwar »öko«, aber sie benötigen große Ackerflächen und weitere Ressourcen, damit die Pflanzen zu ihrer Herstellung wachsen und reifen. Der Tag wird kommen, an dem die Menschheit jede Kalorie des Planeten zum Eigenverbrauch benötigt. Eine 1986 erstellte Studie sagte voraus, dass wir bei gleichbleibendem Konsum diesen Punkt in weniger als 40 Jahren erreichen würden. Doch diese Studie entstand, bevor Biokraftstoffe entwickelt wurden. Vielleicht verlängert sich unsere Schonfrist auf 30 weitere Jahre – es sei denn, die Biosprit-Pflanzen verdorren, weil es kein Frischwasser zur Bewässerung mehr gibt.

Nimmt man noch die boomende chinesische und indische Wirtschaft in die Berechnung auf, dann sieht es so aus, als säßen wir alle in einem Intercity, der in Richtung Ausbeutung der Erde rast. So oder so – die Bevölkerung wird abnehmen, und die wirtschaftliche Aktivität wird sich verlangsamen, stoppen und sich in ihr Gegenteil verkehren. Dies wird entweder geschehen, weil wir entsprechende getroffen und gehandelt haben, oder weil wir aufgrund der Erderwärmung und der Verknappung von Ressourcen dazu gezwungen sind. Genau das ist das Dilemma, das bereits 1972 in dem Buch *Grenzen des Wachstums* prophezeit wurde. Drei Jahrzehnte später widmeten sich dessen Autoren Donella Meadows, Jorgen Randers und Dennis Meadows erneut diesem Thema, um zu sehen, ob die Welt ihren Warnungen Beachtung geschenkt hatte. Ihre Schlussfolgerungen klingen nicht gut: »[Wir] sind heute weitaus pessimistischer bezüglich der Zukunft, als wir es 1972 waren«, heißt es in *Grenzen des Wachstums. Das 30-Jahre-Update*. »Es ist wirklich traurig, dass die Menschheit die vergangenen 30 Jahre weitgehend verschwendet hat mit nutzlosen Debatten und gut gemeinten, aber halbherzigen Reaktionen auf die weltweiten ökologischen Herausforderungen. Wir können nicht noch weitere 30 Jahre zaudern.«

Die Autoren glauben, dass wir, falls die reichen Länder ihren Konsum nicht deutlich herunterschrauben, auf globaler Ebene dasselbe Auf und Ab erleben werden, das heute bereits die Aktienmärkte in Mitleidenschaft zieht – verursacht durch unsere kurzsichtige, archaische Hirnstruktur. Es wird so sein wie mit der Internet-Euphorie der 90er Jahre, nur langsamer und schmerzhafter, meinen die drei Autoren: »Die Wachstumsphase wird bejubelt und gefeiert werden – selbst dann noch, wenn sie schon längst einen nicht mehr haltbaren Bereich erreicht hat (dies wissen wir, weil es bereits passiert ist). Zur großen Überraschung aller wird es sehr schnell zum Zusammenbruch kommen. Und wenn dieser dann einige Jahre angehalten hat, wird immer deutlicher werden, dass die Situation vor dem Kollaps alles andere als nachhaltig war. Nach noch mehr Jahren des Rückgangs wird kaum noch jemand daran glauben, dass es je wieder enden wird. Nur wenige werden glauben, dass irgendwann einmal wieder genug Energie und Fisch zur Verfügung stehen werden. Hoffentlich erweist sich das als falsch.«

Wenn wir keine Kultur schaffen, die die Habgier unserer primitiven Gehirne dämpft, statt uns immer neue Bedürfnisse einzuimpfen, werden wir ernsthafte Probleme bekommen. Dem Thema ist unglaublich schwer beizukommen, nicht zuletzt deshalb, weil unsere Kultur sich gerne von Problemen ablenkt, und zwar durch zu viel Arbeit, zu viel Produktion und zu viel Konsum.

Die Philosophie des Genughabens bietet uns eine Alternative, die sich auf Eigennutz gründet und trotzdem auch anderen nützt. Es ist immer noch Zeit, unsere Gesellschaft für diesen Ansatz zu sensibilisieren – indem wir mit gutem Beispiel vorangehen, den Herdentrieb klug nutzen und auf kulturellen Wandel setzen. Das ist das bestmögliche Szenario, eine wilde, optimistische Hoffnung. Falls jedoch das beste Ergebnis individuell praktizierten Genughabens darin besteht, dass einige von uns zufriedener leben, während das ganze Scheißhaus in Flammen aufgeht (um mit Jim Morrison zu sprechen), dann soll es wohl so sein. Aber noch können wir hoffen.

Wir haben *genug* Wachstum

Der wahre Wert von Freundschaft

Die Überflussgesellschaft will uns weismachen, dass das Wichtigste im Leben jene Konsumartikel sind, die wir noch nicht besitzen. Doch in Wahrheit können unsere wertvollsten Güter weder erworben noch verkauft werden, wie eine Umfrage unter 10 000 Briten ergab. Die Befragten wurden gebeten, ihr Maß an Glück einzuschätzen und Fragen zu Reichtum und Besitz, zu Gesundheit und sozialen Beziehungen zu beantworten.
Laut Nattavudh Powdthavee vom Institute of Education an der University of London sind dies die Dinge, die den Briten am meisten wert sind – beziffert in Pfund Sterling:
• So oft wie möglich Freunde und Verwandte zu treffen, entspricht einer Gehaltserhöhung von 63 833 Pfund im Jahr.
• Sich mit den Nachbarn zu unterhalten, macht so glücklich wie eine Erhöhung von 37 000 Pfund.
• Eine Heirat entspricht einem Extrabonus von 50 000 Pfund (*nach* Abzug der Hochzeitskosten).
• Am höchsten bewertet wird eine ausgezeichnete Gesundheit, sie entspricht 300 000 Pfund im Jahr.

Null-Wachstum an persönlichem Besitz

Wenn ein Gegenstand nicht mehr zu reparieren ist, muss er ersetzt werden. Und weil wir alle an den Fortschritt glauben, soll der Ersatz in der Regel größer und leistungsfähiger ausfallen und mehr Funktionen haben. Doch das muss nicht so sein. Die Erwartungs-Inflation zerrt uns oft über den Punkt des Genughabens hinaus in die sinnlose Verschwendung. Um das zu verhindern, können wir unsere persönliche Null-Wachstum-Kauftaktik anwenden, besonders bei teuren Produkten. Stellen Sie sich dazu die folgenden fünf Fragen:

1. *Brauche ich wirklich ein größeres oder leistungsfähigeres Gerät?* Wenn es zum Beispiel um eine neue Kühltruhe geht: Werden Sie ab jetzt mehr essen? Und bei einem neuen Wagen: Helfen mir ein stärkerer Motor und ein schwereres Chassis, schneller aus dem Stau zu kommen?

2. *Ist der neue Gegenstand effizienter als der alte?* Man sollte meinen, dass neue Konsumgegenstände weniger Ressourcen verbrauchen als ihre Vorgänger. Doch viele elektronische Neugeräte verbrauchen mehr Strom. Plasmabildschirme können bis zu viermal so viel Energie fressen wie ein herkömmlicher Fernseher. Der Anteil am Verbrauch irdischer Ressourcen durch Geräte der Unterhaltungselektronik wird sich zwischen 2005 und 2010 verdoppeln, sagt der Energy Saving Trust.

3. *Habe ich nicht schon genug technisches Spielzeug?* Ressourcen werden massenweise verbraucht, um zusätzliche Funktionen in herkömmliche Geräte einzubauen, die uns das Leben erleichtern sollen. Aber trifft dies wirklich zu? Wenn nicht, dann werfen wir unser Geld sozusagen auf die Müllhalde. Das Paradebeispiel ist der einst so bescheidene Einwegrasierer. Es wird immer schwieriger, Modelle mit zwei Klingen zu ergattern und ohne über-

flüssige Kinkerlitzchen wie Gleitstreifen oder Schwingkopf. Doch inzwischen haben die Hersteller schon wieder weitere Extras dazugepackt. Ich hielt es für den Gipfel der Lächerlichkeit, als Gillette vor ein paar Jahren den Rasierer mit sechs Klingen herausbrachte. Aber das reichte noch nicht. Nun wird er bereits mit einem kleinen batteriebetriebenen Vibrationsmotor angeboten.

4. Ist es haltbar?
Oft werden Produkte aufgerüstet oder aufgepeppt, um auf äußerst kostenintensive Weise von ihrer schlechten Qualität abzulenken. Statt aus stabilen, haltbaren Komponenten gefertigt zu sein, wurden sie so billig wie möglich produziert. In solchen Fällen sollte man lieber ein wenig mehr Geld in etwas Haltbares investieren, auch wenn es keine ultimative Neuheit ist.

5. Lässt es sich reparieren?
Falls das Konsumgut defekt ist, kann ein Techniker vor Ort es dann einigermaßen kostengünstig reparieren, oder muss ich es gleich auf den Müll schmeißen, weil es aus versiegelten Komponenten besteht – deren Austausch so viel kostet, dass es billiger kommt, ein neues und ebenso irreparables Gerät zu kaufen? Ältere Modelle sind oft wirtschaftlicher, da sie repariert werden können.

Denken Sie eher in Zeit als in Geld

Zeit ist Geld. Aber das Gegenteil ist ebenso richtig: Geld ist Zeit. Welches von beiden ist Ihnen wertvoller, und wann?

Die meisten Menschen wünschen in der Rückschau auf ihr Leben, sie hätten Dinge getan, die Zeit gekostet hätten und nicht Geld. Eine vom Royal College of Surgeons durchgeführte Langzeitstudie an unheilbar kranken Patienten in Irland kommt zu dem Schluss: »Viel häufiger bedauern Menschen nicht die Dinge, die sie getan haben, sondern die, die sie aus Zeitmangel unterlassen haben.«

Eine nützliche Methode, Ihre eigenen Prioritäten auszuloten, besteht darin, sich einmal hinzusetzen und eine Liste dessen aufzustellen, was Sie möglicherweise dereinst auf dem Sterbebett bedauern werden, und dann Zeit für diese Dinge einzuplanen anstatt Geld.

Sie können auch ganz einfach feststellen, wie gut Sie Ihre kostbare Zeit nutzen. Rechnen Sie aus, was Sie in einer Stunde dafür verdienen, dass Sie Ihre Fähigkeiten oder Ihr Fachwissen zur Verfügung stellen. Das vergleichen Sie dann mit dem Wert, den lebenswichtige, aber wirtschaftlich irrelevante Beschäftigungen wie Freizeit mit der Familie oder Hobbys für Sie haben.

Schätzen Sie das Billige

Es kann sehr hilfreich und aufbauend sein, wenn Sie sich regelmäßig vor Augen halten, dass die intelligente Form der Selbstgenügsamkeit meistens zurückhaltend oder unsichtbar ist, während ein unsicherer Mensch eher durch demonstrativen Konsum auffällt. Heutzutage können Sie ziemlich sicher sein, dass der Wohlstand, der auf der Straße zur Schau gestellt wird, noch gar nicht bezahlt ist. Dieser Wohlstand ist das Neonaushängeschild des in Ratenzahlungen gefangenen Schuldners. Einem Menschen, der mit so einem Schild in der Öffentlichkeit protzt, geht es bezüglich Zeit und Autonomie vermutlich schlechter als Ihnen, von den finanziellen Verhältnissen gar nicht zu reden.

8. NIE GENUG

Im Augenblick der Zufriedenheit haben wir genug. Das Problem ist, dass wir gewohnheitsmäßig den umgekehrten Weg einschlagen: Wir setzen voraus, dass wir erst dann zufrieden sind, wenn wir genug haben.

Shen Sh'ian, Herausgeber des
»Daily Enlightenment«-Newsletters

Clare Grant deutet aus dem Küchenfenster auf die Bäume im Garten und fragt: »Was sehen Sie?« »Hmm – Bäume«, sage ich. Nicht ganz die richtige Antwort. »Wenn Sie ein Ornithologe wären, würden Sie auch die Vögel in den Bäumen sehen«, meint Clare. »So funktioniert das nämlich. Wenn Sie auf Dankbarkeit ausgerichtet sind, sehen Sie Dinge, die Sie dankbar machen.« Aus ihrem luftigen Apartment in Tunbridge Wells in Kent sendet die 29-jährige Webdesignerin täglich ein Dankbarkeits-Blog, das Tausende Menschen auf der ganzen Welt lesen, das schon ins Chinesische und Spanische übersetzt wurde und ihr sogar in der Zeitschrift *Saga* einen Rang unter den 50 klügsten Menschen der Welt beschert hat.

Es erscheint wunderbar unangemessen, dass das Lieblingsmagazin der über 60-jährigen Briten ausgerechnet diese junge Frau geehrt hat. Aber Grant ist wirklich auf einem außergewöhnlich weisen Trip. Sie wappnet ihr Bewusstsein gegen die Welt des Überflusses, indem sie eine Kultur der Dankbarkeit pflegt, die in unserer Konsumgesellschaft als überholt und einfältig gilt. Ich lernte sie in der Woche kennen, als ihre Blogsite *Three Beautiful Things* den 100 000. Besucher zählte. Doch auch wenn Grants Site im Cyberspace Kultstatus erreicht – unsere westliche Zivilisation hat die geistige Haltung der Dankbarkeit zu einer dürftigen sozialen Geste zurechtgestutzt.

Unsere Welt macht uns undankbar und unzufrieden, ständig schauen wir wie gebannt auf die unzähligen Dinge, die wir nicht besitzen. Wir werden darauf konditioniert, unseren Lebenssinn im Streben nach mehr Dingen zu suchen, durch ihren Erwerb einen kurzen Kick zu erfahren, sie sodann als »veraltet« fallen zu lassen und dem nächsten Kick hinterherzujagen. Wenn der Quell unserer Dankbarkeit dermaßen überschwemmt wird, verlieren wir den Blick für die wunderbare Fülle, die uns umgibt. Der römische Kaiser und Stoiker Marc Aurel schrieb in seinen *Selbstbetrachtungen*: »Nicht an das Abwesende denken, als ob es schon anwesend wäre, sondern unter den vorhandenen die wertvollsten Dinge aussuchen und sich bei ihnen vor Augen führen, wie sie herbeigewünscht würden, wenn sie nicht vorhanden wären.« Das könnte allerdings unser fleißiges Streben stören.

Psychologische Untersuchungen zeigen, dass wir uns tatsächlich nie genug darin üben können, dankbar zu sein. Diese immaterielle, unerschöpfliche Ressource eröffnet uns überraschend einfache Wege zur Zufriedenheit. Dankbarkeit kann zu einem Wohlbehagen führen, das ein neues Konsumgut niemals zu bescheren vermag. Sie gibt uns erwiesenermaßen seelischen Auftrieb, zusammen mit anderen vernachlässigten Fähigkeiten wie Engagement, Vorausschau und Rücksichtnahme. Solange wir noch keine Ausschalttaste für unsere nimmersatten Hirne entwickelt haben, können diese höheren Geistesgaben uns helfen, weniger gierig zu sein. Außerdem erlauben sie uns, der ketzerischen Frage nachzugehen, ob es ein Leben jenseits von Shopping, Arbeit, Gewinn und Prestige gibt.

Grant lancierte ihr Blog im Mai 2004; vorher hatte sie ein Jahr lang ein Dankbarkeits-Tagebuch geführt. »Ich begann damit, weil ich Schriftstellerin werden will, und ich hatte gehört, dass es nützlich sei, Tagebuch zu schreiben«, erklärt die junge Frau. »Tagebuch allein hörte sich allerdings etwas dürftig an, deshalb beschloss ich, dass es ein Dankbarkeits-Tagebuch werden sollte.« Wie sehr Dankbarkeit wirkt, spürte sie zum ersten

Mal als kleines Mädchen.»Ich hatte in der Zeitung gelesen, dass die Leute es schrecklich finden, vorformulierte Danksagungskarten zu erhalten. Das spornte mich an, fast wie eine Besessene eigene Karten zu schreiben – an die Eltern von Freunden, wenn ich eingeladen gewesen war, mit ihnen Tee getrunken oder einen Ausflug gemacht hatte. Sie waren selig und erzählten meiner Mum, wie nett sie mich fanden.«

Als Clare Grant vor zwei Jahren bei einer Webfirma anfing, schrieb einer ihrer Kollegen bereits hobbymäßig drei Blogs. Grant ließ sich anstecken.»Die besten Blogs werden täglich aktualisiert, so hält man die Besucher bei der Stange. Ich habe genau überlegt, was ich täglich schaffen könnte, und kam darauf, ich könnte doch drei Sätze über etwas Bestimmtes schreiben. Aber worüber? Über etwas Blaues? Über drei Tiere, die ich an dem Tag gesehen hatte? Dann hatte ich die Idee, über schöne Dinge zu schreiben, die mich mit Dankbarkeit erfüllten.« Manche ihrer Kollegen finden das kindisch, aber Grant ist überzeugt, dass Dankbarkeit nichts mit Naivität zu tun hat.»Dankbarkeit ist nicht nur etwas für Weihnachten. Sie funktioniert, weil sie uns zeigt, was das Universum uns schenkt.«

Das Blog schlug nicht gerade ein wie eine Bombe, aber Grant machte unerschütterlich weiter.»Ich nehme an, die meisten Leute stießen zufällig auf meine Seite, wenn sie im Netz nach ›beautiful things‹ suchten.« Im Lauf der Zeit hat sie einen Blick für die flüchtigen Freuden des Lebens entwickelt. Wie der Eintrag des 5.Juni zeigt:»Ein gebeugter alter Mann mit Hochwasserhose redet in Kleinkindersprache auf einen Welpen ein, der vor der Tür der Morrisons angebunden ist. Der Welpe beachtet ihn nicht.« An anderen Tagen fällt die Notiz prosaischer aus: »Wie ein neuer Klositz mein Badezimmer verwandelt.« Inzwischen hat Grant ein weltweites Publikum erobert.»Die Menschen schicken mir ihre eigenen schönen Dinge. Da ist zum Beispiel diese erstaunliche Amerikanerin, deren Ansichten ich ehrlich gesagt reichlich bigott finde – doch dessen ungeachtet hat sie mir eine Liste kleiner Glücksmomente geschickt, die sehr anrührend ist.« Dankbarkeit hat Grant keineswegs zur Säulenheiligen gemacht: »Ich bin manchmal sehr undankbar und würde mich am liebsten den ganzen Tag in eine ruhige Ecke verziehen. Aber mein Blog rettet mich. Für kleine Dinge dankbar zu sein, macht mich fröhlicher und hilft mir im Alltag.«

Clare Grants Erfahrungen werden von einer breit angelegten Studie gestützt: Hunderte von Menschen wurden in drei Gruppen eingeteilt und damit beauftragt, täglich Tagebuch zu führen. Die erste Gruppe sollte lediglich Tagesereignisse aufzeichnen, die zweite Gruppe schlechte Erfahrungen sammeln und die dritte Gruppe Dinge, die sie mit Dankbarkeit erfüllten. Mit der Zeit zeigte die dritte Gruppe ein höheres Maß an Aufmerksamkeit, Begeisterung, Entschlossenheit, Optimismus und Energie. Die Menschen fühlten sich sogar motiviert, Sport zu treiben; das passt zu einem Bericht im *American Journal of Cardiology*, nach dem Dankbarkeit anscheinend die Herzfunktion verbessert. Der Gewinn war sowohl sozialer als auch persönlicher Natur, da die Schreiber der Dankbarkeits-Gruppe in einen Kreislauf der Freundlichkeit eintraten. Nun, da sie aufmerksamer für positive Erfahrungen geworden waren, konnten sie kleine Wohltaten von anderen eher erwidern.

Wir alle lesen solche Untersuchungen gern. Offenbar sind simple Dinge wie Dankbarkeit so gesund wie selbstgebackenes Brot. Doch im Alltag richten wir uns selten danach. Wir klatschen zwar Beifall, wenn wir von einer neuen Methode zur Zufriedenheitssteigerung hören, machen jedoch weiter wie bisher. Inmitten unseres geschäftigen Lebens erscheint uns Dankbarkeit oft als höchst undankbare Aufgabe. Ein Dankbarkeits-Tagebuch zu führen, übersteigt das Maß an Verpflichtung, das die meisten Menschen eingehen wollen, und wird bald zur Last. Schließlich landen unsere guten Vorsätze auf dem Haufen verschiedener Lifestyle-Ideen, an die man mit schlechtem Gewissen denkt. Dennoch ist es keineswegs unmöglich, Dankbarkeit zu leben – vor allem wenn wir sie in unseren Tagesablauf einbinden und mit unseren Gewohnheiten abstimmen.

Meine Frau und ich haben uns angewöhnt, abwechselnd ein einfaches Tischgebet zu sprechen. Damit wollen wir das Mahl auf unseren Tellern würdigen, den Menschen und Dingen danken, die es hervorgebracht haben, und unsere Freude darüber zeigen, dass wir es genießen dürfen. Zumindest soll das Gebet eine Ahnung von alldem enthalten, auch wenn es meistens nur zu einem »Kommherrjesusseiunsergastundsegnewasduunsbescherethast« reicht. Doch darunter leidet der Grundgedanke nicht. Ich bin inzwischen überzeugt, dass ein Tischgebet fast wie ein Essensgong à la Pawlow funktioniert, indem es die Verdauung vorbereitet, die Geschmacksknospen anregt und einen dazu bringt, jeden Bissen zu genießen (wie wir bereits im 2. Kapitel gesehen haben, kann bewusstes Schmecken wirksam vor Gewichtszunahme schützen).

Wenn wir Dinnergäste haben, sprechen wir das Tischgebet mit besonderem Genuss. Unsere Besucher pflegen misstrauische Blicke zu wechseln. Wollen wir sie vielleicht bekehren? Womöglich teilen wir gleich Traktätchen aus. Aber bei einer einfachen Danksagung geht es nicht darum, einen bärtigen Gott im Himmel anzurufen oder sich vor einem Götzenbild niederzuwerfen. Im Englischen haben *gratitude* (Dankbarkeit) und *grace* (Gnade) dieselbe lateinische Wurzel: *gratus*, was sowohl »Dank« als auch »Willkommen« bedeutet. Vielleicht sollten wir unser Tischgebet vor Gästen mit den Worten einleiten: »Wer immer sich angesprochen fühlt ...«

Die neue Technologie macht Dankbarkeit leichter als je zuvor. Innerhalb von Sekunden ist eine zweizeilige Dankesbotschaft an jemanden versendet, dessen Firma einen guten Service bietet. Neulich habe ich eine Mail an meinen Internet-Anbieter geschickt, denn mir war aufgefallen, dass er mir nie aufgefallen war, und zwar deshalb, weil die Verbindung stets problemlos funktionierte. Daraufhin schickte ein echter Mensch eine Mail zurück, mit der er sich für mein Dankeschön bedankte (nachdem sie sich von ihrem Schrecken erholt und meine Nachricht gründlich auf versteckte Ironie geprüft hatten). In einer Welt, in der so viele Sachen reibungslos funktionieren – aus dem Wasserhahn kommt sauberes Wasser, in den Geschäften kann man einwandfreie Lebensmittel kaufen, und auf Knopfdruck geht das Licht an –, ist es seltsamerweise viel einfacher, sich auf die Dinge einzuschießen, die nicht klappen. Unseren auf Maximierung gepolten Gehirnen ist es gleich, ob etwas gut funktioniert – im Gegenteil, Versuche zeigen, dass wir erst dann aufmerken, wenn etwas schiefgeht. Und wenn ich mich bedanke, fühle ich mich auch berechtigt, Beschwerden zu schreiben, wenn es nötig sein sollte. Zumindest habe ich vorher für Ausgleich gesorgt.

Dankbarkeit scheint uns sogar dabei zu helfen, die Tendenz zu Entfremdung, Neid und entfesseltem Konkurrenzdenken in unserer Gesellschaft zu bekämpfen. In Texas erhobene Studien zeigen, dass bei einem höheren Maß an Dankbarkeit die materiellen Bedürfnisse abnehmen. Und es gibt noch mehr Vorteile: Positiv alternde Menschen neigen dazu, Fähigkeiten wie Dankbarkeit, Nachsicht und soziale Großmut zu erwerben, die die Lebensqualität erhöhen. Auf diese Weise vermeiden sie die typischen Fallen des Alters – Griesgrämigkeit, Reue, Starrsinn, Selbstbezogenheit und Alterspessimismus. Ich finde das alles sehr beruhigend, da ich nie an die reine, nach keinerlei Belohnung schielende Selbstlosigkeit glauben konnte. Wenn ich schon so großzügig und nett bin, *muss* doch etwas für mich dabei herausspringen? Und der Gesundheitszustand positiv gealterter Menschen zeigt, dass dem tatsächlich so ist.

Die möglichen Vorteile beschränken sich nicht allein auf Menschen, die bereits nett sind. Selbst die Misstrauischsten, Eigennützigsten und Ehrgeizigsten von uns können sich ändern, wenn die einseitige Konsumorientierung nachlässt. Neue Studien deuten an, dass es möglich wäre, unsere kulturell bedingte Selbstbezogenheit abzumildern, damit wir uns künftig von höheren Idealen wie Dankbarkeit oder Großzügigkeit leiten lassen. Das sagen jedenfalls Psychologen der Bar-Ilan-Universität in Israel. Durch unterbewusste Hinweise sorgten sie dafür, dass ihre Probanden besonderes Vertrauen zu einer Person entwickelten, die ihnen Schutz und bedingungslose Liebe bot – sei es ein Elternteil, ein Partner oder Gott. Dem Psychologenteam ging es darum, ein Gefühl der Sicherheit hervorzurufen. Die Versuchspersonen sollten dadurch in die Lage versetzt werden, moralisch großzügig zu handeln, statt sich mit Eigennutz zu wappnen. Und es funktionierte. Israelische Juden zögerten, ihren arabischen Versuchspartnern eine höllisch scharfe Sauce zu servieren (eine Zurückhaltung, die sie nicht an den Tag legten, als sie noch das wohlige Gefühl der Sicherheit entbehrten). Die Probanden zeigten sich auch viel williger, Blut zu spenden, und als man ihnen eine junge Frau zeigte, die angesichts einer Tarantel in Panik zu verfallen drohte, boten sie ihr sogleich Hilfe an.

Der Einfall, unserem Hirn die aus der Steinzeit stammende Selbstsucht abzutrainieren, ist Tausende von Jahren alt. Die Stoiker glaubten, dass unsere Reaktion auf die Welt in zwei Phasen verlaufe: erstens als reiner Reflex und zweitens als dessen intellektuelle Rechtfertigung. Diese Auffassung wird durch den Einsatz bildgebender Verfahren in der psychiatrischen Forschung gestützt. Das sogenannte Brain Imaging zeigt, dass elementare Reflexe in der Amygdala lokalisiert werden, jenem mandelförmigen Gebilde im Vorderhirn, das uns auf Bedrohung reagieren lässt. Demgegenüber scheint unser logisches Denkvermögen im linken frontalen Kortex beheimatet zu sein. Diese beiden Funktionen ringen nun offenbar in der mittleren Region des frontalen Kortex miteinander, dort ist die wichtige Verbindungsstelle, wo elementare in verarbeitete Emotionen umgesetzt werden. Untersuchungen in Italien haben ergeben, dass Menschen mit einer Schädigung dieses Hirnareals nicht mehr fähig waren, moralisch begründete Entscheidungen zu treffen.

Wir alle kennen diese selbstsüchtigen, misstrauischen, reflexhaften Impulse. Es zählt, was wir daraus machen. In einem Gehirnscan-Experiment wurden erklärten Nicht-Rassisten Fotos von Menschen fremder ethnischer Herkunft gezeigt. Zuerst leuchtete die Amygdala auf und meldete primitives Misstrauen, dann jedoch wurde diese Reaktion von den höheren Hirnfunktionen gehemmt. Bei Rassisten war die Kortex-Reaktion stark abgeschwächt. Nun bombardiert unsere Konsumwelt unser primitives Hirn unablässig mit Reizen, die Neid und Furcht auslösen, bis wir so überfrachtet sind, dass die höheren Hirnfunktionen oft nichts mehr dagegen ausrichten können. Mit der Zeit kann sich sogar die übergeordnete vernünftige Stufe des Systems zurückbilden. Übungen wie gelebte Dankbarkeit können jedoch diese Entwicklung umkehren und die höheren Hirnfunktionen reaktivieren. Dies lässt sich mit der Wiederentdeckung eines Musikinstruments vergleichen: Das Gehirn kann die Fähigkeit zum Spiel neu erlernen.

Es gibt also praktische Methoden, die uns helfen, ein Gegengewicht zu unserer Kultur der Selbstsüchtigkeit herzustellen. Wie die Tagebuchstudie gezeigt hat, bringt Dankbarkeit uns dazu, Wohltaten von anderen eher zu erwidern. Und wenn wir in großzügiger Stimmung sind, erhält unser Gehirn durch das altruistische Verhalten einen Belohnungskick. Wissenschaftler haben die Gehirne von Probanden gescannt, während diese einer Wohltätigkeitsorganisation spendeten. Sie berichten, dass die Geldspende den für Belohnung zuständigen Bereich des Gehirns aufleuchten ließ – genau so, als hätte die Versuchsperson nicht Geld gespendet, sondern selbst erhalten. In einer anderen Studie wurden die Gehirne von Frauen gescannt, die 100 Pfund an eine Volksküche spendeten, und die Forscher stellten fest, dass bei dieser Handlung zwei sehr tiefe Hirnregionen – der Nucleus caudatus und der Nucleus accumbens – aufleuchteten. Diese Bereiche werden auch aktiv, wenn elementare Bedürfnisse wie Essen oder Freundschaft befriedigt werden. Offensichtlich stimmt also wenigstens bei unserem Gehirn der Spruch: Du bekommst, was du gibst. Die Auffassung, eine gute Tat komme auch dem Täter zugute, ist so alt wie die Philosophie selbst. Sokrates vertrat den Standpunkt, dass ein tugendhafter Mensch ein freudevoller Mensch sei. Sein Schüler Plato berechnete sogar, dass der wohltätige Mann 729-mal freudiger sei als der nicht tugendhafte. Wissenschaftlich gestützt präsentiert sich der Sachverhalt folgendermaßen: Nach einer Zehn-Jahres-Studie an 2500 Männern hatten jene, die keine ehrenamtliche Arbeit leisteten, ein zweieinhalbmal höheres Sterberisiko als Männer, die gern ihre Arbeitskraft zur Verfügung stellten. Anscheinend können wir aus der Hilfe am Nächsten einen Lebenssinn ziehen, der uns gewissermaßen unverwüstlich macht. Es gibt auch starke evolutionäre Gründe für die Annahme, dass großzügige soziale Impulse unseren tiefsten Instinkten entspringen. Schon Charles Darwin war der Auffassung, dass wir erst, als unser höheres soziales Gehirn weit genug entwickelt war, rivalisierende Spezies überholen konnten; wir mussten erst über das individualistische »Überleben des am besten Angepassten« hinausgelangen und lernen, uns für das Gemeinwohl aller Stammesmitglieder einzusetzen.

Darwin nannte diese überlegene Form sozialer Verbindung »Gruppenselektion«. Das Bedürfnis, mit anderen verbunden zu sein, kann man ebenfalls nicht hoch genug einschätzen – gerade weil die Gesellschaft uns drängt, unsere Einzigartigkeit zu zelebrieren, statt zu erforschen, wie unauflöslich unser Leben mit der gesamten Umwelt verwoben ist. Wir scheinen aber immer noch so angelegt zu sein, dass wir von den Beziehungen zu anderen ungeheuer profitieren. Eine US-amerikanische Umfrage ergab, dass die zufriedensten Menschen in einer großen Studentengruppe diejenigen waren, die sich am meisten mit anderen befassten und am wenigsten allein waren.

Wie wir am Ende des 7. Kapitels gesehen haben, rangiert zwischenmenschlicher Kontakt nach Gesundheit in der ökonomischen Bewertung an zweiter Stelle. Und wenn wir zusammen singen (wozu heute die meisten von uns nur selten Gelegenheit haben), kann sich das Gruppenerlebnis zum Hochgefühl steigern. Wissenschaftler der Manchester University fanden heraus, dass der Sakkulus, ein auf Tonfrequenzen reagierendes Organ im Innenohr, mit dem Freudezentrum im Gehirn verbunden ist. Der Sakkulus reagiert nur bei niedrigfrequenten und hochresonanten Tönen, wie sie zum Beispiel beim Chorsingen erzeugt werden. Dies mag erklären, warum in einer Studie an über 12 000 Schweden festgestellt wurde, dass die Chorsänger unter ihnen länger lebten.

Der angeborene menschliche Trieb nach sozialer Verbundenheit scheint auch der Spiritualität zugrunde zu liegen. Spirituelle Menschen aller Glaubensrichtungen beschreiben ihre mystischen Erfahrungen häufig als »Einheit« mit einer Wesenheit, die größer ist als sie selbst. Manche nennen diese Wesenheit Universum oder Natur, andere Gott. Mystische Erfahrungen sind übrigens gar nicht so selten: Denken Sie nur an das Gefühl von Ehrfurcht beim Betrachten eines Sonnenuntergangs oder an die Ekstase, das Außer-sich-Sein, wenn wir uns verliebt haben. Manche Neuroforscher behaupten, den Mechanismus gefunden zu haben, der dieses Gefühl des Einsseins mit allem hervorruft. Sie glauben, das Gefühl stelle sich ein, sobald das »Orientierungszentrum« des Gehirns, das eine Mauer des Geltungsstrebens zwischen uns und dem Rest der Welt aufbaut, sich schließt. Dieser Prozess namens Deafferentation vermittelt uns einen flüchtigen Eindruck von unserem universellen Verbundensein. Er kann durch Meditation oder Gebet hervorgerufen werden und die unterschiedlichsten Seelenzustände erzeugen, von inniger Freundschaft bis zu mystischer Ekstase.

Doch wir verlieren den Zugang zu unserer an Spiritualität und Mystik reichen Geschichte, weil in der Welt des Überflusses jede Art von Religiosität als trist, peinlich und altbacken verpönt ist. Abgespalten von den spirituellen Lehren und Debatten der Vergangenheit, büßen wir das Erbe jener Menschen ein, die schon vor uns nach dem Sinn des Lebens fragten. Die moderne Konsumgesellschaft verspricht diese beunruhigenden Fragen abzuhaken und hält uns fest im Griff des Geldverdienens und -ausgebens. Vielleicht können wir die rasch wachsende Zahl von Depressionserkrankungen als Indikator dafür nehmen, dass hier etwas nicht stimmt.

Im Verborgenen blüht die nichtdogmatische Tradition der spirituellen Suche weiter, wenn auch nur als Minderheitensport.

Mir persönlich sagt ja eher das Konzept eines wissenschaftlichen Pantheismus zu, ein Ansatz, der Erkenntnisse der Quantenphysik und der Weltraumforschung verbindet, um die These zu belegen, dass Gott und das Universum schlicht dasselbe sind. Eine Anregung des wissenschaftlichen Pantheismus – »Der Kosmos ist göttlich, die Erde heilig« – scheint mir ebenso gut geeignet wie jeder andere Satz, um unseren vitalen Zusammenhalt mit dem Planeten auszudrücken.

Doch stattdessen fährt unsere Zivilisation fleißig fort, das fragile Ökosystem der Erde zu belasten. Zum Beispiel durch Flugreisen: Trotz unseres wachsenden Umweltbewusstseins werden jedes Jahr mehr Urlaubsflüge gebucht. Allein im Juli 2007 starteten Maschinen mit insgesamt über 15 Millionen Passagieren von den Großflughäfen Großbritanniens. (Zum Vergleich: Im gleichen Zeitraum flogen in Deutschland allein mit den Gesellschaften Lufthansa und Swiss Air 6,4 Mio. Fluggäste.[12]) Solch ein Verhalten missachtet das Grundgesetz der Nachhaltigkeit: dass jede Generation ihre Bedürfnisse befriedigen soll, ohne die Lebensqualität künftiger Generationen zu beeinträchtigen. Es ist die primitive, unspirituelle Logik eines egoistischen, kurzsichtigen Verhaltens ohne Rücksicht auf Verluste.

Schlimmer noch, wir bringen es nicht einmal fertig, uns selbst Gutes zu tun. Wir ignorieren eine weitere wertvolle Erfahrung – die Fülle des Augenblicks. Unser Alltagsleben beschleunigt sich immer mehr. Wir arbeiten schneller, reden schneller, gehen schneller, lesen schneller und essen schneller. Dank straff organisierter Erholungs- und Reha-Einrichtungen können wir mittlerweise sogar sündigen, im Schnellverfahren büßen und uns bald von Neuem in den Konsumrausch stürzen. Wir hetzen ewig weiter – doch wohin?

Ich mag Motorräder, seit ich mit 16 zum ersten Mal Moped gefahren bin, aber ich mag auch die Geschichte der wortkargen schwedischen Mutter meines Freundes Robin. Eines Morgens stand sie mit ihrem Auto an der Ampel, als ein Mann in Rennfahrerkluft seine schwere Maschine zwischen die Fahrzeuge zwängte. Die Ampel sprang auf Grün, und er raste unter Motorengedröhn davon. Robins Mum zuckelte in ihrem üblichen Tempo dahin, bis sie ein paar Blocks weiter das Motorrad erblickte, das auf eine Verkehrsinsel geprallt war. Sie hielt an, sah zu, wie der Fahrer zitternd auf die Beine kam, und fragte: »Wenn Sie hierher wollten, wozu dann die Eile?«

Wozu die Eile, in der Tat. Aber wie sonst könnten wir mehr Aktivität in unser geschäftiges Leben packen? Einer von fünf Briten ist mittlerweile überzeugt davon, »keine Zeit« zu haben. Und wenn wir im Augenblick keine Zeit haben, um innezuhalten und unser Tun, Sein und Kaufen zu genießen, dann können wir es ja später nachholen, wann immer dieses »Später« ist. Vielleicht werden wir im nichtexistenten Leben nach dem Tod Zeit dafür finden. Logisch klingt das allerdings nicht. Wieder einmal liegt die Erklärung darin, wie unser alter Überlebenskünstler, das Steinzeithirn, mit der Welt fertig wurde. Als Spezies sind wir darauf geeicht, permanent auf eine bessere, schönere Zukunft hinzuarbeiten. Dieser blinde, bedingungslose Optimismus half uns, Hungersnöte, Dürren, Seuchen, Hitze, Kälte, Krieg und Pest zu überstehen. Wie hätten es unsere Ahnen ohne optimistische Einstellung schaffen können?

Nehmen wir meine Vorfahren: Der englische Nachname Naish kommt aus dem mittelenglischen »atten ash« und bezeichnete einen Menschen, der in der Nachbarschaft einer

Esche irgendwo in der Gegend von Bristol lebte. Der Name ist Beleg dafür, dass meine Vorfahren in keiner Weise berühmt waren. Sie zeichneten sich nicht durch besondere Fertigkeiten oder ihren Beruf aus, auch nicht durch Aussehen, Intelligenz, soziale Stellung oder irgendwelche anderen Leistungen, nein, ihr Name beschreibt lediglich die Nähe ihres Wohnortes zu einem Baum. Was für ein Glück, dass sie nicht neben einer Jauchegrube hausten! Ich sehe sie vor mir, die lange Reihe meiner Ahnen, wie sie in den Jahrhunderten darbten und ein kurzes, von Rheuma geplagtes Leben im bäuerlichen Sumpf einer feudalistischen Wirtschaft erduldeten. Die einzige Methode, so ein gottverlassenes Leben durchzustehen – und dabei noch die nächste Generation aufzuziehen –, bestand darin, tief in ihrem Bauernschädel die Hoffnung zu hegen, dass sich schon im nächsten Augenblick alles zum Besseren wenden könne. »Macht weiter«, drängten ihre Hirnschaltkreise. »Alles wird besser, bald schon.« Diejenigen, die diese Illusion nicht aufrechterhalten konnten, blieben neben der genetischen Hauptstraße auf der Strecke.

Auf lange Sicht gesehen hatten meine Vorfahren natürlich recht. Der menschliche Genotyp ist, zumindest in der westlichen Welt, in einer Ära des gepflegten Wohlstands angekommen. Nun könnten wir die Füße hochlegen und uns ein Gläschen gönnen. Aber da wir Menschen keinen eingebauten »Genug«-Schalter besitzen, tönt in unseren Köpfen weiterhin die Verlockung, dass die Zukunft noch besser werden könnte. Die Forschung zeigt, dass wir alle dem Waisenmädchen Annie im gleichnamigen Musical ähneln, das tapfer singt: »The sun will come out tomorrow.«

Seit 1964 führt das Pew Research Center, eine »unparteiische Faktenfabrik«, eine Studie namens Ladder of Life durch. In der Umfrage werden 2000 Erwachsene über ihr aktuelles Leben, ihr Leben vor fünf Jahren und die Erwartungen für ihr Leben in fünf Jahren interviewt. Und jedes Jahr enthüllt die Studie die gleiche Regelwidrigkeit: Unsere hochgesteckten Ziele erfüllen sich nicht.

1997 zum Beispiel schätzten die Befragten ihr derzeitiges Glück auf den durchschnittlichen Wert 6,9 von 10, schätzten aber, dass er in fünf Jahren bei 8,2 liegen werde. Fünf Jahre später jedoch schätzten die gleichen Leute ihr momentanes Glück auf – 6,9 ein. Dieses Paradox lässt sich auch auf unsere Bewertung der Vergangenheit anwenden. In der Rückschau schätzen wir unser Leben schlechter ein, als wir es damals getan hätten. Generell glauben wir, dass es uns in der Vergangenheit schlechter ging und in der Zukunft deutlich besser gehen wird. Statt zu würdigen, dass wir in einer dauerhaft behaglichen Gegenwart angekommen sind, haben wir das Gefühl, als steckten wir im Wartezimmer des Lebens fest, gefangen zwischen einem unbefriedigenden Gestern und einem allenfalls annehmbaren Heute – aber mit der Aussicht auf ein glitzerndes Morgen.

Dieser Irrglaube wandelt sich in hyperaktive Ungeduld, denn das Glaubensbekenntnis unserer Bequemlichkeitskultur fußt auf der Überzeugung, alles müsse besser sein, wenn wir es nur schneller in die Finger bekämen. Und so rasen wir herum und versuchen, mithilfe der Technologie diesen unbefriedigenden Moment zu überbrücken und schon mal ein Stück aufregender Zukunft in unsere langweilige Gegenwart einzubauen. Zwangsläufig müssen wir scheitern, doch das nährt nur unsere Überzeugung, dass das Leben immer noch nicht gut genug ist. So paddeln wir weiter, immer schön gegen die Strömung. Mittlerweile soll sogar Entspannung schneller vonstatten gehen. Kürzlich erhielt ich ein Rezensionsexemplar des Buches *The One-Moment Master: Stillness for People on the Go* (von Martin Boroson, erschienen im März 2007 bei Rider & Co.). Darin stand: »Wichtig bei der Meditation ist nicht, wie lange man meditiert, sondern wie kurz man meditieren kann.«

Die wachsende Beschleunigung führt derweil zur seuchenartigen Ausbreitung neuer Lifestyle-Krankheiten, zum Beispiel dem »Hurried-Woman Syndrome« (HWS) das laut einer Tageszeitung bereits drei Viertel aller Frauen in Großbritannien quält.

HWS soll durch chronischen Zeitstress bedingt sein, der zu Störungen des Serotoninhaushalts führt. Die Symptome umfassen Gewichtszunahme, geringes Selbstwertgefühl und Schuldgefühle. Eine andere ansteckende Erkrankung unserer schnelllebigen Zeit ist die »Hetzkrankheit«. Es ist wissenschaftlich belegt, dass »Lebens-Hetze« physische und soziale Störungen hervorrufen kann. Robert Levine von der California State University hat die relative Gehgeschwindigkeit von Fußgängern in verschiedenen Großstädten der Welt gemessen: Je schneller die Menschen gehen, sagt er, desto weniger sind sie bereit, anderen zu helfen (schlechte Neuigkeiten für unseren Kreislauf der Dankbarkeit, sozialen Großzügigkeit und Freiwilligkeit). Die schnellen Geher bekommen auch öfter koronare Herzerkrankungen.

Die Geschwindigkeitsmanie beraubt uns zudem einer wichtigen Fähigkeit: uns samt unseren neurotisch suchenden Seelen im ewigen Hier und Jetzt zu verlieren. Dieser Zustand heißt *Flow*, das lustbetonte Gefühl des völligen Aufgehens. Flow stellt sich zum Beispiel ein, wenn wir so sehr von einer Tätigkeit in Anspruch genommen werden, dass unser innerer Monolog schweigt und das Gefühl für Zeit schwindet. Mike Csikszentmihalyi, Psychologe an der Chicago University, der als einer der Ersten diese Bewusstseinszustände studierte, beschreibt Flow als einen »Zustand der optimalen Erfahrung«, in dem »Dinge einfach klappen. Man fühlt sich lebendig und vollkommen konzentriert auf sein Tun«. Diese tiefe Versunkenheit tritt vor allem bei langsam gemachten Erfahrungen auf, zum Beispiel, wenn man das Klavierspielen erlernt oder Gedichte liest. Leider sind diese Tätigkeiten heute fast ebenso unpopulär geworden wie das alte Kreiselspiel. Obwohl sie bei der Entwicklung unserer höheren Hirnfunktionen helfen, können diese Tätigkeiten nicht beschleunigt werden. Wenn man sich in einer fesselnden Tätigkeit verliert, vergisst man zugleich sich selbst. Doch die Gesellschaft drängt uns, das Gegenteil zu tun – sich unablässig selbst zu beobachten, ob man auch cool genug ist.

Wir haben noch eine andere Methode entwickelt, um uns von dem ewigen Heute abzulenken: Multitasking. Jeder, der sich für einen cleveren, ehrgeizigen Mitwirkenden in diesem Drama hält, ist nun ständig bemüht, mehrere Dinge gleichzeitig zu tun. Wie sollten wir sonst irgendetwas schaffen? Studien zeigen jedoch, dass das menschliche Gehirn nicht unbedingt für Multitasking gebaut ist, denn es braucht Zeit, um zwischen verschiedenen Arbeiten umzuschalten. Je öfter man zwischen Aufgaben hin und her wechselt – wenn man beispielsweise telefoniert, seine Mails liest und gleichzeitig am Rechner arbeitet –, desto ineffektiver wird jede einzelne erledigt. Psychiater von der Harvard University machen Multitasking für eine neue Störung verantwortlich, das Pseudo-Aufmerksamkeitsdefizit-Syndrom. Die Betroffenen können sich nicht mehr auf langfristige Projekte konzentrieren, weil sie nach der physischen Aufregung durch neue Information lechzen (der Dopamin-Kick, den wir im 1. Kapitel kennengelernt haben). Für diesen Zustand gibt es einen alten buddhistischen Begriff: Affenhirn. Er drückt aus, dass Ihre Gedanken herumrasen wie ein Affe, der durch die Baumwipfel turnt. Ein solches Gehirn hat keine Zeit für Dinge wie Dankbarkeit oder Mitleid.

Wie also soll ich meinen Kopf dazu bringen, dass wir's uns im prächtigen, lohnenden, ewigen Hier und Jetzt gut gehen lassen, während alle um mich herum ihren Affentrieben folgen? Neue wissenschaftliche Beweise zeigen, dass eine simple mentale Übung wie die tägliche Meditation unsere Gegenwartswahrnehmung immens steigern kann. Und wenn wir wirklich glauben, ohne Multitasking nicht leben zu können, leistet die Meditation wiederum gute Dienste, denn sie erhöht die Fähigkeit des Gehirns, mehreren Dingen gleichzeitig Aufmerksamkeit zu schenken. MRI-Scans von meditierenden Mönchen aus dem Kloster des Dalai Lama im indischen Dharamsala zeigen, warum diese Übungen den Menschen möglicherweise helfen, sich wohler zu fühlen. Erfahrene Meditierende zeigen eine viel höhere elektrische Aktivität im linken Präfrontallappen, einer Region, die mit positiven emotionalen Zuständen wie Unverwüstlichkeit, Zufriedenheit und Optimismus assoziiert wird. Die erhöhte Stimulation vermindert zugleich die Aktivität des rechten Präfrontallappens, der mit negativen Gefühlen wie Angst und Sorge in Verbindung gebracht wird. Gehirnscans von nichtreligiösen Westlern, die jeden Tag ungefähr 20 Minuten meditieren, zeigen in den für Gedächtnis und Aufmerksamkeit zuständigen Hirnregionen vermehrte Entwicklung. Laut einer anderen seriösen Studie schneiden Menschen, die regelmäßig meditieren, bei langweiligen Nachmittagstätigkeiten besser ab, also zu jener Tageszeit, wo die Konzentration nachlässt. Neue Forschungen an der University of Wisconsin-Madison könnten den Grund dafür liefern: Meditierende sind offenbar in der Lage, einen Baufehler des Gehirns zu überwinden, der für ein Phänomen namens »Aufmerksamkeitsblinzeln« – ein kurzzeitiges Aufmerksamkeitsdefizit – verantwortlich ist. Diese temporäre Amnesie kommt zustande, weil wir es anstrengend finden, zwei Dinge auf einmal zu sehen, denn dies erfordert sehr viel Verarbeitung im Gehirn. Man bat Versuchspersonen, auf einem Monitor in einer Zahlenkolonne eine bestimmte Zahl zu suchen. Die Probanden fanden die Zahl zwar, konnten sich aber an die unmittelbar nachfolgende Zahl nicht erinnern. Als allerdings die Probanden drei Monate lang Meditation praktiziert hatten, stieg die Trefferquote an. Gehirnscans zeigten, dass sie nun weniger Hirnkapazität nutzten als vorher, um die erste Zahl zu entdecken. Die Meditation hatte ihre Aufmerksamkeitsfähigkeit geschärft, deshalb war noch Kapazität für die nachfolgenden Zahlen übrig.

Da Meditation also anscheinend zur Gehirnoptimierung führt, sind viele Unternehmen und behördliche Institutionen nun dazu übergegangen, ihren Angestellten Meditationsübungen nahezubringen, in Japan beispielsweise die Firma Sumitomo Heavy Industries und in Großbritannien die Beraterfirma Price

Waterhouse Coopers sowie das Department for Environment, Food and Rural Affairs (Ministerium für Umwelt, Ernährung und Landwirtschaft), kurz DEFRA. Nachdem 600 Sumitomo-Meditationsschüler vom japanischen Landesinstitut für Arbeitsmedizin untersucht worden waren, stellte man fest, dass sie emotional stabiler waren, weniger Angst und Neurosen zeigten und weniger gesundheitliche Beschwerden hatten.

Aber leider hat die Sache einen großen Haken. Meditation kann schnell zu einem schicken Lifestyle-Attribut verkommen, das man wie so vieles andere nach Gebrauch achtlos wegwirft: »Ach nee, nicht dieses Meditationsding. Hab ich auch schon ausprobiert.« Aus Erfahrung weiß ich, dass zehn Minuten genügen, um einem Menschen beizubringen, wie man meditiert. Aber ein Leben würde nicht ausreichen, diesen Jemand dazu zu bewegen, bei der Meditation zu *bleiben*. Die Bereitschaft dazu muss von innen kommen. Viele Menschen fangen mit Meditation an, ohne zu bedenken, dass sie ihr Leben ändern müssen, um die Übungen unterzubringen. Zu meditieren bedeutet, täglich eine gewisse Zeit der eigenen Ruhe zu widmen. Unsere Kultur mag sich für liberal, aufgeschlossen und total entspannt halten, aber wenn Sie zu jemandem sagen (und das gilt besonders für die Arbeitswelt): »Sorry, hab gerade keine Zeit, muss meditieren«, dann handeln Sie sich schiefe Blicke ein. Doch wenn Sie es schaffen, zugunsten Ihrer Meditation im Alltag andere Prioritäten zu setzen, werden Sie mit der Zeit vielleicht auch im Großen Ihre Prioritäten ändern.

Dies erfordert eine weitere Eigenschaft, die in unserer Kultur der Instant-Befriedigung kaum noch vorkommt: Hingabe. Oft probieren wir eine Übung wie Meditation oder Yoga aus und stellen freudig fest, dass sie tatsächlich guttut. Möglicherweise erzählen wir so viel davon, dass wir unsere Freunde tödlich langweilen. Doch nach einer Weile scheint die neue Beschäftigung nicht mehr so toll zu sein, im Gegenteil, sie kommt uns bald vor wie eine schwere, wenig lohnende Plage. Nun ist die Versuchung groß, sie wieder fallen zu lassen. Es gibt doch noch so viel anderes, was man ausprobieren könnte. Also stürzen wir uns auf eines der unzähligen anderen Angebote, in der Hoffnung, dass wir eines Tages das »Richtige« finden – genau das Ding, das rasch dauerhafte Ergebnisse bringt. Doch wahre spirituelle Übungen gehen über die engen Grenzen der Bequemlichkeit hinaus: Sie entstanden an Orten und zu Zeiten, in denen sie oft die einzig mögliche Antwort auf die Existenz darstellten. Und sie verlangten die völlige Hingabe ihres Adepten. Es wäre kaum vorstellbar gewesen, dass im Nepal des zweiten vorchristlichen Jahrhunderts jemand gesagt hätte: »Buddhismus? Ja, hab ich mal gemacht. Echt inspirierend. Aber dann hab ich mit Sufi-Wirbeltanz angefangen, und beide Kurse sind am Mittwochabend, also ...«

Ein Grund, warum neu entdeckte Übungen zunächst so magisch wirken, ist der sogenannte Hawthorne-Effekt. Der Begriff ist von der Western Electric Company in Hawthorne, Illinois, abgeleitet. In den späten 20er Jahren ergab eine Studie, dass die Leistungsfähigkeit der Arbeiter immer dann stieg, wenn Berater angeheuert worden waren, die neue Maßnahmen zur Produktivitätssteigerung einführten. Eine Zeit lang blieb die Produktivität hoch, dann sank sie wieder ab. Also wurden neue Verbesserungen eingeführt. Die Produktivität stieg. Eine Zeit lang. Sie dimmten das Licht, die Produktivität stieg. Eine Zeit lang. Sie änderten die Raumtemperatur, die Pausenzeiten, kümmerten sich um die Gruppendynamik und so weiter. Jede Veränderung brachte eine kurzzeitige Leistungssteigerung. Am Ende der fünfjährigen Studie kamen die Forscher der Harvard Business School zu dem Schluss, dass es nicht die Veränderungen waren, die eine Steigerung der Leistung bewirkt hatten. Stattdessen hatten sie eine Laune der menschlichen Natur aufgedeckt: Wenn Menschen überzeugt sind, dass die Dinge sich zum Besseren wenden, werden sie optimistischer und aufmerksamer, und das war der Grund für die Produktivitätssteigerung in Hawthorne.

Wie mit Fabriken, so ist es auch mit dem Lifestyle: Wenn wir etwas Neues ausprobieren, strengen wir uns mehr an, lauern auf Veränderungen, bauen unsere Hoffnung darauf. Widerfährt uns in dieser Zeit etwas Positives, dann schieben wir es sofort auf unseren neu entdeckten Weg zur Glückseligkeit. Aber es ist schlicht nicht möglich, permanent so begeistert und wachsam zu sein, ohne verrückt zu werden. Also gewöhnen wir uns an die neue Beschäftigung, unsere Motivation schwindet, und schließlich stellen wir fest, dass dieser Weg so beschwerlich ist wie der bisherige. Und jetzt geht es auch noch bergauf. Wenn wir diesen Punkt erreicht haben, ist es einfacher, wieder etwas Neues, Aufregenderes anzufangen, denn wir leben in einer Welt, die uns eine schier unerschöpfliche Auswahl bietet und den Dilettantismus zum Kult erhebt.

Unsere Bequemlichkeitskultur flüstert uns ein, dass es keinen Sinn hat weiterzumachen, nachdem der Kick der Neuheit, der Hawthorne-Kick, sich abgenutzt hat. Niemand bietet dafür ein besseres Beispiel als die Fünf-Minuten-Wonderwoman Madonna. Ich habe in einer Pressedatenbank recherchiert und herausgefunden, dass sie in den letzten zehn Jahren nachweislich sämtliche der folgenden Aktivitäten ausgeübt hat: Angeln, Curling, Ballett, Ashtanga Yoga, Stricken, Fasten, Makrobiotik, Hellseherei, Jogging, Biking, Karate, Meditation, Kabbala, Gebetsschnüre (Schlagzeile: »Das schärfste Hobby des Jahres«), Zigarrenrauchen, Sauerstofftherapie, spiritueller Rückzug, Hometrainer, Selbstgeißelung aus Gründen der Fitness, Eislaufen, Rollschuh-Disco, Parkour, Fake-Lesbentum und Schach. Doch niemand scheint dieses chaotische Hopping seltsam oder sinnlos zu finden.

Die Flüchtigkeit unserer Kultur steht in krassem Gegensatz zu der Hingabe, mit der wir Bedürfnisse hegen sollten, die wir brauchen wie die Luft zum Atmen. Man muss schon ein wenig hartnäckig sein, um den althergebrachten, arbeitsreichen Weg zur Zufriedenheit zu gehen, den die Weisen seit der Antike empfehlen. Sobald es darauf ankommt, sind wir versucht, uns etwas vermeintlich Lohnenderem zuzuwenden. Wir brauchen eine Hingabe an die Hingabe – wie sonst sollen wir unsere höheren, lebenswichtigen Qualitäten entwickeln, wenn doch so viele Frustrationen, Fehlschläge, Rückschläge und tausend andere Unannehmlichkeiten dagegenstehen? Es hat wenig Sinn, darauf zu warten, dass irgendwer ein Konsumgut auf den Markt wirft, das einfach, rasch und sauber zu intellektueller und spiritueller Reife verhilft.

Wir brauchen Hingabe, um die weise Selbstverleugnung zu praktizieren, die uns Alexander Solschenizyn im 3. Kapitel ans Herz legt: eine spirituelle Uneigennützigkeit, die uns lehrt, unsere primitiven, habgierigen Impulse zu bezähmen und unser Interesse auf alle Lebewesen des Planeten auszudehnen, jetzt und in Zukunft. Dies ist der einzige Fortschritt, der über den trostlosen Kreislauf von Verdienen und Ausgeben hinausweist: eine gemeinsame Suche nach dem Sinn unserer Existenz, nach Zielen statt der Befriedigung flüchtiger Launen. Hingabe erfordert, dass wir die Absperrung auf der Landstraße umfahren, die Schranke, die unsere Bequemlichkeitsgesellschaft errichtet hat. Denn das ist die Stelle, an der es unangenehm wird, der Punkt, wo Panik, Selbstzweifel und Desillusionierung einsetzen. Hier beginnt die dunkle Nacht der Seele, der Sumpf der Verzweiflung. Doch wenn wir ihn nicht durchwaten, kann sich in unseren Köpfen nichts ändern. Und dann gibt es keine Hoffnung auf einen fundamentalen Wandel in unserer Kultur.

Wir haben keine Zeit mehr, mit falschen Möglichkeiten zu spielen. Wir müssen uns einer Wahrheit stellen, die in unserer Überflusswelt extrem unangenehm ist: Unser Verhalten hat Grenzen. Es gibt Grenzen für unseren Arbeitseifer. Unsere Kapazitäten zur Aufnahme von Nahrung und Information und zum Erwerb von Konsumgütern sind begrenzt. Es gibt Grenzen für die Möglichkeiten, die uns in dieser Welt offenstehen, und

Grenzen für unsere Fähigkeit, glücklich zu sein. Und – am wichtigsten von allen – Grenzen für die Ressourcen unseres Planeten. Im Augenblick leben wir in einer Gesellschaft, die uns von diesen unangenehmen Einsichten abschirmt. Wir sind von der Verbindung mit unseren Vorfahren abgeschnitten, die uns den Weg bereitet haben. Wenn wir sie hören könnten, was würden sie wohl sagen? »Ihr Glückspilze. Hoffentlich habt ihr eine Wahnsinnszeit, wie ihr da auf unseren Schultern steht, auf dem Gipfel dessen, was wir geopfert und erreicht haben.« Statt es zu schätzen, statt dankbar zu sein, streben wir schlecht gelaunt nur nach mehr, immer mehr. Wir ignorieren die Weisheit unserer Ahnen, weil unsere Überflusswelt das Gestern verunglimpft, das Heute verachtet und besessen ist von einem nebelhaften, perfekten Morgen.

Wir haben auch keine Verbindung zu den Menschen, die in den übrigen vier Fünfteln der Erde um ihre Existenz kämpfen. Wenn wir ihnen zuhörten, würden sie vielleicht sagen: »Ihr Glückspilze, habt ihr nicht eine Wahnsinnszeit, weil ihr euch auf unseren Rücken ausruht und von unseren billigen Rohstoffen lebt?« Und statt unser Verhalten infrage zu stellen oder wenigstens dankbar zu sein, streben wir schlecht gelaunt nur nach mehr, immer mehr. Wir hören nicht auf diese Stimmen, weil die Welt des Überflusses uns darin bestärkt, wir brauchten uns nur um uns selbst zu kümmern. Und schließlich sind wir sogar in der reichen westlichen Welt voneinander getrennt, weil unsere Kultur eher unsere winzigen Unterschiede betont als unsere gewaltigen Gemeinsamkeiten.

Es ist an der Zeit, dass wir uns von der Welt des Überflusses trennen. Es ist an der Zeit, Sorge für die Zukunft unserer gesamten Spezies zu tragen. Unsere Konsumkultur hat eine fantastische Arbeit vollbracht: Sie hat uns an den Punkt gebracht, wo wir eine Welt entwerfen können, die sich auf die Philosophie des Genughabens gründet. Wir haben die materielle Grundlage, um unsere ureigenen, zukunftsfähigen menschlichen Kraftquellen wieder zu entdecken: Eigenschaften wie Dankbarkeit, Großmut und gegenseitige Verbundenheit. Das gesamte ewige Hier und Jetzt steht uns zur Verfügung, um dieses Geschenk zu erforschen. Es ist an der Zeit, dankbar zu sein – und zu sagen: Genug!

Achtsam *genug*

Die Welt des Überflusses verbaut uns den Blick auf unsere Lebenswirklichkeit. Die Lösung muss also lauten – nach einem Zitat von E. M. Forster – Schlagt den Bogen! (Und baut die Brücken.)
Eine Strategie besteht darin, Achtsamkeit zu üben – eine Art praktischer Meditation für jeden Tag. Mehr Achtsamkeit in unsere tägliche Routine einzubauen, gleicht ein wenig einer Verkehrsberuhigungsmaßnahme für den Kopf. Sie kann helfen, dem lockenden Sog zu mehr Eile, mehr Stimuli und mehr Wirrwarr etwas entgegenzustellen.
Achtsamkeit ist eine Methode, sich auf die Umgebung des Augenblicks zu konzentrieren, sich zu ermahnen, wenn man abschweift, und im eigenen Leben voll und ganz präsent zu sein. Eine religiöse Tradition, die diese Übung praktiziert, ist der Buddhismus, aber man findet sie auch in den meisten anderen spirituellen Lehren. Doch Sie müssen natürlich nicht religiös sein, um sich mehr auf das Leben im Hier und Jetzt zu konzentrieren.

Drei-Minuten-Meditation
Mitten in einem voll ausgefüllten Tag – sei es bei der Arbeit, zu Hause oder auf dem Weg dazwischen – halten Sie inne und entspannen sich in einer Drei-Minuten-

Meditation. Sie können die Augen offen halten oder schließen. Es geht im Bürosessel, in einem Park oder in der Bahn. Entscheidend ist, dass Sie mit dem aufhören, was Sie gerade tun, sich auf Ihre Atmung konzentrieren und sämtliche Gehetztheit davonfließen lassen. Drei-Minuten-Meditationen dreimal täglich erinnern Sie daran, präsent zu sein, nicht nur während der Meditation, sondern während des ganzen Tages.

Achtsam gehen
Wenn Sie sich gehetzt fühlen (und besonders dann, wenn Sie davon überzeugt sind, dass Sie keine Zeit für einen Spaziergang haben), machen Sie einen kurzen Gang. Gehen Sie langsam, entspannen Sie sich, ohne ein Ziel anzusteuern. Spüren Sie Ihre Muskeln, achten Sie auf Ihre Atmung und auf die Welt, die Sie umgibt.

Fünf-Sinne-Meditation
Wenn Sie ein bisschen mehr Zeit haben, gehen Sie hinaus zu einem Ihrer Lieblingsplätze, und meditieren Sie im Sitzen oder Gehen. Konzentrieren Sie sich für eine oder zwei Minuten auf jeden Ihrer fünf Sinne. Das ist einfacher, als es sich anhört. Sagen Sie sich beispielsweise: »Jetzt sehe ich … Jetzt höre ich … Jetzt rieche ich …«, bis Sie einmal jeden der Sinne aufgerufen haben, die uns geschenkt worden sind, um unsere Welt zu erfahren. Übrigens können Sie diese Übung auch regelmäßig am Schreibtisch durchführen. Hören Sie einmal pro Stunde mit sämtlichen Tätigkeiten auf, und fragen Sie sich: Was sehe ich? Was höre ich? Was kann ich riechen? Was kann ich schmecken? Was kann ich fühlen?

Persönliche Auszeiten

Früher stand ich sonntags relativ früh auf und spazierte durch die stillen, verlassenen Straßen der Innenstadt. In den letzten fünf Jahren jedoch wird das Zentrum mehr und mehr von Einkaufswütigen belagert, die am Sonntag mehr oder weniger das Gleiche tun wie an jedem anderen Tag der Woche auch.
Es gibt keinen besonderen Tag des Innehaltens, des Zu-sich-selbst-Kommens mehr. Auch an Werktagen gibt es immer weniger Pausen, in denen wir angehalten sind, mit Dankbarkeit über unser Leben nachzudenken (es sei denn, wir sprechen ein Tischgebet). Doch wenn wir die Welt des fieberhaften, verschwenderischen Konsums überwinden wollen, müssen wir uns heilige Pausen in der Woche zurückholen, um wieder der höheren immateriellen Dimension unseres Lebens gewahr zu werden und aus der sozial zerstörerischen Gewohnheit der Hetze auszubrechen.
Als ich vor fünfzehn Jahren als Medizinjournalist im Krankenschwesternseminar Royal College of Nursing arbeitete, erlebte ich, wie jeder Morgen mit einer Art »Predigt« begrüßt wurde, einem Überbleibsel aus der viktorianischen Zeit, als die Schwestern noch der Kirche angehörten. Es waren keine Gebete, aber immer sagte eine der Schwestern etwas Nachdenkenswertes. Diese Gewohnheit hat nun ausgedient. Jeder von uns könnte aber seinen Arbeitstag mit einer stillen Reflexion beginnen, zum Beispiel mit dem innerlich gesprochenen Satz: »Möge meine Arbeit hilfreich und produktiv sein«, während der Computer hochfährt.
An Sonntagen besteht immer noch die Möglichkeit, eine unantastbare Stunde für eine reflexive Übung festzu-

setzen – ob Sie nun Lyrik lesen oder etwas schreiben, in die Wolken schauen oder im Sessel sitzen und absolut gar nichts tun. Es spielt im Grunde keine Rolle, welche Übung der Ruhe Sie für sich entdecken, solange es eine gewisse Zeit gibt, die Sie als geheiligten Raum von den Zerstreuungen unserer Überflusswelt freihalten. Und als Gegengift zu unserer seltsamen Neigung, gelebte Zeit gering zu achten und zu glauben, dass das Gestern nicht gut gewesen und das Heute nur wenig besser sei, das Morgen jedoch (immer nur das Morgen) müsse prächtig werden, hier ein altes Gedicht aus dem Sanskrit:

Achte gut auf diesen Tag
Denn er ist das Leben, das Leben allen Lebens
Denn das Gestern ist nichts als ein Traum
Und das Morgen nur eine Vision
Das Heute jedoch – recht gelebt –
Macht jedes Gestern zu einem Traum voller Glück
Und jedes Morgen zu einer Vision voller Hoffnung

GENUG BUCH

Nichts im Übermaß.
Solon zugeschrieben,
zitiert nach Diogenes Laertios, 3. Jahrhundert v.u.Z.

ANHANG
Anmerkungen und Verweise

Einführung

S. 12, Robert Trivers, Evolutionsbiologe
Zit. nach: »Why your ›lizard brain‹ makes you a bad investor«, in: *The Wall Street Journal*, 25. Oktober 2006

S. 12, im Pleistozän ...
Allgemein herrscht in der Wissenschaft Konsens darüber, dass sich die Basis unseres Gehirns im Pleistozän entwickelte, wenngleich die Diskussion über das genaue Warum, Wann und Wie noch andauert. In den 10000 Jahren (oder 400 Generationen) nach dem Pleistozän scheint sich die Hardware des zivilisierten Wesens Mensch weiterentwickelt zu haben. Wie sehr, ist Gegenstand von Spekulationen, aber die elementaren Instinkte sind immer noch fleißig am Werk.

S. 13, Nigel Tufnel ...
Auf den berühmten Rock-'n'-Roll-Gitarrenverstärkern der 50er Jahre, hergestellt von Leo Fender in den USA, reichte die Lautstärkeskala sogar bis zwölf. In den 60er Jahren entschied Fender jedoch, dass zehn als maximale Lautstärke ausreichen würde – ein seltenes Beispiel spontaner Selbstbeschränkung.

S. 16, Umfragen unter Londoner Autofahrern ...
Zwischen 2005 und 2007 sank die Durchschnittsgeschwindigkeit in der innerstädtischen Stauzone Londons von 19,3 km/h auf 9,8 km/h, wie der *Evening Standard* am 9. Juli 2007 berichtete. Dennoch scheinen die Briten fest entschlossen zu sein, noch mehr Staus zu verursachen. Eine Studie des Amts für Verkehrswesen schätzt, dass im Jahr 2031 die Zahl der Kraftwagen 33,5 Mio betragen wird, verglichen mit dem derzeitigen Stand von ca. 27,8 Mio. (*Guardian*, 10. September 2007) – Zum Vergleich: Anfang 2008 gab es in Deutschland ca. 41,2 Mio. Pkw, Schätzungen zufolge könnten

es im Jahr 2030 um die 2,3 Mrd. sein. (Quellen: autokiste.de und studentshelp.de)

1. Genug Information

S. 24, Täglich sind wir einem Bombardement ... Zahlen des unabhängigen World Advertising Research Centre, Oxfordshire, von 2004. Die Statistik über E-Mails stammt von M. Hair, J. Ramsay und K. Renaud, »Ubiquitious connectivity and work-related stress«, in: P. Zemliansky und K. St. Amant, *Handbook of Research on Virtual Workplaces and the New Nature of Business Practices*, 2007

S. 25, In den vergangenen 30 Jahren ist mehr Information produziert worden als ...
Diese oft zitierte Zahl stammt von einem der ersten Mahner vor Informationsüberlastung: Peter Large, *Die Mikro-Revolution. Chips verändern die Welt*, 1. Auflage 1984. Heutzutage könnte man für die »vergangenen 30 Jahre« ebenso gut die »letzten 20« einsetzen.

S. 25, Einige der kreativsten Köpfe der Gesellschaft ...
Lesen Sie dazu Thomas Franks *The conquest of cool*, University of Chicago Press, 1988. Er beschreibt auf fesselnde Weise, wie geschickt Werbeleute absolut antimaterialistische Bewegungen (zum Beispiel die Hippie-Bewegung) ausgehöhlt und für ihre Zwecke benutzt haben.

S. 25, Nicht einmal mehr eine von fünf konventionellen Werbebotschaften ...
Meine Aufzeichnung eines Interviews für den *Times*-Artikel »Infobesity epidemic«, 3. April 2004

S. 26, Medien-Multitasking
Laut einer Untersuchung von Tom Vierhile, dem Leiter von Productscan Online, schauen ungefähr zwei Drittel der US-Twens heutzutage fern und surfen gleichzeitig im Internet. Und eine Studie des Rodborough Technology College in Surrey berichtete im April 2007, dass »TV den größten Teil der Medienkonsumzeit von Teenagern ausmacht (nämlich 22 Prozent), gefolgt von 18 Prozent Zeit im Internet. Dennoch ist es klar, dass sie mehr als ein Medium gleichzeitig nutzen, folglich Multitasker sind.«

S. 27, Die Wirkung zu vieler Mitteilungen könne verrückt machen als Cannabis ...
Das Ergebnis von 80 klinischen Studien an 1100 Briten, durchgeführt von Glenn Wilson, einem Psychiater am King's College der London University, und in Auftrag gegeben von der IT-Firma Hewlett Packard für einen Bericht im April 2005.

S. 28, Sobald wir ein neues Konzept begriffen haben ...
I. Biederman und E. Vessel, »Perceptual pleasure and the brain«, in: *American Scientist*, 1. Mai 2006

S. 30, Unterbewusstsein ist bei der Entscheidungsfindung bis zu 500 Millisekunden früher dran ...
Eines der Ergebnisse einer Untersuchung von Benjamin Libet, Physiologe an der University of California, San Francisco, dessen Gehirnstudien unsere Auffassung von Bewusstsein verändert haben und das Konzept des freien Willens infrage stellen. Vgl. B. Libet, *Mind Time. Wie das Gehirn Bewusstsein produziert*, Frankfurt a. M., 2005

S. 30, Beim Betrachten von Bildern mit Sportwagen ...
S. Blakeslee, »If your brain has a ›buy button‹, what pushes it?«, in: *The New York Times*, 19. Oktober 2004

S. 30, Hirnareale leuchten stärker auf ...
Ergebnisse, die der Jahresversammlung der Radiological Society of North America am 28. November 2006 von Christine Born vorgelegt wurden, Radiologin an der Ludwig-Maximilians-Universität in München.

S. 37, Manche Psychologen sind der Auffassung, die Wirkung von TV-Nachrichten sei so stark ...
Zum Beispiel Linda Blair, klinische Psychologin an der University of Bath; sie schlägt vor, dass wir unsere tägliche Dosis an knallharten Nachrichten auf 30 Minuten beschränken.

S. 37, »Wir gehen an unserem eigenen Stammhirn zugrunde« ...
Geoffrey Miller in *What is your dangerous idea* (Hg. John Brockman), Simon & Schuster 2007

S. 39 Statt einem Kollegen eine Mail zu schicken ...
Edward M. Hallowell (von der Harvard University Medical School), »The human moment at work«, in: *Harvard Business Review*, 1. Februar 1999

S. 43, Handys werden sogar für seelische Störungen verantwortlich gemacht ...
Francisco Lopez Torrecillas, Psychologe an der Universität Granada, warnt in der *Mental Health Weekly Digest* vom 12. März 2007, dass »Handy-Sucht schwer zu entdecken« sei. Er fügt hinzu: »Jemand kann täglich acht Stunden am Computer verbringen oder ständig telefonieren, ohne dass seine Sucht auffällt. Und bei Jugendlichen betrachten viele Eltern diese exzessive Nutzung sogar als normal.«

S. 50, Computerspiele und rasante Animationsfilme ...
Für eine umfassende und (vielleicht) zu aufgeheizte Darstellung der Ge-

fahren übermäßigen Fernsehkonsums siehe: A. Sigman, *Remotely controlled: how television is damaging our lives*, Vermilion 2005

S. 52, Niemand kann die Spätfolgen des virtuellen Lebens auf unsere Kinder exakt voraussagen ...
Manche Folgen des Fernsehkonsums sind jedoch sehr leicht festzustellen. 1995 zeigte eine Studie an kleinen Kindern, die im *Journal of Nutrition and Education* erschien, dass die Anzahl an Fernsehstunden durchaus Einfluss auf das Konsumverhalten der Kinder hat. Je mehr sie gucken, desto mehr Produkte sollen ihnen die Eltern kaufen. Auch die Denkfabrik The Compass Group berichtete im Dezember 2006, dass der durchschnittliche Zehnjährige bereits »300–400 Marken« kenne, also »vermutlich 20-mal mehr Markennamen als Namen von Wildvögeln«.

S. 53, Beschränken Sie die Zeit vor dem Fernseher ...
Die Zahlen beruhen auf einer Untersuchung der US Media Foundation.

2. Genug Essen

S. 66, Es gibt bereits mehr fettleibige als unterernährte Menschen auf der Welt ...
Das National Heart, Lung and Blood Institute der USA gibt an, dass die Mehrheit der Amerikaner in den nächsten 20 Jahren übergewichtig oder fettleibig sein wird. Und Barry Popkin, Professor für Ernährungswissenschaft an der University of North Carolina, sagte am 16. August 2006 vor der International Association of Agricultural Economists, dass die Zahl der Übergewichtigen die Milliardenmarke überschritten habe – im Vergleich zu 800 Millionen Unterernährten weltweit.

S. 70, In den 90er Jahren fanden Wissenschaftler heraus, warum die Nahrungsaufnahme so ein unwiderstehliches Vergnügen ist ...
Adam Drewnowski, Direktor der ernährungswissenschaftlichen Abteilung an der University of Michigan, entdeckte 1995, warum Essen abhängig macht: Süße Snacks wie die amerikanischen Oreo-Kekse aktivieren dieselben Lustzentren im Gehirn wie Sucht erzeugende Drogen, berichtete er in dem Artikel »Energy intake and sensory properties of food« im *American Journal of Clinical Nutrition*, Bd. 6 (Beil.), Seite 1081S–1085S. Drewnowski sagte, er sei durch den Film *Mona Lisa* darauf gekommen, in dem ein Heroinjunkie von einem Heißhunger auf Eis erzählt. Die Vorstellung, dass etwas Süßes die Sucht nach Drogen dämpfen könnte, erschien ihm logisch.

S. 70, Der Vagusnerv Übergewichtiger wurde auf elektronischem Weg stimuliert ...

G.J. Wang führte die Studie 2006 im Brookhaven National Laboratory durch und veröffentlichte die Ergebnisse in: Proceedings of the National Academy of Sciences of the United States of America, Bd. 103, Heft 42, S. 15641–15645

S. 70, Wir mögen also Essen. Und unser Hirn sorgt dafür, dass wir das nicht vergessen ... James Rosen, Psychologieprofessor an der Vermont University, schrieb in Women's Sports and Fitness (1. August 1997), dass ein großer Teil des Gehirns der Erinnerung an Essen gewidmet ist.

S. 71, Außerdem steht dem Gewichtsverlust ein physisches Hemmnis entgegen ... Dr. Neil King von der Queensland University of Technology studierte drei Monate lang 230 übergewichtige Personen, die zwei unterschiedliche Diäten machten. Beide Gruppen hatten gute Anfangserfolge, mussten jedoch feststellen, dass der Gewichtsverlust nach acht Wochen stagnierte. Dr. King sagte im September 2006 vor der International Conference on Obesity in Sydney, dass unser Energiehaushalt darauf eingestellt sei, mit Hunger fertig zu werden, jedoch »nicht« mit der »allgegenwärtigen, übergewichtsfördernden Umgebung, die körperliche Inaktivität begünstigt und Nahrung im Überfluss gewährt.«

S. 71, Diäten haben schlimme Auswirkungen auf den Stoffwechsel ... Forscher an der University of California, Los Angeles, fanden heraus, dass Diäten auf kurze Sicht funktionieren, da ein Mensch mit jeder Diät in den ersten sechs Monaten bis zu zehn Prozent seines Gewichts verlieren kann. Doch nach dieser Flitterwochenperiode kommen die Pfunde zurück, und oft wird sogar noch zugelegt. Vgl. T. Mann et al., »Medicare's search for effective obesity treatments: diets are not the answer«, in: American Psychologist, April 2007, Bd. 62, Heft 3, S. 220–233

S. 72, Mutter Natur scheint uns so erschaffen zu haben, dass wir permanent unzufrieden sind ... K. Berridge, »Opioid limbic circuit for reward: interaction between hedonic hotspots of neuclues accumbens and vertral pallidum«, in: Journal of Neuroscience, 14. Februar 2007, Bd. 27, Heft 7, S. 1594–1605

S. 73, Deshalb ziehe Junkfood die Menschen so sehr in seinen Bann ... Dr. Nora Volkow, Expertin für eine große Anzahl süchtig machender Stoffe, darunter auch Lebensmittel, wurde im Time-Magazin 2007 unter die Top 100 der Wissenschaftler und Denker eingestuft. Vgl. ihren Beitrag über Junkfood in: Synapse, 1. Juni 2002

S. 74, Brian Wansink
Dieser führende Forscher auf dem Gebiet des Appetits gibt einen Abriss seiner Ideen in: *Mindless eating: why we eat more than we think*, Bantam 2007

S. 76, Labortests an der Universität Uppsala
J. Lindblom et al., *The European Journal of Neuroscience*, Januar 2006, Bd. 23, Heft 1, S. 180–186

S. 78, Oft spüren wir deutlich, dass wir gar nicht genug Zeit haben, um unser Essen zu genießen ... »Fast-food families cut mealtime by half«, *Daily Mail*, 28. Februar 2007. Bericht über eine 2006 durchgeführte Umfrage von Great British Chicken, dem englischen Verband für Geflügelhandel.

S. 78, Eine japanische Studie mit 4700 Probanden ...
Zit. nach: TAR-TASS World Service, 14. August 2006, Auszug aus der japanischen Zeitung *Asahi*, »Nagoya University researchers blame quick eating für excessive weight«.

S. 79, Wenn man unter dem Eindruck von Sorgen oder Stress isst, besteht die Tendenz, zu viel zu essen ...
M. Lowe und T. Kral in: *Appetite*, Januar 2006, Bd. 46, Heft 1, S. 16–21

S. 79, Kinder essen mehr, wenn sie vor dem Fernseher sitzen ...
J. Temple et al. in: *American Journal of Clinical Nutrition*, Februar 2007, Bd. 85, Heft 2, S. 355–361

S. 79, Kathleen Melanson
Die Ergebnisse von Melansons einjähriger Studie wurden im Oktober 2006 von der Forschungspraktikantin Ana Andrade auf der Jahresversammlung der North American Association for the Study of Obesity vorgetragen.

S. 81, Angelernte primitive Nahrungsaufnahme in der Gruppe ...
J. Lumeng und K. H. Hillman: »Eating in larger groups increases food consumption«, in: *Archives of Disease in Childhood*, Mai 2007, Bd. 92, Heft 5, S. 384–387

S. 81, Meiden Sie Gerichte mit vielen Komponenten
Laut Barbara Rolls, die als Erste dieses Problem untersuchte, führt Farbenvielfalt dazu, dass man mehr isst, und je größer der Geschmacksunterschied der auf einem Teller versammelten Komponenten ist, desto größer der Appetit. Vgl. »Experimental analyses of the effects of variety in a meal on human feeding«, in: *American Journal of Clinical Nutrition*, November 1985, Bd. 42, S. 932–939

S. 83, Junge Menschen, die regelmäßig mit ihrer Familie essen ...
J. Fulkerson et al., »Family dinner meal frequency and adolescent development: relationships with developmental assets and high-risk behaviours«, in: *Journal of Adolescent Health*, Bd. 39, Heft 3, September 2006, S. 337–345

S. 84, Ein Vergleich, den Ernährungswissenschaftler der Nottingham University ...
C. Pettinger, M. Holdsworth und M. Gerber, »Meal patterns and cooking practices in Southern France and Central England«, in: *Public Health Nutrition*, Dezember 2006, Bd. 9, Heft 8, S. 1020–1026

S. 85, Verschaffen Sie sich mehr Tageslicht
N. Rosenthal et al., »SAD – A description of the syndrome and preliminary findings with light therapy«, in: *Archives of General Psychiatry*, Januar 1984, Bd. 41, S. 72–80

S. 85, Schlafen Sie gut und unbeschwert
E. Van Cauter et al., »Sleep curtailment in healthy young men is associated with decreased leptin levels, elevated ghrelin levels, and increased hunger and appetite«, in: *The Annals of Internal Medicine*, Dezember 2004, Bd. 7, Heft 141, S. 846–850

S. 86, Personen, die durchschnittlich fünf Stunden oder weniger schliefen ...
S. Taheri et al., »Short sleep duration is associated with reduced leptin, elevated ghrelin, and increased body mass index«, in: *Public Library of Science/Medicine*, Dezember 2004, Bd. 1, Heft 3, S. e62

S. 86, Schon 20 Minuten zusätzlich pro Nacht können beim Schlankbleiben helfen ...
R. Verona et al., »Overweight and obese patients in a primary care population report less sleep than patients with a normal body mass index«, in: *Archives of Internal Medicine*, Januar 2006, Bd. 10, Heft 165, S. 25–30

S. 86, Noch ein praktischer Grund, warum weniger Schlaf mehr Gewicht bedeutet ...
Zusammenfassung von Mindy Engle-Friedman, gezeigt auf der Sleep 2007, der Jahresversammlung der Associated Professional Sleep Society, und schriftlich niedergelegt in *Health & Medicine Week*, 25. Juni 2007. Auch zu viel Arbeit kann zu Übergewicht führen. Darauf weist Mathias Basner von der Pennsylvania University aufgrund einer Studie an 47 000 Probanden hin. Vgl. *Sleep*, 1. September 2007, Bd. 30, Heft 9, S. 1085–1095

S. 87, In lauten Restaurants ...
Schnelle Musik im Restaurant führt dazu, dass die Gäste schneller essen;

das sorgt sowohl für kürzere Verweildauer der Gäste als auch dafür, dass man unbewusst mehr isst, sagt der Psychologe Dr. Adrian North von der University of Leicester.

S. 87, Der Zauberglastrick
Vgl. B. Wansink und K. van Ittersum, »Shape of glass and amount of alcohol poured: comparative study of effect of practice and concentration«, in: *British Medical Journal*, 24. Dezember 2005, Bd. 331, Heft 7531, S. 1512–1514

3. Genug Sachen

S. 93, Miller glaubt, dass Kunst überhaupt aus der sexuellen Werbung des Mannes entstanden ist ...
G. Miller, *Die Sexuelle Evolution: Partnerwahl und die Entstehung des Geistes*, Spektrum Akademischer Verlag, 2001

S. 95, Dieser Promi-Effekt hat aber auch eine dunkle Seite ...
R. Baumeister et al., »Effects of social exclusion on cognitive processes: anticipated aloneness reduces intelligent thought«, in: *The Journal of Personality and Social Psychology*, Okt. 2002, Bd. 83, Heft 4, S. 817–827

S. 97, Kernspin-Untersuchungen an der Emory University ...
T. Parker-Pope, »This is your brain at the mall: why shopping makes you feel so good«, in: *Wall Street Journal*, 6. Dezember 2005

S. 97, Eine Umfrage unter 1000 Briten ...
Die Umfrage führte der Internetversicherer www.esure.com im September 2005 durch.

S. 98, Einer von 20 erwachsenen Amerikanern leidet inzwischen unter »Kaufsucht« ...
L. Koran et al., »Estimated prevalence of compulsive buying behavior in the United States«, in: *American Journal of Psychiatry*, Okt. 2006, Bd. 163, S. 1806–1812

S. 99, Eine Studie an Collegestudenten ergab, dass Menschen mehr horten ...
M. Coles et al., »Hoarding behaviors in a large college sample«, in: *Behavioural Research Therapy*, Feb. 2003, Bd. 41, Heft 2, S. 179–194

S. 100, Thomas Pyszcynski
T. Pyszcynski et al., »Why do people need self-esteem? Converging evidence that self-esteem serves an anxietey-buffering function«, in: *Journal of Personality and Social Psychology*, 1992, Bd. 63, S. 913–922

S. 101, Alexander Solschenizyn
Die Zitate stammen aus einer Rede, die der Schriftsteller vor der Internationalen Akademie für Philosophie in Liechtenstein hielt: *Politik und*

Moral am Ende des 20. Jahrhunderts, Universitätsverlag C. Winter, 1994

S. 103, Der erste Geländewagen vergiftete das zwischenmenschliche Klima ...
Eine tiefschürfende Untersuchung über das Verhältnis von sozialem Status und Lebenserwartung ist: M. Marmot, Status syndrome: how your social standing directly affects your health and life expectancy, Bloomsbury, 2004

S. 105, Ein Drittel der Beschenkten fühlt sich verpflichtet, die Sachen zu behalten ...
Laut einer Umfrage der Möbelkette Habitat im August 2006. Die Leute, die Geschenke nicht behalten, lassen sich wie folgt unterteilen: Ein Drittel schenkt die Sachen einer Wohltätigkeitsorganisation, ein weiteres verkauft sie auf Internetauktionen, und das letzte Drittel gibt sie einfach fort.

S. 108, Joseph Quinlan
Zit. nach: D. Wessel, »In modern era, self-storage has right stuff«, in: Wall Street Journal, 23. Juni 2005

S. 108, Tony DeMauro
Zit. nach: V. Clayton, »Psychology by the square foot; what the ongoing boom in self-storage facilities says about human nature, uncertain times and the anxieties of American culture«, in: Los Angeles Times, 10. August 2003

S. 111, Bericht des Economic and Social Research Council
Consumption: reducing, reusing and recycling, ESCR, Juni 2007

S. 113, Paul Tate, Children's Society
Zit. nach: »Don't give us soiled cast-offs and broken sofas, charity shops plead«, in: The Times, 8. Januar 2005

S. 120, Drazen Prelec
Interview in der Fernsehshow Canada AM des Senders CTV am 5. Januar 2007

S. 121, Wohlhabende Londoner fühlen sich nicht mehr reich ...
Lesen Sie dazu Poverty, wealth and place in Britain, 1968 to 2005, von der Joseph Rowntree Foundation, Juli 2007. Die Zahlen zur globalen Armut stammen von der Weltbank und dem United Nations Development Programme unter www.undp.org.

S. 122, Schlicht und sparsam ist cool
R. Heilbroner und William S. Milberg, The making of economic society, Prentice-Hall, 4. Aufl. 1972. In den USA etablierte sich auch aus Gründen des Widerstands gegen die britische Bevormundung eine Anti-Kauf-Revolte, siehe: T. Witkowski, »Colonial Consumers in revolt: buyer values and behavior during the non-importation movement 1764–1776«, in: The Journal of Consumer Research, 16. Sept. 1989, S. 216–226

S. 123, Kaufen Sie billiger Jennifer Argos Ergebnisse finden sich im Detail in drei separaten Untersuchungen mit Hunderten von Kunden, veröffentlicht in: *The Journal of Consumer Research*, September 2005

S. 123, Meiden Sie Sonderangebote
J. Janakiraman et al., »Spillover effects: how consumers respond to unexpected changes in price and quality«, in: *The Journal of Consumer Research*, Dezember 2006, Bd. 33, S. 361–369

S. 124, Hüten Sie sich vor dem Web
A. Schlosser, »Learning through virtual product experience: the role of imagery on true versus false memories«, in: *The Journal of Consumer Research*, Dezember 2006, Bd. 33, S. 377–383

4. Genug Arbeit

S. 130, Briten arbeiten länger als alle anderen Bürger der Europäischen Union ...
»Stressed Britons work the longest hours in Europe«, in: *The Independent*, 23. Februar 2006

S. 130, Sie leisten auch jede Menge unbezahlter Überstunden ...
Umfragen des Arbeitsplatz-Consultants Croner im Dezember 2005 deuten darauf hin, dass die Kultur des *presenteeism* dazu führt, dass viele Briten auch in ihrer Urlaubszeit arbeiten: Jedes Jahr verfällt Urlaubsgeld im Wert von ungefähr 14,5 Milliarden Pfund. 2005 arbeiteten fast fünf Millionen Angestellte im Durchschnitt einen unbezahlten Extratag pro Woche. Und eine 2005 durchgeführte Umfrage von *Travel Weekly* ergab, dass ironischerweise mehr als ein Viertel der Angestellten von Reisebüros nicht ihren vollen Jahresurlaub nehmen – als Gründe dafür werden personelle Engpässe und vermehrter Druck am Arbeitsplatz angegeben.

S. 130, Menschen, die pro Woche 40 Stunden und mehr arbeiten ...
H. Yang, »Work hours and self-reported hypertension among working people in California«, in: *Hypertension*, Oktober 2006, Bd. 48, Heft 4, S. 744–750

S. 130, Ein Gutachten, das dem Europaparlament vorgelegt wurde ...
P. Kanavos, J. Ostergen und M. Weber, *High blood pressure and health policy: where we are and where we need to go next*, April 2007

S. 130, Ein Fünftel des Kohlendioxyds, das wir arbeitsbedingt ...
Zahlen von der amerikanischen Kampagne »Take Back Your Time«

S. 130, Eine Studie des Institute for Social and Economic Research ...
J. Gershuny, »Busyness as the badge of honor for the new superordinate working class«, in: *Social Research*, 1. Juli 2005, Bd. 72, Heft 2, S. 287

S. 138, Ragnar Beer von der Universität Göttingen ... »German Love Study: No Sex Leads to Less Sex, Research Shows«, in: *Spiegel-Online International*, 14. Mai 2007

S. 143, Außerdem glauben superreiche Menschen meistens, für ihre emotionalen Probleme nicht verantwortlich zu sein ...
S. Warner, »Psychoanalytic understanding and treatment of the very rich«, in: *Journal of the American Academy of Psychoanalysis*, Winter 1991, Bd. 19, S. 578–594. Und auch geistige Zerrüttung ist ein Erbe reicher Familien – lesen Sie dazu: R. Grinker, »The poor rich: the children of the super-rich«, in: *American Journal of Psychiatry*, August 1978, Bd. 135, Heft 8, S. 913–916

S. 143, Wie das alte Sprichwort sagt: Geld allein macht nicht glücklich ...
Während die meisten Menschen annehmen, dass ein höheres Einkommen glücklicher macht, stellten Forscher der Princeton University im Jahr 2006 fest, dass diese Verbindung zwischen Geld und Glück hauptsächlich illusorisch ist. Die Studie, die in der Zeitschrift *Science* unter dem Titel »Would you be happier if you were richer? A focusing illusion« erschien (30. Juni 2006, Bd. 312, Heft 5782, S. 1908 bis 1910), wurde von dem Psychologieprofessor und Nobelpreisträger Daniel Kahneman geleitet. Darin heißt es: »Menschen mit überdurchschnittlich hohem Einkommen sind relativ zufrieden mit ihrem Leben, in vielen konkreten Situationen aber kaum glücklicher als andere. Sie neigen zu größerer Anspannung und verbringen nicht mehr Zeit mit besonders erfreulichen Aktivitäten. Überdies scheint die Wirkung des Einkommens auf die Lebenszufriedenheit eine vorübergehende zu sein.« Und die Studie schließt mit den Worten: »Menschen überschätzen den Einfluss des Einkommens auf persönliches Glück, weil sie sich zum Beispiel darauf versteifen, konventionelle Errungenschaften als Maßstab für die Bewertung anzulegen.« Die der Studie zugrunde liegende Umfrage zeigte, dass die Befragten mit weniger als 14 000 Euro Jahreseinkommen nur 12 Prozent mehr Zeit mit schlechter Laune verbrachten als diejenigen, die mehr als 70 000 Euro verdienten. Das amerikanische Durchschnittseinkommen lag zu jener Zeit bei knapp 17 000 Euro, und Menschen, die so viel verdienten, waren nur um ein Quäntchen unglücklicher als die

Superverdiener. Außerdem neigen reiche Menschen dazu, sich auf ihr Glück etwas einzubilden: »Wenn Menschen ein hohes Einkommen haben, glauben sie, zufrieden sein zu müssen, und diese Haltung spiegelt sich in ihren Antworten wider«, heißt es in der Studie. »Einkommen hat jedoch wenig Einfluss auf die Erfahrungen des täglichen Lebens.« Der Bericht warnt davor, dass mehr Geldverdienen zu mehr Problemen im Leben führen kann. »In manchen Fällen kann diese verzerrte Wahrnehmung zu einer falschen Verteilung von Zeit führen, indem man zum Beispiel lange Pendleranfahrten in Kauf nimmt (die schlimmsten Augenblicke des Tages) oder Zeit, die man mit Gästen verbringt, als Opfer empfindet (obgleich sie zu den schönsten Momenten des Tages zählt).«
Ein Bericht in den *Proceedings of the National Academy of Sciences* (16. September 2003, Bd. 100, Heft 19, S. 11 176–11 183) nennt weitere Beweise dafür, dass viele Höchstverdienende schlicht ihre Prioritäten falsch setzen. Richard Easterlin, Wirtschaftsprofessor an der University of Southern California, Los Angeles, meint, dass Menschen den emotionalen Auftrieb durch Geld und materielle Güter weit überschätzen und den dauerhafteren und wohltuenden Auftrieb durch Familie und Gesundheit unterschätzen – und Letzteres folglich dem Streben nach mehr Geld und Gütern opfern. »Wir müssen Strategien ersinnen, die klügere individuelle Präferenzen zur Folge haben«, schließt Easterlin.

S. 144, Daniel Hamermesh und Jungmin Lee
D. Hamermesh, J. Lee, »Stressed out on four continents: time crunch or Yuppie kvetch?«, in: *The Review of Economics and Statistics*, 2007, Bd. 89, Heft 2, S. 374–383

S. 145, Eine Gehirnscan-Studie des National Institute of Mental Health ...
Caroline Zink, Forschungsstipendiatin am National Institute of Mental Health, stellte die Abhandlung 2006 dem Kongress der Society of Neuroscience in Atlanta vor.

S. 146, Anteil der Menschen in der westlichen Welt, die sich selbst als »reich« bezeichnen ...
M. Brewer, A. Goodman, J. Shaw und L. Sibieta, *Poverty and inequality in Britain:* 2006. Commentary No. 101, veröffentlicht von The Institute for Fiscal Studies

S. 151, Der Blick auf das Leben in den USA ...
Ch. Swann, »Taking a break from taking holidays – American workers have less time off than Europeans«, in: *Financial Times*, 22. August 2005

S. 154, Dann haben Sie ein Phänomen erlebt, das holländische Forscher ...
A. Dijksterhuis et al., »On making the right choice: the deliberation-without attention effect«, in: *Science* 17. Februar 2006, Bd. 311, Heft 5763, S. 1005–1007

S. 159, Wählen Sie eine preiswerte Freizeitbeschäftigung
J. Gonzalez-Chapela, »On the price of recreation goods as a determinant of male labor supply«, in: *Journal of Labor Economics*, 2007, Bd. 25, Heft 4, S. 795–824

S. 160, 1,7 Millionen Briten brauchen inzwischen Urlaub, um sich von ihrem Urlaub zu erholen ...
Counting the cost of holidays, Benenden Healthcare Society, September 2006

S. 160, Männer, die keinen Urlaub machen ...
B. Gump und K. Matthews, »Are vacations good for your health? The nine-year mortality experience after the multiple risk factor intervention trial«, in: *Psychosomatic Medicine*, September-Oktober 2000, Bd. 62, Heft 5, S. 608–612

5. Genug Auswahl

S. 166, Wir kaufen eifrig neue technische Spielzeuge, nutzen aber ihre Extras nicht ...
Aus einer Studie im September 2006 von The TechGuys, ein Support Service, gesponsert von der Firma, die hinter dem Unterhaltungselektronikriesen Dixons and Currys steht.

S. 166, Studie im Auftrag des *Journal of Product and Brand Management* ...
S. Maxwell, »Hyperchoice and high prices: an unfair combination«, in: *Journal of Product & Brand Management*, 2005, Bd. 14, Heft 7

S. 166, Viele Kunden lassen sich anfangs von einer breiten Palette an Möglichkeiten anziehen ...
Zum Beispiel ergab eine Umfrage im Januar 2007 von PayPal, den Spezialisten für Online-Bezahlung, dass 53 Prozent der Käufer der Meinung sind, moderne Geräte seien zu kompliziert geworden.

S. 166, Mark Lepper und Sheena Iyengar
S. Iyengar und M. Lepper, »When choice is demotivating: can one desire too much of a good thing?«, in: *Journal of Personality and Social Psychology*, 2000, Bd. 79, S. 995–1006

S. 167, Selbst bei der Auswahl von Toilettenpapier ...
B. Bloch, »Choice that sends out wrong buying signals: too many offers equals confusion, prompting some firms to get back to basics«, in: *The Daily Telegraph*, 25. Februar 2005

S. 168, Andrew Chambers
Zit. nach: R. Monastersky, »Who's
Minding the teenage brain?«, in:
Chronicle of Higher Education, 12. Januar
2007, Bd. 53, Heft 19

S. 168, Der Durchschnittskäufer
braucht heute 40 Sekunden ...
Zahlen der Marktforschungsfirma
Envirosell, veröffentlicht im Artikel:
»Want a Bud? A Coke? Sorry,
you'll have to be more specific;
overabundance of line extensions
threatens to shoo away consumers«,
in: Advertising Age, 28. Februar 2005

S. 169, Wilfing
Eine Umfrage unter 2412 Erwachsenen, durchgeführt von dem
Meinungsforschungsinstitut YouGov,
veröffentlicht am 10. April 2007

S. 171, Wann wäre diese
Auswahl jemals in der Shopping-Mall gegeben ...
S. Botti und A. McGill, »When
choosing is not deciding: the effect
of perceived responsibility on
satisfaction«, in: Journal of Consumer
Research, September 2006, Bd. 33,
S. 211–219

S. 173, Ebenso sind wir geneigt,
Marken eine Persönlichkeit zuzusprechen ...
M. Cary, »Ad strategy and the
stone age brain«, in: Journal of
Advertising Research, 1. Januar 2000,
Bd. 40, Heft 1–2, S. 103–106

S. 176, Shlomo Benartzi
S. Benartzi und R. Thaler, »How
much is investor autonomy worth?«,
in: The Journal of Finance, August 2002,
Bd. 57, Heft 4, S. 1593–1616

S. 178, Yeppies
K. Fox, Coming of age in the eBay
generation: life-shopping and the new
life skills in the age of eBay, Social Issues
Research Centre, 2005

6. Genug Glück

S. 195, Man erwartet, dass der
gesamte Sektor ...
Bericht der Medienforscher Marketdata, September 2005

S. 196, David Granirer
D. Granirer, »Embrace your fears
and find success!«, in: National Post,
6. Juni 2007

S. 198, Die Studie ergab, dass die
besonders glücklichen Kinder ...
L. Martin et al.: »A life course
perspective on childhood cheerfulness and its relation to mortality
risk«, in: Personality and Social
Psychology Bulletin, September 2002,
Bd. 28, Heft 9, S. 1155–1165

S. 198, Ebenso verhält es sich mit unseren weniger geliebten Gefühlen ...
Sandi Mann, Außerordentliche Professorin an der University of Central
Lancashire, schrieb in The Psychologist

(Februar 2007, S. 90–93) über den biologischen Sinn von Langeweile. Mann vertritt die These, ihr Hauptnutzen bestehe darin, uns vor Schwerfälligkeit zu schützen: Wir sollen aufstehen und neue Herausforderungen suchen. Schlechter Laune zu sein könne auch positive Seiten haben, berichtet Adam Anderson von der University of Toronto in den *Proceedings of the National Academy of Sciences* (Online-Ausgabe v. 18. Dezember 2006). Während glückliche Gedanken eher die Kreativität anregen, taugt schlechte Laune oder Deprimiertheit mehr zu einer alltäglich-langweiligen Tätigkeit, zum Beispiel dem lästigen Durchpflügen von Datenbanken.

S. 199, Randolph Nesse
Diese Ausführungen machte Dr. Nesse während einer Präsentation vor der Jahresversammlung der American Association for the Advancement of Science im Januar 1993.

S. 199, Leider sind Ärzte zunehmend bestrebt, uns mithilfe von Antidepressiva ...
J. Wakefield et al., »Extending the bereavement exclusion for major depression to other losses. Evidence from the National Comorbidity Survey«, in: *Archives of General Psychiatry*, April 2007, Bd. 64, S. 433–440. Siehe auch: A. Horwitz und J. Wakefield, *The loss of sadness: how psychiatry transformed normal sorrow into depressive disorder*, Oxford University Press, 2007

S. 200, Bereits 1984 schrieb Nathaniel Branden ...
N. Branden, »In defense of self«, in: *Association for Humanistic Psychology*, August-September 1984, S. 12–13

S. 201, Nicholas Emler
Professor Emlers Zitate stammen aus der Bandaufnahme eines Vortrags, den er am 25. Oktober 2006 in Edinburgh auf dem »Avantgarde-Event« des Centre for Confidence und Well-being hielt.

S. 204, Trotzdem sollen wir unverdrossen lächeln ...
B. S. Held, »The tyranny of the positive attitude in America: observation and speculation«, in: *Journal of Clinical Psychology*, September 2002, Bd. 58, Heft 9, S. 965–991

S. 204, Eine neue Studie über die Ehe ...
Über Adrianne Frenchs Studie im *Journal of Health and Social Behavior* wurde in dem *Times*-Artikel »I will ... cheer up« vom 9. Juni 2007 berichtet.

S. 208, Vaginas sind ein gutes Beispiel ...
L. M. Liao, »Requests for genetic genitoplasty: how should healthcare providers respond?«, in: *British Medical Journal*, 24. Mai 2007, Bd. 334,

S. 1090–1094. Im September 2007 warnte das American College of Obstetricians and Gynecologists Frauen vor kosmetischen Vaginaloperationen, da diese Komplikationen wie Infektionen, Sensibilitätsveränderungen, Schmerzen und Narbenbildung nach sich ziehen könnten.

S. 209, Menschen, die sich der Jagd nach einem Gesundheitsideal verschrieben haben ... Eine Studie von Ann Wertz Garvin, Außerordentliche Professorin für Kinesiologie an der University of Wisconsin-Whitewater, vorgelegt im Juni 2007 auf der 54. Jahresversammlung des American College of Sports Medicine in New Orleans.

S. 210, Eine Umfrage unter australischen Kindern ... 2005 durchgeführt von Nickelodeon Australia, einem Pay-TV-Kindersender

S. 211, Dieser vermeintlich schnelle Weg zum Glück ...
A. Elliott und Ch. Lemert, *The New Individualism: The Emotional Costs of Globalization*, Routeledge 2006

S. 212, Denarration
D. Coupland, *Postcards from the dead*, Harper Perennial, 1997

7. Genug Wachstum

S. 221, John Maynard Keynes »On the economic possibilities for our grandchildren« ist zurzeit vergriffen; es wurde zuletzt von der Entropy Conservationists Press im April 1987 verlegt.

S. 222, Keynes war alles andere als ein volkstümlicher Mensch ...
Lesen Sie Robert Skidelskys dreibändige Keynes-Biografie, die bei Macmillan erschienen ist, oder alternativ auf Deutsch: M.-A. Gall, *John Maynard Keynes: Leben – Werk – Epoche*, Ibidem, 2002

S. 224, Victor Lebow
Zit. nach: A. T. Durning, *How much is enough? The consumer society and the future of the Earth*, Norton, 1992

S. 225, Das Say'sche Theorem
J. B. Say, *Traite d'economie politique*, 6. Auflage, 1803

S. 226, *Brighton and Hove Leader*, 28. Juni 2007

S. 226, ...das erstaunlich schnelle Wachstum unserer Wirtschaft ...
E. D. Beinhocker, *Die Entstehung des Wohlstands: Wie Evolution die Wirtschaft antreibt*, mi-Fachverlag, Landsberg am Lech, 2007

S. 227, David Laibson
Lesen Sie zum Beispiel: »Part of brain may be resisting financial planning; advisers should appeal to the prefrontal cortex, avoid the limbic system«, in: *Investment News*, 2. Juni 2007. Dazu liegt auch eine ziemlich pessimistische Untersuchung der Universität Tokio vor: Menschen, die am meisten dazu neigen, kurzfristige, kurzsichtige und egoistische ökonomische Entscheidungen zu treffen, sind hauptsächlich Männer mit einem sehr hohen Testosteronspiegel. Ein vorzügliches Beispiel für diese Art Männer sind die führenden Köpfe von Industrienationen, die für die Unterzeichnung – oder Nichtunterzeichnung – von Klimaverträgen verantwortlich sind (siehe T. Takahashi et al., »Testosterone levels and discounting delayed monetary gains and losses in male humans«, in: *Neurology and Endocrinology Letters*, August 2006, Bd. 27, Heft 4, S. 439–444).

S. 228, ... ein Engelchen und ein Teufelchen auf den Schultern ...
B. Knutson et al., »Shopping Centers in the brain«, in: *Neuron*, 2007, Bd. 53, S. 147–156

S. 228, Nicht nur Schmerz und Freude entscheiden ...
»Brain mechanisms of persuasion« – ein Referat von Vasily Klucharev von der Erasmus-Universität Rotterdam, vorgetragen auf der Jahresversammlung 2006 der Society for Neuroeconomics in Texas

S. 228, Leider sind wir darauf geeicht, attraktiven Fremden ...
R. Wilson und C. Eckel, »Beauty and Expectations in the Trust Game«, in: *Political Research Quarterly*, 1. Juni 2006

S. 229, Toyota Prius
»Americans guzzle hybrids; Prius sales triple in May«, in: *The Seattle Times*, 2. Juni 2007

S. 230, Robert Prechter
R. Prechter und W. Parker, »The financial/economic dichotomy in social behavioral dynamics: the socionomic perspective«, in: *The Journal of Behavioral Finance*, Bd. 8, Heft 2, S. 84–108

S. 232, Der Herdentrieb bringt uns sogar dazu, im Gleichschritt zu marschieren ...
S. Strogatz et al., »Theoretical mechanics: crowd synchrony on the Millenium Bridge«, in: *Nature*, 3. November 2005, Bd. 438, Heft 43–44

S. 233, ... dass soziale Ablehnung genau die Zonen im Gehirn aktiviert ...
M. Lieberman und N. Eisenberg in: *Social neuroscience: people thinking about people*, Hg. John Cacioppo, Penny Visser und Cynthia Picket, MIT Press, 2005

S. 234, Menschen am unteren Ende etablierter Arbeitshierarchien ...
»Civil servants suffer like baboons – British Association«, in: The Times, 6. September 1994

S. 234, Eine gewisse Dosis sozialer Angst und Scham spielt jedoch eine wichtige Rolle ...
P. Gilbert, »Evolution and social anxiety. The role of attraction, social competition, and social hierarchies«, in: The Psychiatric Clinics of North America, Dezember 2001, Bd. 24, Heft 4, S. 723–751

S. 235, Umweltpredigten von wohlmeinenden Prominenten ... Der Rückschlag ist schon da – lesen Sie zum Beispiel: C. Odone, »Why green snitches will make us see red«, in: The Observer, 18. März 2007

S. 236, Weshalb viele Symbole des gesellschaftlichen Aufstiegs nicht mehr als das verkauft werden ... Lesen Sie zum Beispiel: »How mortgage worries turn us into prisoners at the office«, in: Daily Mail, 3. April 2006

S. 240, Entweder man hat Nachhaltigkeit oder man hat Entwicklung ...
»Consumerism criticised at environment forum«, in: The Press (Christchurch), 3. März 2007

S. 240, Im Jahr 1000 gab es auf der Erde ungefähr 270 Millionen Menschen ...
R. Eckersley, »Meanings and values: their significance for progress and sustainability«. Vortrag auf der Konferenz des Manning Clark House: Our population, our Future, Canberra, 9. Oktober 2003

S. 240, ...dann werden wir also neun Milliarden sein ... Schätzung der Vereinten Nationen aus dem Jahr 2002

S. 240, Mathis Wackernagel
M. Wackernagel et al., »Tracking the ecological overshoot of the human economy«, in: Proceedings of the National Academy of Sciences, Bd. 99, Heft 14, S. 9266–9271

S. 240, Helmut Haberl
H. Haberl et al., »Quantifying and mapping the human appropriation of net primary production in Earth's terrestrial ecosystems«, in: Proceedings of the National Academy of Sciences, Bd. 104, Heft 31, S. 12942–12947; auf Deutsch unter www.uni-klu.ac.at/socec/inhalt/315.htm

S. 241, Genau das ist das Dilemma, das bereits 1972 ...
D. Meadows, J. Randers und D. Meadows: Grenzen des Wachstums – Das 30-Jahre-Update, Hirzel, Stuttgart, 2006

S. 243, Der wahre Wert von Freundschaft
Nattavudh Powdthavees Ergebnisse sind im *Journal of Socio-Economics* (13. April 2007) nachzulesen.

8. Nie genug

S. 250, Marc Aurel
Selbstbetrachtungen oder: Wege zu sich selbst, Artemis & Winkler, Düsseldorf-Zürich, 2001

S. 252, Grants Erfahrungen werden von einer breit angelegten Studie gestützt ...
R. Emmons und M. McCullough, »Counting blessings versus burdens: an experimental investigation of gratitude and subjective well-being in daily life«, in: *Journal of Personality and Social Psychology*, 2003, Bd. 84, Heft 2, S. 377–389. Lesen Sie auch: M. Bartlett und D. DeSteno, »Gratitude and prosocial behavior. Helping when it costs you«, in: *Psychological Science*, Bd. 17, Heft 4, S. 319–325

S. 252, Die Menschen fühlten sich sogar motiviert, Sport zu treiben ...
R. McCraty et al., »The effects of emotions on short-term power spectrum analysis of heart rate variability«, in: *American Journal of Cardiology*, Bd. 76, S. 1089–1093

S. 254, Unseren auf Maximierung gepolten Gehirnen ist es gleich ...
V. Patrick, D. MacInnis und C. Whan Park, »Not as happy as I thought I'd be? Affective misforecasting and product evaluations«, in: *Journal of Consumer Research*, März 2007, Bd. 33, S. 479–489

S. 254, Bei einem höheren Maß an Dankbarkeit nehmen die materiellen Bedürfnisse ab ...
M. McCullough, R. Emmons und J. Tsang, »The grateful disposition: a conceptual and empirical topography«, in: *Journal of Personality and Social Psychology*, 2002, Bd. 82, Heft 1, S. 112–127

S. 254, Auf diese Weise vermeiden sie die typischen Fallen des Alters ...
R. Hill, »In consultation, positive aging: a new paradigm for growing old«, in: *Psychotherapy Networker*, 1. Mai 2007

S. 255, Psychologen der Bar-Ilan-Universität in Israel ...
S. Begley, »When does your brain stop making new neurons? A: Infant; B: 42 Years Old; C: 53 Years Old?«, *Newsweek*, 2. Juli 2007. Die (für Atheisten) irgendwie unbequeme Erkenntnis der israelischen Wissenschaftler, dass der Glaube an ein höheres Wesen zu mehr altruistischem Handeln führt, wird von einer Untersuchung an 125 Probanden an der British Columbia University gestützt.

Die Ergebnisse wurden in *Psychological Science* (September 2007, Bd. 18, Heft 9, S. 803–809) veröffentlicht. Auch dort heißt es, dass die Vorstellung einer höheren Macht Menschen kooperativer und großzügiger gegenüber Fremden macht.

S. 255, Einsatz bildgebender Verfahren in der psychiatrischen Forschung ...
A. Öhman, »Making sense of emotion: evolution, reason and the brain«, in: *Daedalus*, 1. Juli 2006

S. 255, ...unser logisches Denkvermögen ...
K. Ochsner et al., »Rethinking feelings: an fMRI study of the cognitive regulation of emotion«, in: *Journal of Cognitive Neuroscience*, Bd. 14, S. 1215–1229

S. 255, Menschen mit einer Schädigung dieses Hirnareals ...
E. Ciaramelli et al., »Selective deficit in personal moral judgement following damage to ventromedial prefrontal cortex«, in: *Social Cognitive and Affective Neuroscience*, 2007, Bd. 2, Heft 2, S. 84–92

S. 256, In einem Gehirnscan-Experiment wurden erklärten Nicht-Rassisten Fotos ...
W. Cunningham et al., »Separable neural components in the processing of black and white faces«, in: *Psychological Science*, 2004, Bd. 15, S. 806–813

S. 256, ...dass die Geldspende den für Belohnung zuständigen Bereich des Gehirns aufleuchten ließ ...
J. Moll et al., »Human fronto-mesolimbic networks guide decisions about charitable donation«, in: *Proceedings of the National Academy of Sciences*, 2006, Bd. 103, Heft 42, S. 15 623–15 628

S. 256, In einer anderen Studie wurden die Gehirne von Frauen gescannt ...
W. Harbaugh, U. Mayr und D. Burghart, »Neural responses to taxation and voluntary giving reveal motives for charitable donations«, in: *Science*, Bd. 316, Heft 5831, S. 1622–1625

S. 257, Die Auffassung, eine gute Tat komme auch dem Täter zugute ...
J. Naish, »Local heroes«, *The Times*, 27. Dezember 2003

S. 257, Charles Darwin
Darwin erwähnt die Entwicklung der moralischen Fähigkeiten im Zusammenhang mit der Gruppenselektion: »Es darf nicht übersehen werden, dass, wenn auch ein hoher Grad von Sittlichkeit jedem einzelnen Mann mit seinen Kindern nur ein geringes Übergewicht über die anderen Menschen desselben Stammes gibt, eine Vermehrung der Zahl gutbegabter Menschen und ein Fortschritt der Sittlichkeit doch dem ganzen Stamm eine ungeheure

Überlegenheit über alle anderen Stämme verleiht. Wenn ein Stamm viele Mitglieder besitzt, die aus Patriotismus, Treue, Gehorsam, Mut und Sympathie stets bereitwillig anderen helfen und sich für das allgemeine Wohl opfern, so wird er über andere Völker den Sieg davontragen; dies würde natürliche Zuchtwahl sein.« Zit. nach: Ch. Darwin, *Die Abstammung des Menschen*, Kröner, Stuttgart, 4. Aufl. 1982

S. 258, Studie an über zwölftausend Schweden ...
Dr. Lars Olov Bygren von der Universität Umea in Schweden untersuchte 12675 Probanden. In der Veröffentlichung seiner Ergebnisse im *British Medical Journal* (Bd. 313, S. 1577–1580) heißt es, dass Menschen, die zusammen singen, eine höhere Lebenserwartung hätten als nicht singende Menschen (unter Berücksichtigung der übrigen Variablen).

S. 258, ...dieses Gefühl des Einsseins mit allem ...
A. Newberg und E. d'Aquili, »The neuropsychology of aesthetic, spiritual and mystic states«, in: *Zygon*, Bd. 35, Heft 1, S. 39–51

S. 259, Konzept eines wissenschaftlichen Pantheismus ...
Für eine detaillierte Beschreibung siehe: www.pantheism.net/paul/index.htm

S. 259, Maschinen mit insgesamt über 15 Millionen Passagieren ...
»15 million use UK airports«, in: *The Guardian*, 9. August 2007

S. 261, Waisenmädchen Annie im gleichnamigen Musical ...
Außerdem erinnern wir uns eher an schlimme als an gute Dinge, sagt die Psychologin Elizabeth Kensinger. Dies erklärt, warum jeder sich erinnert, wo er zum Zeitpunkt des Todes von J. F. Kennedy oder John Lennon war, oder was er in dem Augenblick tat, als er durch die Medien von den Anschlägen des 11. Septembers erfuhr. »Innerhalb der Evolutionsstruktur ergibt das einen Sinn. Es ist logisch, dass Aufmerksamkeit hauptsächlich durch potenziell bedrohliche Information geweckt wird«, schreibt Kensinger in: *Current Directions in Psychological Science*, August 2007, Bd. 16, Heft 4, S. 213–218

S. 262, Seuchenartige Ausbreitung neuer Lifestyle-Krankheiten ...
»Could curse of the hurried woman be our downfall?«, in: *Lincolnshire Echo*, 14. Januar 2005

S. 262, Je schneller die Menschen gehen ...
R. Levine, »A geography of busyness«, in: *Social Research*, Juli 2005, Bd. 72, Heft 2, S. 355

S. 264, Pseudo-Aufmerksamkeitsdefizit-Syndrom ...
M. Richtel, »The lure of data:
is it addictive?«, in: *The New York
Times*, 6. Juli 2003

S. 264, MRI-Scans von meditierenden
Mönchen ...
A. Lutz et al., »Long-term meditators
self-induce high-amplitude gamma
synchrony during mental practice«,
in: *Proceedings of the National Academy
of Sciences*, November 2004, Bd. 101,
Heft 46, S. 16 373

S. 265, Gehirnscans von nichtreligiösen Westlern ...
R. Jones, »Learning to pay
attention«, in: *PLoS Biology*, Bd. 5,
Nr. 6, S. 166

S. 266, Sumitomo-Meditationsschüler ...
»Meditation can help boost profits«,
in: *Independent On Sunday*, 30. Juni 1991

S. 268, ...den Dilettantismus zum
Kult erhebt ...
Leider wird dadurch unsere Fähigkeit untergraben, Dankbarkeit auf
einen späteren Zeitpunkt zu verschieben, doch gerade diese Praxis
kann langfristig geistige und körperliche Gesundheit unterstützen. Eine
40-Jahre-Studie des Psychologie-
professors Walter Mischel von der
Columbia University kann als
Beleg dienen. In den 60ern und 70ern
führte Mischel sogenannte
»Marshmallow Tests« durch: Er bot
Vorschulkindern die Wahl, entweder
sofort eine Belohnung zu bekommen – den Marshmallow – oder zwei
Belohnungen, wenn sie sich bereit
erklärten, auf sämtliche Wohltaten
15 Minuten zu warten. Mischel
hat diese Kinder bis ins Erwachsenenalter begleitet. »Wir stehen immer
noch in Verbindung, sie sind inzwischen alle Mitte 40«, sagt er. Die
Menschen, die als Kinder länger auf
die Belohnung warten konnten,
zeigten als Teenager und später als
Erwachsene bessere akademische
Leistungen und hatten ein ausgegli-
chenes Sozialleben. Die Kinder,
welche die Belohnung sofort haben
wollten, tendierten im Alter von
30 Jahren zu Drogenproblemen.

Anmerkungen für die deutsche Ausgabe

1. Werbespots
www.ihagfk.dh/gfk/UploadsUser/
PrRe221.pdf

2. Dicke Deutsche
www.spiegel.de/wissenschaft/
mensch/1o,1518,478167,00.html

3. Müllmenge
www.greenpeace4kids.de/themen/
muell/nachrichten/

4. PET-Flaschen
www.wdr.de/tv/q21/2170.0.phtml

5. Freecycle
www.ciao.de/de_freecycle_org__
Test_2911664

6. Wochenarbeitsstunden
www.labournet.de/diskussion/
arbeitsalltag/az/verlang.html

7. Monatsgehalt
www.destatis.de/jetspeed/portal/
cms/Sites/destatis/Internet/DE/
Content/Statistiken/Verdienste
Arbeitskosten/Bruttoverdienste/
Tabellen/Content100/VollTeilzeit
Verdiensterhebung,templateId=
renderPrint.psml

8. Nesthocker
www.babyundfamilie.de/Dolce-
Vita-zu-Hause

9. Schönheits-OPs
www.gacd.de/presse/pressemitteilun
gen/2007/2007-09-14-statistik-
schoenheits-op-2006.html

10. Psychopharmaka
edoc.ub.uni-muenchen.de/
6619/1/Pfeiffer-Gerschel_Tim.pdf

11. Klimaschutz
www.lifepr.de/pressemeldungen/
arag-allgemeine-rechtsschutz-
versicherung-ag/boxid-25441.html

12. Fluggäste
www.lufthansa-financials.de/
servlet/PB/show/1023160/Lufthansa_
07_2007d.pdf

Quantum sufficit
So viel wie nötig
(Hinweis auf Rezepten)

Ein Buch der wiedergewonnenen Lebensfreude. Ein Meilenstein

Martina Meuth und
Bernd Neuner-Duttenhofer
WO DIE GLÜCKLICHEN
HÜHNER WOHNEN
Vom richtigen
und vom falschen Essen
Über 160 Abbildungen in Farbe
464 Seiten
Gebunden mit Schutzumschlag
ISBN 978-3-7857-2338-8

Duftendes Brot, zarte, saftige Schnitzel, würziger Rohmilchkäse. Echt statt künstlich. *Es gibt sie noch und wieder, die Köstlichkeiten.* Ärgern Sie sich nicht mehr über Geschmacksverstärker in der Suppe, zugesetzte Aromastoffe im Joghurt, Konservierungsstoffe im Brötchen, Farbstoff im Kartoffelpüree, rückverdünnte Konzentrate statt Saft.
Martina Meuth und Bernd Neuner-Duttenhofer zeigen Ihnen mit begeisternder Sachkenntnis, worauf Sie achten müssen: wenn Sie einkaufen – wenn Sie kochen – wenn Sie essen gehen.
Woran erkennen Sie gute Lebensmittel? Wie werden sie erzeugt? Wie gehen Sie damit um? Wo bekommen Sie diese?
Mit Adressen, Rezepten und über 160 Abbildungen in Farbe.

Gustav Lübbe Verlag

27 Millionen Menschen – nie gab es mehr Sklaven als heute!

E. Benjamin Skinner
MENSCHENHANDEL
Sklaverei
im 21. Jahrhundert
416 Seiten
Gebunden mit Schutzumschlag
ISBN 978-3-7857-2342-5

E. Benjamin Skinner nimmt die Spur der modernen Sklaverei auf: Er infiltriert Schleusernetzwerke, trifft sich mit Kinderhändlern und beschreibt das Schicksal von Opfern. Ob in Asien oder Afrika, Amerika oder mitten in Europa – bei seiner Recherche rund um den Globus stößt er auf alle denkbaren Facetten des Menschenhandels: Zwangsprostituierte, Steinbruchsklaven und wehrlose Kinder. Die Maßnahmen der Politik zur Abschaffung der Sklaverei entpuppen sich dagegen als Farce.
Ein schockierendes Buch, das ein viel zu lange hingenommenes Verbrechen zurück in den Fokus der Öffentlichkeit stellt.

Gustav Lübbe Verlag

Alles Zuviel? Keine Zeit, keinen Platz, kein Land in Sicht? Hier ist das Buch, das wirklich hilft!

Peter Walsh
ALLES ZUVIEL
Wie man sein Leben wieder
in den Griff kriegt
269 Seiten
Klappenbroschur
ISBN 978-3-431-03745-6

Haben Sie das Gefühl, dass Ihnen alles über den Kopf wächst? Sind Ihre Terminkalender dicht? Macht der Anblick Ihres überfüllten Schreibtisches Sie schon beim Hinsehen krank? Ist ihr Wohnzimmer noch Ihr Wohnzimmer oder ein Aufbewahrungslager für Zeitschriften, Kinderspielzeug und Wäschekörbe? Möchten Sie nie mehr in den Keller und auf den Speicher schon gar nicht, weil dort all das lauert, wovon Sie sich nie trennen konnten? Dann ist es Zeit zu handeln!
Peter Walsh, einer der populärsten Organisations-Gurus Amerikas, zeigt Ihnen, wie Sie sich von den Dingen befreien, die Sie fertig machen. Ein wahrhaft energetisches Buch, das Ihnen sofort die Kraft gibt anzufangen, in Ihrem Leben aufzuräumen!

Ehrenwirth